スピリチュアル経営のリーダーシップ

働きがいのある最高の組織づくりに向けて

狩俣正雄 著
Karimata Masao

中央経済社

は し が き

　本書は，働きがいのある充実した最高の組織ないしスピリチュアル経営のリーダーシップの特徴を解明したものである。
　スピリチュアリティとは何か，ということに関しては，宗教，哲学，心理学，あるいは医療や看護，福祉など多くの分野において広範囲に論議されているが，しかし，ビジネスの分野ではこれまで十分に論議されてこなかった。それは，ビジネスやマネジメントは何よりも人間の経済合理的な行動を中心に論議するものであり，スピリチュアリティは宗教的，精神的，あるいは神秘的領域の問題と考えられてきたからである。
　そのため，ビジネスで長時間労働，過労死，過度のストレス，などの問題が生じ，従業員の精神性やスピリチュアリティの問題が深刻になっていても，その存在さえ十分に認識されずにきたのである。そして，何よりもその存在を認識できない経営者は，従業員を企業の利益追求の手段として捉え，働くことの意味や生きることの意味の問題，あるいはスピリチュアリティの問題を重要視してこなかったのである。そのため従業員にとって働きがいのある充実した最高の組織づくりを求めてこなかったのである。
　これは，本文で述べるように多くの人々がスピリチュアリティを合理的段階以前の神話段階の意識の発達レベル，すなわち，自民族，自国家，自宗教中心の考え方で捉えており，このレベルのスピリチュアリティの考えをスピリチュアリティ一般と混同してきたからである。その結果，スピリチュアリティは，冷笑されるもの，いかがわしいものとなってしまい，経営者の多くはスピリチュアリティの問題の重要性を認識できなかったのである。
　人間をスピリチュアルな存在として，また意識の発達の最高段階としてのスピリチュアリティの存在を認識してこなかったことは，マネジメントやリーダーシップ研究において大きな問題を生み出してきた。それは，マネジメントやリーダーシップの問題が本来スピリチュアリティと密接に関連しているにもかかわらず，それを管理技法やリーダーシップ・スキルによって解決できると

考えてきたからである。確かに，有効な管理やリーダーシップを発揮するためには，それに必要なスキルや能力がなければならない。管理技法やリーダーシップ・スキルを有することによって組織運営はある程度まで可能である。例えば，リーダーには，組織の使命や理念の構築，部下の動機づけといったスキルが求められる。そのため従来のマネジメント論やリーダーシップ論は成功した組織の経営者ないしリーダーの特性ないしスキルを解明することで，組織の管理運営に役立てようとしてきたのである。しかし，それらのスキルを用いるだけでは組織は成功するものではない。組織の成功は組織成員の献身的な協働活動に依存するからである。リーダーが高度のスキルを用いても，人々（組織成員）が組織目的を積極的に達成するとは限らない。それは，人々がリーダーの人間性に基づいてリーダーを信頼しなければ，リーダーの働きかけを受け容れないからである。リーダーの意識の高さないし人間性や道徳性の高さ，スピリチュアリティが最終的にはリーダーシップの有効性を規定するのである。管理技術や技能は地位に基づく影響力を洗練するだけであり，真のリーダーシップの発揮にはつながらない。リーダーの意識が十分に発達していなければ，人々は進んでそのリーダーシップを受け容れないのである。

　それではなぜ意識の発達，あるいはスピリチュアリティがリーダーシップにとって重要であろうか。それは，世界で起こる事象はその人の発達レベルに基づいてしか捉えられないし，理解できないからである。人は自己の発達レベルでしか事象の意味を把握できず，発達レベル以上にはその意味を解釈できないのである。それは，また，スピリチュアリティが働くことの意味や人生の意味に関わり，人生観や人生の目的あるいは人間としての誠実性や完全性に関わっているからである。

　リーダーシップにとって重要なことは，世界の事象の意味を正確に解釈し把握し，それを組織成員と共有し，その事態に的確に対処することである。しかし，リーダーの意識が十分に発達していなければ，事象の意味を正確に捉えることができず，リーダーは有効なリーダーシップを発揮できない。人はその発達レベルに対応した思考や行動しかとれないからである。

　近年，世界的に起こっているリーダーシップの問題は，自民族，自宗教中心，あるいは自国家中心主義に思考し行動する偏狭なナショナリズム志向のリー

ダーが支持されていることである。しかし，そのようなリーダーは，高い視点ないし地球的視点で思考し行動することはできず，地球規模で起こる複雑な問題を解決することはできない。それは意識のレベルとして自民族ないし自国家の利益を中心に行動するからである。

　今日，経済のグローバル化，価値観の多様化，地球環境問題の深刻化，貧富の格差の拡大など世界を取り巻く問題はますます複雑になってきている。地球規模的に問題が複雑化し拡大してきている状況では，より広くより高い視点あるいはスピリチュアルな視点で思考して問題を解決することが必要である。自民族，自国家中心に思考し行動するリーダーではグローバルな問題の解決は不可能であり，結果的に世界は持続不可能となり，将来に禍根を残す恐れが大きいのである。

　さらに，従来のリーダーシップ研究の問題は，リーダーシップ事象を包括的に捉えるインテグラル・アプローチに基づいて，リーダーシップ事象を分析していないことである。リーダーシップの研究は，リーダーシップの有効性を解明しようとして行われ，多種多様な理論やモデルが表されている。それが，特性理論，行動理論，状況理論，コンティンジェンシー理論，サーバント理論などとして表されている。しかし，それらの理論やモデルの多くは，リーダーシップ現象を一面的に捉えたものであり，全体的視野のもとに把握し説明する点で不十分である。それらは，リーダーシップという複合的動態的事象を個別的断片的に分析するものであり，統合的に分析していないのである。

　しかし，リーダーシップ研究は，リーダーのスピリチュアリティを含めてリーダーシップ事象を全体的統合的に分析する必要がある。世界の事象をより包括的より効果的に見るインテグラル・アプローチに基づいて，リーダーシップの事象を統合的に分析することが必要なのである。インテグラル・アプローチは，学問的に論争のある客観主義（外面）と主観主義（内面），および個人の側面と集団（組織）の側面の四つを統合するものであり，多くの学問領域の真実を整合性のある全体の中に統合するからである。リーダーシップ事象を包括的に捉えることで，その事象の根本にある本質を解明できるのである。

　本書は，インテグラル・アプローチに基づいて，従来のリーダーシップ研究の課題を解決し，働きがいのある充実した最高の組織ないしスピリチュアル経

営のリーダーシップの特徴を解明することを目的としている。

　本書の公刊にあたっては，神戸商科大学（現兵庫県立大学）元学長，追手門学院大学元学長の後藤幸男先生にご指導をいただいた。先生には公私ともにお世話いただいている。衷心より厚く御礼申し上げたい。

　また，中国，江蘇理工学院専任講師の王艶梅氏と，大阪国際大学専任講師の李超氏には校正などでお世話になったことに感謝申し上げたい。両氏が教育研究者として大成することを祈念している。

　最後に，出版事情厳しき折から，出版をお引けいただいた中央経済社代表取締役社長の山本継氏と，編集・校正などでご尽力いただいた経営編集部編集長の納見伸之氏に深甚な感謝を申し上げる次第である。

2017年1月

狩俣　正雄

目　次
スピリチュアル経営のリーダーシップ

はしがき　*i*

第1章／リーダーシップ研究の課題 ―――――― *1*

　Ⅰ　序・*1*

　Ⅱ　リーダーシップ研究の課題・*2*

　Ⅲ　結び・*12*

第2章／インテグラル・アプローチとスピリチュアリティ ―――――― *17*

　Ⅰ　序・*17*

　Ⅱ　多様な研究方法・*19*

　Ⅲ　インテグラル・アプローチ・*23*

　　1　象限／*24*

　　2　レベル／*26*

　　3　ライン／*28*

　　4　状態／*29*

　　5　タイプ／*30*

　Ⅳ　スピリチュアリティ・*32*

　Ⅴ　結び・*36*

第3章／リーダーシップ論の展開 ―――――― *39*

　Ⅰ　序・*39*

Ⅱ　リーダーシップ理論・40

　　1　特性理論／40

　　2　行動理論／41

　　3　状況理論／42

　　4　コンティンジェンシー理論／44

　　5　取引理論／45

　　6　変革的リーダーシップ／46

　　7　カリスマ的リーダーシップ／47

　　8　多元的影響理論／48

　　9　サーバント・リーダーシップ／50

　　10　オーセンティック・リーダーシップ／51

　　11　意味形成のリーダーシップ／52

　　12　スピリチュアル・リーダーシップ／53

Ⅲ　四象限モデルに基づくリーダーシップ理論の分類・55

Ⅳ　リーダーの役割・59

Ⅴ　結び・65

第4章／経営者の意識の発達 ———— 69

Ⅰ　序・69

Ⅱ　意識の発達・70

　　1　ピアジェの発達モデル／70

　　2　エリクソンの発達モデル／72

　　3　コールバーグの道徳の発達モデル／74

　　4　クック‐グリュータの自我発達モデル／76

　　5　ヴィルバーの意識の発達モデル／78

Ⅲ　マネジメント能力とスピリチュアリティ・81

Ⅳ　経営者の意識の発達レベル・85

Ⅴ　結び・94

第5章／組織変革とダイアログ―――――97

　　　Ⅰ　序・97

　　　Ⅱ　変化モデル・98
　　　　　1　トランスセオリティカル・モデル／99
　　　　　2　熟練ヘルパー・モデル／100
　　　　　3　リソルヴ・モデル／101
　　　　　4　変化のテコ・モデル／102

　　　Ⅲ　変化の過程・103

　　　Ⅳ　変化のレベル・106

　　　Ⅴ　組織変革とダイアログ・111

　　　Ⅵ　ダイアログによる組織変革の要件・120

　　　Ⅶ　結び・124

第6章／コーチング―――――127

　　　Ⅰ　序・127

　　　Ⅱ　コーチング・128
　　　　　1　GROWモデル／128
　　　　　2　コーアクティブ・コーチング・モデル／131
　　　　　3　NLPコーチング・モデル／132
　　　　　4　メタ・コーチング・モデル／134
　　　　　5　統合コーチング・モデル／136

　　　Ⅲ　コーチングの特徴・138

　　　Ⅳ　コーチングとしてのリーダーシップ・141

Ⅴ　結び・147

第7章／リーダー育成 ─────────────── 151

　　　Ⅰ　序・151

　　　Ⅱ　リーダーシップ・スキル・152
　　　　　1　リーダーのスキル／152
　　　　　2　管理スキル／155
　　　　　3　リーダーの役割に関わるスキル／157

　　　Ⅲ　リーダーシップ開発・159
　　　　　1　公式研修／160
　　　　　2　開発活動／161
　　　　　3　自助活動／164

　　　Ⅳ　リーダー育成の統合モデル・165
　　　　　1　リーダーシップ開発の四象限モデル／165
　　　　　2　リーダー育成の統合モデル／169

　　　Ⅴ　結び・171

第8章／経営倫理の発達 ─────────────── 175

　　　Ⅰ　序・175

　　　Ⅱ　道徳の発達・176
　　　　　1　キリガンの道徳発達／177
　　　　　2　ハイトの道徳基盤／180
　　　　　3　ヴィルバー達の道徳発達／182

　　　Ⅲ　経営倫理の発達・183
　　　　　1　経済的レベル／184
　　　　　2　法的レベル／185

　　　　3　人道的レベル／*186*

　　　　4　スピリチュアルレベル／*188*

　　Ⅳ　倫理規範の高い組織づくりの条件・*193*

　　Ⅴ　結び・*196*

第9章／最高の組織づくりと意味実現のリーダーシップ───201

　　Ⅰ　序・*201*

　　Ⅱ　働きがいのある最高の組織・*202*

　　　　1　働きがいのある職場づくり／*202*

　　　　2　有効な組織／*205*

　　Ⅲ　意味実現・*210*

　　Ⅳ　意味実現のリーダーシップ・*212*

　　　　1　体験的価値の実現／*213*

　　　　2　創造的価値の実現／*215*

　　　　3　態度的価値の実現／*218*

　　Ⅴ　結び・*222*

第10章／スピリチュアル経営のリーダーシップ───225

　　Ⅰ　序・*225*

　　Ⅱ　経営の類型・*226*

　　　　1　コントロール型経営／*226*

　　　　2　協働型経営／*228*

　　　　3　支援型経営／*230*

　　　　4　スピリチュアル経営／*232*

Ⅲ　意識の発達レベルとリーダーシップ・235
　　　　1　自組織中心的レベルの特徴／236
　　　　2　スピリチュアルレベルの特徴／240
　　Ⅳ　スピリチュアル経営のリーダーシップ・242
　　Ⅴ　結び・246

参考文献　249
索　　引　264

第1章 リーダーシップ研究の課題

I 序

　一般に，組織のリーダーがどのようにリーダーシップ（leadership）を発揮するかがその組織の将来の方向を規定し，ひいては組織の成否を左右すると考えられている。もちろん組織の成否は，組織が直面する諸問題をその成員がどのように解決するかに依存している。しかし，これは最終的には個々の成員を結集して，その諸問題を解決するようなリーダーシップに依存するとされる。リーダーシップの良否は組織の成否を規定する最も重要な要因であり，組織の存続発展は有効なリーダーシップの発揮に依存するのである。

　そのため，リーダーシップとは何か，あるいは有効なリーダーシップとは何か，リーダーシップの有効性の規定要因は何か，ということについて多くの研究が行われ，多種多様な理論やモデルが表されているのである。しかし，リーダーシップの研究が広範囲に行われているにも拘わらず，リーダーシップとは何か，それをどのように捉えるかということについて一致した定義はなく，多様な定義が表されている。また，リーダーシップの有効性とは何か，その規定要因が何かに関しても統一した見解は見られないのである。これはリーダーシップの研究方法に問題があるからである。

　そこで，本章では，従来のリーダーシップ研究の問題点を明らかにし，リーダーシップの本質的特徴を解明するための今後の研究方向を明らかにする。

II　リーダーシップ研究の課題

　英語のリーダー（leader）という言葉は早くも1300年に現れていたが，リーダーシップ（leadership）という言葉は1800年になって現れた[1]，といわれる。そのリーダーシップに関する研究は，社会科学の中で広範囲に行われ，多種多様な理論やモデルが表されている。しかし，幅広く多くの研究が行われているにも拘わらず，リーダーシップとは何か，という定義に関して統一的な見解は見られていない。例えば，リーダーシップに関する3000以上もの文献を検討したR. M. ストグディル（Stogdill, 1974）は，リーダーシップの定義はそれを定義しようとしている研究者の数ほど存在するとしている[2]。そして，リーダーシップの概念を次のような11の概念に分類している[3]。①集団過程，②パーソナリティとその効果，③服従を引き出す芸術，④影響の行使，⑤行為ないし行動，⑥説得の形態，⑦パワー関係，⑧目標達成の手段，⑨相互作用の効果，⑩役割分化，⑪組織づくり，としてのリーダーシップである。

　しかし，A. ブライマン（Bryman, 1986）は，組織におけるリーダーシップ研究に関する文献を検討して，リーダーシップとはある人がある目的の方向へ集団成員を向ける社会的影響過程である，というのがその定義に共通する特徴である[4]，としている。また，G. ユークル（Yukl, 1981）も，それが二人以上の相互作用を含む集団現象であること，またそれがリーダーによる部下への意図的な影響が行使される過程であることを仮定している点で共通しているとしている[5]。しかし，彼によると，これ以外に共通性はない。リーダーシップの定義は，影響を行使する人の違い，影響を試みる目的の違い，影響が行使される方法の違い，を含む多くの点で違いがあるのである[6]。このことは，リーダーシップの定義やリーダーシップの有効性とは何か，ということについて根深い対立を表している。そして，そのような違いがリーダーシップ現象の捉え方の違いや研究から得られたデータの解釈の違いにつながっているのである。

　これらはリーダーシップ研究の方法論の違いがその基本にあり，その違いがリーダーシップ研究の混迷状況を生み出す原因となっている。そして，方法論的な問題を解決し，リーダーシップ事象を包括的に捉える統合的リーダーシッ

プ理論がないことがリーダーシップの本質を解明できなくしているのである。

　もちろん，これまでのリーダーシップ研究で統合的アプローチがなかったわけではない。例えば，ユークル（1981, 2010）は，従来のリーダーシップ研究を包括的に検討して，リーダーシップの有効性に関する統合的枠組みを構築しようとする多元的連結（multiple linkage）モデルを提示している[7]。このモデルは，リーダーシップの有効性は，主要な変数の間の複雑な相互作用によって決定されるので，すべてのタイプの変数を同時に考慮することによって最も理解できると考えて，リーダー，部下，および状況の連結を示している。しかし，これはリーダーシップ事象を全体的に捉え，リーダーシップ・システムの要素を包括的に捉えて分析しているが，リーダーシップ研究方法論上の問題を解決していないのである。

　狩俣（1989）は，リーダーシップ研究のアプローチにミクロ的アプローチとマクロ的アプローチ，静態的アプローチと動態的アプローチがあるとして，それらをコミュニケーションの観点から統一的に捉えるコミュニケーション・アプローチを提示している[8]。

　マクロ的アプローチは，リーダーシップを組織全体の関係で捉え，組織変数を考慮に入れ，リーダーシップの有効性を解明する方法である。ミクロ的アプローチは，対面状況下でのリーダーと部下の二者関係の対人影響過程を解明する方法である。静態的アプローチは，ある一定時点で組織業績を捉え，高業績のリーダーに共通する特徴を分析する方法である。動態的アプローチは，リーダーの行動が先行行動で，部下の行動はその後続行動として捉えるのではなく，リーダーと部下の関係を連続的相互作用の過程として捉え，時間の経過に伴うそれらの発展過程を分析する方法である。

　狩俣は，リーダーシップの有効性を解明するためには，それらのアプローチを統合することが必要であるとし，統合方法としてコミュニケーション・アプローチが有用であることを示している。これは，目標や思考，意味や価値などの異なる人々を調整し，統合し，組織として共通の意味や価値あるいは秩序を組織目的達成の方向に向けて形成し維持するような影響を及ぼす主体の影響過程がリーダーシップであり，その中心にコミュニケーションが存在しているという考え方に基づいている。これは，組織活動はコミュニケーションを通じて

行われるので，組織の主体的影響過程をコミュニケーションの観点から統一的に分析できると考えているのである。

　しかし，このアプローチは，K. ヴィルバー（Wilber, 2006）のAQALモデル[9]の左上象限の意識の発達，すなわち人間の内面のスピリチュアリティを分析していないという問題がある。本書で論議するようにリーダーの意識の発達，特にスピリチュアリティはリーダーシップの成否を大きく規定するものであり，この点を十分に解明していないのである。

　AQALは，全象限・全レベル・全ライン・全状態・全タイプ（all quadrants, all levels, all lines, all states, all types）の略で，このモデルについては第2章で詳しく検討するが，これは，宗教，哲学，現代科学，発達心理学，および他の多数の研究領域の真実を整合性のある全体のなかに統合するものである。社会科学においては科学的論争があり，特に，それが客観的アプローチと主観的アプローチとして論議されてきている。ヴィルバーは，客観的アプローチも主観的アプローチも，それらは事象や現象の一面を捉えたものであり，共に必要であり，統合されるとする。そして，それらを統合するためにAQALモデルを提唱する。それは，われわれの社会で起こる事象はすべて四象限で表せること，人は事象をそれぞれの発達レベルでしか捉えられないことを示し，社会現象ないし事象を統合的に捉える方法ないし視点を明らかにしている。このことは，従来のリーダーシップ論がどの象限を中心的に分析してきたか，どの象限のどのタイプを問題にしてきたかを明らかにし，統合的視点に基づくリーダーシップ研究の方向を示しているのである。

　しかし，この方法論上の問題以上に従来のリーダーシップ研究の問題は，人々をスピリチュアル（spiritual）な存在と捉えず，彼らや彼女らのスピリット（spirit）を考慮していないことである。リーダーシップが人間集団の事象であるならば，リーダーシップの成否は，人間の基本的なつながりや絆，あるいはスピリットとスピリットの触れ合いのあるなしに依存する。それにもかかわらず，従来の研究は，スピリチュアリティの問題をほとんど分析していないのである。

　人間は，肉体的，知的（認知的），心理的（感情的），スピリチュアル（精神的）な存在である。C. ヴィグラスヴォース（Wigglesworth, 2012）は，人の知能

を四つに分類している[10]。PQ（Physical Intelligence Quotient）は身体的知能で，ライフサイクルの最初に現れ，乳幼児期で，その能力の習得に時間が充てられる。人生の後半では栄養，運動，睡眠などから病気の予防までの肉体の適切なケアを行うことで意識される。IQ（(Intelligence Quotient）は知能指数ないし認知的知能で，論理的な問題や戦略的な問題を解決するときに役立つもので，言語能力，数学的能力，専門的知識，複合的認知能力などの能力である。

　EQ（Emotional Intelligence Quotient）は感情的知能で，D. ゴールマン（Goleman, 1995）が提示した概念で，こころの知能（感情）指数と呼ばれる[11]。これは，①自分の感情を認識する能力，②感情を適切な状態に制御する能力，③自分を動機づける能力，④共感する能力，⑤人間関係処理能力である。

　SQ（Spiritual Intelligence Quotient）はスピリチュアル知能である。SQとは，どのような状況でも，内的および外的な平穏を保ちながら，知恵と憐情（れんじょう）をもって行動する能力である。これは，意味や価値の問題を提起し解決する能力であり，統合的思考で，新しい状況や行動パターンやルールなどを作るときに使用される。SQが高いことは，精神的なものを使って視野を広げることができ，より豊かで意義深い人生を送ることに意味を見出し，人としての完全さ，人生の目的や方向性などを感じることができる，としている[12]。

　人間が人生の意味や働くことの意味を求め，SQが人間存在の根本的意義に関わるならば，SQの発達を高めるリーダーシップが必要である。ところが，従来のリーダーシップでは，このようなスピリチュアリティの考え方はないのである。

　しかし，ヴィグラスヴォースのSQは，後述するようにラインとしてのスピリチュアリティである。スピリチュアリティには発達段階ないしレベルとしてのスピリチュアリティがある。これはリーダーの意識の発達レベルに関わっている。そのリーダーの発達レベルがどのレベルであるかによってリーダーシップの仕方が異なる。人間が世界の事象をどのように捉え解釈するかは，その人の発達レベルによって規定される。すなわち，リーダーの意識がどのレベルないし段階に発達しているかによって，組織の運営方法も異なるのである。

　そこで，第三の問題は，リーダーの意識の発達レベルとリーダーシップの関係が分析されていないことである。リーダーシップの質を最終的に規定するの

はリーダーの意識の発達レベルである。それにもかかわらず，従来の研究は意識の発達レベルの問題をほとんど分析していない。そのため本来リーダーの地位にふさわしくない人，すなわちリーダーとして意識が十分に発達していない人がその地位に就き，様々な問題を起こしたりするのである。これは，従来の研究が組織でのトップの階層ないし管理職にいる人々の影響力をリーダーシップと捉えてきたことに原因がある。リーダーシップ研究の多くは，地位に基づく影響力と，リーダーの意識の高いレベルから生じる真のリーダーシップを混同している。職権に基づいて影響力を行使し，自己の思想や考えを部下に強要することをリーダーシップと勘違いしているのである。

そのため，現代社会で世界的に起こっているリーダーシップの問題は，いわゆる組織の高い地位に就いた人が自組織（国家）中心的に行動することを組織成員（国民）に求め，強要することを強力なリーダーシップと勘違いしていることである。これには人の発達を促進し，仕事のスキルや能力開発を支援することで組織の有効性を高める本来のリーダーシップの考え方はない。それは，より広い，より高い視点で思考して問題を解決するよりも，組織成員を自集団中心，自民族中心，自国家中心の発達段階に留め，外部の集団や組織と競わせ，それに勝利することをリーダーとしての成功と考えていることから起こっている。逆説的に言えば，それは成員が自組織（国家）中心という低く狭い思考に留まることによって社会や世界の問題点を見えなくし，自己への批判を避けて支配ないし統制を強化しているのである。

C. O. シャーマーとK. カウファー（Schamer and Kaufer, 2013）によると，今日のリーダーシップの最大の課題は，経済の現実が地球規模で相互依存し合っているエコー・システムによって形づくられているのに，組織のリーダーは概して組織レベルのエゴ・システムの意識で行動していることである[13]。人は成長するにつれて自己中心的な思考や行動から，自組織，社会，世界，宇宙へと視点を拡大し，より広い，より高い視点で思考し行動する。その思考や行動の基礎になる価値観や世界観が，私的，個別的，地域限定的な考え方から，普遍的，統合的な価値観や世界観へと深化拡大していく。すなわち，人間は自己中心から自組織・自民族中心，世界中心，地球中心へと発達していく。そこで，リーダーが自組織・自民族中心に思考し行動することは，多くの人々の意識や思考

もその段階で留めてしまうことになり，そのレベルのリーダーには世界中心，地球中心の考え方はなく，単に自組織の利益（発展）だけを考える狭量な世界観しかないのである。このような自組織中心の考え方や世界観では，グローバルな問題を解決することはできない。人間が世界中心，地球中心，宇宙中心の思考を持つように発達しなければ，すなわちより高いスピリチュアリティのレベルへと発達しなければ，グローバルな問題は根本的に解決できないのである。

　それではなぜ従来のリーダーシップ研究では，スピリチュアリティの問題は考慮されなかったのであろうか。第一は，人間をスピリチュアルな存在として捉えてこなかったことである。もちろんこれまで宗教や哲学あるいは心理学等ではスピリチュアリティの問題は研究されてきている。しかし，後述するように，多くの人々はスピリチュアリティを神話段階（自組織・自民族中心レベル）で捉え，さらに発達の最高レベルとしてのスピリチュアリティとラインとしてのスピリチュアリティを混同し，それが人間の成長発達に密接に関わるものと捉えていないのである。

　第二は，客観主義アプローチによって客観的に測定できない領域の問題が科学的分析の対象から取り除かれてきたことである。そのため人間の内面のスピリチュアリティの問題は，リーダーシップの研究を含めて経営学等ではこれまで十分に論議されてこなかったのである。

　リーダーシップ研究の第四の問題は，意識の発達とは関係なく，管理技術や技能あるいはリーダーシップ技術や技能に長けることがリーダーシップにとって重要と考えていることである。確かに，有効なリーダーシップを発揮するためには，それに必要なスキルや能力がなければならない。管理技術や技能あるいはリーダーシップ・スキルや能力を有することによって組織運営はある程度まで可能である。例えば，リーダーには，組織のミッションの提示や部下の動機づけといったスキルが求められる。しかし，それらのスキルを用いるだけでは人々（部下）はリーダーの働きかけを受け容れ，組織目的を達成することにはならない。それは，リーダーが部下に対してどのように働きかけてもリーダーの人間性，すなわちスピリチュアリティが最終的にはリーダーシップの有効性を規定するからである。これらの技術や技能は地位に基づく影響力を洗練するだけであり，真のリーダーシップの発揮にはつながらない。それはスピリ

チュアルな発達が十分でなければ，人々に真の影響力を及ぼすことはできないからである。

　このようなリーダーシップの技術的問題とその本質的な道徳的問題を区別して論議したのはC. I. バーナード（Barnard, 1938）である。彼によると，リーダーシップには二つの側面がある[14]。一つは技術的な側面で，技能，技術，知識，想像力などである。これらは訓練，教育によって育成できる。二つ目は責任，道徳的側面で，特定的に育成することがむずかしく，社会の態度と理想，およびその一般的諸制度を反映し，行動の質を決定し，尊敬と崇敬をあつめるものである。バーナードは，その道徳性の高さが，最終的にはリーダーシップの質を規定するとしているのである。

　L. グラットン（Gratton, 2014）も，リーダーとは，権力や権威というより，尊敬に値して積極的に学ぶことができると思える相手を意味する[15]，と述べている。部下が相手を本物のリーダーかどうかを判断する基準の一つは，知行合一ができるかどうかである[16]。彼女は，本物のリーダーを目指す過程は経験を自分のものにするための「内なる旅」が必要であり，それは「組織の周辺」の経験，「厳しい試練」，「内省と対話」によって得られるとしている。

　本物を目指すには「組織の周辺」の経験が必要であり，これによってリーダーは他人の立場を考えることができるようになり，自社の社会的，道徳的，環境的な影響について理解を深めることができる。またリーダーが本物に近づけるのは，自分を試し，世界についての理解を深める「厳しい試練」を経たときであり，内省を通じて自分自身や自分にとって大切なものについて理解を深めたときであり，挫折を経験してそこから学ぶことができたときであり，周囲の人が率直に意見を聞かせてくれたときである[17]，としている。

　グラットンのいう本物のリーダーは，本書でいうスピリチュアル・リーダーの概念に近いものである。人は，挫折を経験し，厳しい試練を経て，さらに内省と対話を通じて成長発達する。人は，苦しい試練を乗り越え，深く内省することで自己中心，自組織中心から世界中心，地球中心，さらには宇宙中心へと視点を広げて，スピリチュアリティを高め，真のリーダーシップを発揮できるようになるのである。

　第五の課題は，従来のリーダーシップ研究が，専らリーダーを中心に分析し

ていることから生じている。それらはリーダーの特性，行動スタイルやタイプ，リーダーのタイプと状況の適合関係などを分析している。それらの研究の焦点はリーダーにあり，部下の視点からの研究はほとんど行われていない[18]。それらは，権力志向の強い有能なリーダーの特徴からリーダーシップを解明しようとしている。もちろん，リーダーシップの研究である限り，リーダーを中心に研究することは当然のことである。しかし，リーダーシップといってもリーダーだけが単独でリーダーシップ事象を引き起こすわけではない。リーダーシップは部下を含めてリーダーを取り巻く人々の相互作用の結果として行われる。リーダーの行動は部下のパーソナリティや組織業績等によって異なるものである。この点はリーダーシップの状況理論の考え方と基本的に同じである。

しかし，ここで研究志向がリーダー中心であることを問題にしているのは，現代の複雑な問題をリーダーが単独で解決することの限界である。現代社会は，リーダーがいくら有能でも，リーダー単独ですべての問題を解決するには極めて複雑である。一人の人（リーダー）が現代社会で起こっている複雑な事象を正確に理解し，把握し，解決するには限界があるのである。

C. O. シャーマー（Schamer, 2009）によると，現代の社会（組織）が直面している複雑性には，①ダイナミックな複雑性，②社会的複雑性，③出現する複雑性がある[19]。①は，原因と結果の間に必然的に時間的，空間的隔たりが生じることで，例えば，CO_2の排出による温暖化などがこれである。②は，様々なステークホルダーの利害や世界観の違いが生み出す複雑性である。③は，問題の解決方法が未知である，問題の全貌がまだ明らかでない，誰が主要な利害関係者かよくわからない，といった複雑性である。出現する複雑性が増すほど，過去の経験はあてにならないものである。

複雑性が増大している状況においては，リーダーシップのあり方も変わるようになる。シャーマーによると，過去のビジネス・リーダーは指示を出す人であり，命令し管理する人であった。それは，課題と目的を明確にし，会社を動かし導こうとする人であった。しかし社会が複雑化してくると，トップダウン式のリーダーシップには限界がある。出現する複雑な状況では，リーダーは，人々が個人として，また集団として，出現する未来を感じとり，明らかにできるように組織を大きく変容させる能力を養わなければならない。複雑な状況で

は，リーダーシップは個人のものというよりも，より広範囲な集合的なものである[20]。リーダーシップは個人が行う何かではなく，組織のすべての人々を巻き込む集合的な能力である[21]。それは，システム全体で出現しようとしている未来を感じ取り，現実にする能力ということなのである。

　G. ヴェイルメッターとY. セル（Vielmetter and Sell, 2014）によると，現在進行しているメガトレンドは次のようなものである[22]。①グローバリゼーションの加速，②気候変動や資源の欠乏といった環境危機，③「個の台頭」と価値の多様化，④デジタル時代の働き方の変化，⑤人口動態の変化による社会の不安定化，⑥先端的なテクノロジーの融合によるイノベーション，がそれである。このようなメガトレンドによって仕事のパターンの変化が起こり，リーダーシップのあり方も大きく変化する。それは，自己中心的なリーダーシップから，リーダーと部下の相互作用としてのリーダーシップへの転換，すなわち，他者中心の共創型（Altrocentric）のリーダーシップへの転換である，としている。

　この共創型リーダーは，内面的強さと価値観を特徴とし，共感力，自我の成熟，知的好奇心，感情面も含めたオープンさを持っており，さらに倫理的視点と多様性への純粋な関心を備えている。それは，そのようなリーダーは，自分を取り巻く環境の変化を理解しており，複雑なステークホルダーのコミュニティを認識しているからである[23]。

　彼らによると，リーダーシップという概念がより明確になるのは，リーダーと部下の関係を分析したときである。リーダーと部下の関係は，明確に区別されるのではなく，それぞれの状況における関係である。従来のリーダーシップの誤解は，ボスザル型の考え方が基礎にある。しかし，リーダーシップは社会的な相互作用であり，個々人が状況に依存している関係である，としている。

　W. H. ドラス（Drath, 1998）も，複雑な社会的状況下ではリーダーが単独で複雑な事象を正確に把握し解決することは困難であり，リーダーと組織成員間の対話による新たな意味形成が必要になるとして，将来のリーダーシップは意味形成であるとしている[24]。ドラスは，これまでのリーダーシップの概念の変化を表1－1のように示している[25]。

　ドラスによると，古代世界では，リーダーシップの概念は，部下を支配することであった。すなわち，王が存在し，臣民が存在し，王が率い，臣民はそれ

に従った。この支配の考え方は何千年にもわたって広く存在してきた。この支配の概念は，現在でも絶対的な権力を保持している経営者（リーダー）と，それに服従する従業員のいる企業では一般に受け容れられている。すなわち，すべての意思決定をリーダーが行い，それを部下は忠実に実行するというリーダーシップの考え方である。カリスマ的リーダーの考え方もある意味でこれに近いものである。

しかし，民主主義の高まりに伴う啓蒙的なアプローチと合致して，社会的影響としてのリーダーシップの概念が現れてきた。影響というのは，状態の変化であり，コミュニケーションの結果として知識，態度，行動の変化が起こることを意味している。そこで，リーダーは，現在の状態から望ましい状態へと影響を及ぼすために，いかに部下を動機づけるかということが重要になった。この概念では，リーダーは部下を尊重し，理解する必要性を認識し，合理的，感情的アピールを通じて彼らを動機づけることになる。

20世紀になると，人間は外的，社会的な関心だけではなく，内的な心理学的動機を持っているという人間性への理解を反映して近代的なリーダーシップ概念へと変化した。これは，人々の中に社会的目標への心からの関与を創り出し，一人の人間の個人的関心をより大きな社会的関心へ変換するという考えである。近年，組織を対等な人々による共通目的の点から捉えるのもこの延長線にある

表1－1　リーダーシップ・モデルの進化

	古代	伝統的	近代的	将来
リーダーシップ概念	支配（統治）	影響	共通の目的	互恵的関係
リーダーシップ行動	フォロワーを指揮する	フォロワーを動機づける	心からの関与を創出する	相互による意味形成
リーダーシップ開発の焦点	リーダーの権力	リーダーの対人関係スキル	リーダーの自己理解	集団の相互作用

出所）Drath, W. H. (1998) "Approaching the Future of Leadership Development" in McCauley, C. D., Moxley, R. S., and E. V. Velsor eds., *The Center for Creative Leadership : Handbook of Leadership Development*, Jossey-Bass Inc. Publishers, p.408（金井壽宏監訳・嶋村伸明／リクルートマネジメントソリューションズ組織行動研究所訳『リーダーシップ開発ハンドブック』白桃書房，2011年），375頁。

といえる。

しかし，ドラスによると，人々が共に働くうえで理解しなければならない文化やものの見方が多様化するにつれて，単一の画一的なものの見方から共通の目標を作り出すのは困難になってきている。そこで，ドラスは，将来，リーダーシップの概念は，相互の行動の中に現れるかもしれないとし，リーダーシップは共有された意味形成過程（shared meaning making）と捉えられるとしている[26]。これは，いくつかの現象に対する理解と価値判断の仕方について同意する人々による相互の社会的過程のことで，人々が共に仕事をするときの相互的意味形成の中から出てくるものである。

この考え方は，リーダーシップがもはやリーダー単独の行動で生起するのではなく，協働する人々の互恵的な結びつき，互恵的相互作用から始まるということを意味している。それはまた，リーダーシップを人々が共に仕事をするときの相互的な意味形成（約束や契約，解釈，合意など）の中から出てくる過程として捉えることである[27]。これには，不確実な状況下で多様な人々から成る組織では，経営者（リーダー）自体が組織で進行している事態の意味を明確に把握したり，組織の将来の展望を明確に示すことが困難であり，むしろ組織成員の相互作用の中から現在の進行状態に対する意味を形成したり，ビジョンや戦略について新たな意味を形成することが組織は有効に機能するという考え方があるのである。

このようなことからリーダーシップの研究は，リーダーと部下の相互作用あるいはリーダーと成員の間のダイアログ・コミュニケーションによる新たな意味形成の問題を解明することが必要なのである。

Ⅲ　結び

以上，リーダーシップの課題について検討してきた。一般に，組織の成否はリーダーシップの良否に依存するとされ，そのため，組織において有効なリーダーシップが求められている。そこで，リーダーシップに関して多くの研究が行われ，多種多様な理論やモデルが表されてきている。

しかし，リーダーシップに関する数多くの理論やモデルが表されていても，

それらは，リーダーシップの本質を解明していないのである。そこで，本章では従来のリーダーシップ研究の問題点を指摘し，今後のリーダーシップ研究の課題について検討してきた。

　第一は，リーダーシップ研究方法論上の課題である。従来のリーダーシップ研究は多様な理論やモデルを統合する研究もあるが，しかし，第2章で論議するAQALモデルの全象限，全領域を考慮していないという問題がある。

　第二の課題は，従来のリーダーシップ研究が人間をスピリチュアルな存在と捉えず，スピリチュアリティをほとんど考慮していないことである。しかし，人間は，肉体的，知的，感情的，スピリチュアルな存在である。リーダーシップの有効性を規定するのは，最終的にはリーダーのスピリチュアリティにある。そこで，リーダーシップの研究は，リーダーシップとスピリチュアリティがどのように関係するか，リーダーのスピリチュアリティがリーダーシップの有効性にどのように影響を与えるかを解明することが必要である。

　第三は，リーダーの意識の発達レベルの問題がほとんど分析されていないことである。これは，地位に基づく影響力と真のリーダーシップの影響力を混同していることから生じている。リーダーシップの有効性は，最終的にはリーダーの意識の発達レベルの高さに依存している。地位に基づく影響力の行使はマネジメントではあっても，必ずしもリーダーシップによるとはいえない。マネジメントはその地位に就く人の成長発達のレベルに関係なく，地位に基づく権力によってその組織成員に影響を与えて目的を達成することである。純粋のリーダーシップの影響力はその人の人間性あるいはスピリチュアリティに基づいているのである。

　第四は，意識の発達とは関係なく，管理技術や技能あるいはリーダーシップ技術や技能に長けることがリーダーシップにとって重要と考えていることである。これは，第三の課題に関連して，リーダーの発達レベルの問題を考慮せず，リーダーとしてのスキルや技能を習得できればリーダーシップを効果的に発揮できると考えていることから起こっている。しかし，組織の管理職に就き，そのスキルを習得することによって，リーダーシップは必ずしも有効に発揮できるとは限らないのである。

　第五は，リーダーシップ研究が専らリーダー個人に研究の焦点をあてている

ことである。しかし，現代社会のようにグローバルに生起する複雑な問題をリーダー個人で解決することは困難である。グローバルな複雑な問題を解決するためには，リーダーと部下が対話して新たな意味を形成し，解決することが必要である。そのような状況では，リーダーが指示し，部下はそれを受容し実行するというトップダウン型のリーダーシップではうまく機能せず，リーダーと部下が対話することで新たな意味を形成することが重要なのである。

　本書は，以上の問題，特にリーダーのスピリチュアリティに関わるリーダーシップの問題を解決することを目的としている。以下の章で，これらの課題をどのように解決するかを検討して，リーダーシップの本質的特徴を明らかにする。

●注
1　Stogdill (1974), p.7.
2　Stogdill (1974), p.7.
3　Stogdill (1974), pp.7-16.
4　Bryman (1986), p.2.
5　Yukl (1981), p.3.
6　Yukl (1981), p.3.
7　Yukl (1981), (2010) を参照。
8　狩俣 (1989) を参照。
9　Wilber (2006), 邦訳を参照。
10　Wigglesworth (2012) を参照。
11　Goleman (1995), 邦訳を参照。
12　Wigglesworth (2012), p.8.
13　Schamer and Kaufer (2013), 邦訳，155頁。
14　Barnard (1938), p.260, 邦訳，271頁。
15　Gratton (2014), 邦訳，243頁。
16　Gratton (2014), 邦訳，252頁。
17　Gratton (2014), 邦訳，253頁。
18　近年，フォロワーの観点から分析するフォロワーシップの研究 (Kellerman, 2008) も現れてきているが，基本的にはリーダー中心である。
19　Schamer (2009), pp.59-62, 邦訳，92-95頁。

20　Schamer（2009），pp.73-75，邦訳，107-110頁。
21　Schamer and Kaufer（2013），邦訳，156頁。
22　Vielmetter and Sell（2014），邦訳，13-205頁。
23　Vielmetter and Sell（2014），邦訳，207-243頁。
24　Drath（1998），pp.403-432，邦訳，370-411頁。
25　Drath（1998），pp.405-410，邦訳，372-377頁。
26　Drath（1998），pp.414-415，邦訳，381頁。
27　Drath（1998），pp.414-415，邦訳，381-382頁。

第2章 インテグラル・アプローチとスピリチュアリティ

I 序

　リーダーシップの研究は，リーダーシップをどのように捉えるか，リーダーシップの何をどのような観点から分析するか，ということによって多様なアプローチが表わされている。このような多様なアプローチの違いは，基本的には次の点の捉え方の違いから出てきているように思われる。

　(1)　リーダーシップとは何か，それはどのように捉えられるか。
　(2)　リーダーシップは，どのような状況ないし条件の場合に有効となるか。
　(3)　その現象（状態，形態，スタイル）はどのようなものか。
　(4)　それを解明するのはいかなる目的のためか。

　(1)は，リーダーシップの定義であり，リーダーシップ現象をどのように捉えるかを意味している。これを明らかにするために多種多様な研究が行われてきており，様々な定義が表されている。それが，第1章で述べたように，一般には，組織のある人（リーダー）が他の成員（部下）に影響を及ぼすことによって，組織目的達成のために組織成員が有効に行動している状態と捉えられるのである。

　しかし，リーダーシップの研究はその有効な状態がなぜ，どのようにして起こるかを解明する必要がある。それはリーダーシップをリーダーが部下に及ぼす影響過程として捉えると，この影響の行使が必ずしも組織目的の達成にとって有効になるとは限らないからである。そこで，リーダーシップの研究は，有効なリーダーシップ現象ないし事象に限定されるのである。

この問題と関連して(2)の問題が出てくる。(2)はリーダーシップの有効性とは何かということであり，有効性の概念の問題である。そしてその有効性をどのように捉え，測定するかということによって様々な問題が生じることになる。リーダーシップも社会現象である限り，それが有効に機能しているかどうかは，基本的にそれを見る視点，見る立場によって異なる。例えば，それは影響を及ぼす人（リーダー），その影響を受ける人（部下），あるいは外部から観察する人（研究者）などによって異なる。しかし，有効ないし効果的なリーダーシップが発揮された結果，組織が有効に機能しているならば，リーダーシップの研究はそれがなぜ起こっているか，その理由を客観的に解明する必要がある。

　ところが，客観的に捉えるとしても，有効性とは何か，ということは問題になる。その有効性の捉え方によって，その規定要因も異なり，さらにその評価方法や評価基準ないし評価尺度も異なるからである。そして，このことによって研究対象も異なり，ひいてはリーダーシップ・システムの捉え方の相違となり，またそれに関するサブシステムの相互関係やそれと全体システムとの関係の捉え方にも相違が生じてくるのである。

　(3)は，(1)や(2)の問題と密接に関連している。それは，有効性の捉え方によって，有効なリーダーシップ現象の状態，形態，スタイルの捉え方にも相違が生じるからである。例えば，それはリーダーのパーソナリティ・スタイルないし行動スタイル，あるいはリーダーの行動スタイルと集団のタイプの適合として捉えられている。しかしリーダーシップが組織（集団）現象であり，リーダーシップが発揮された結果，組織（集団）が有効に機能しているならば，その状態やスタイルなどを捉えることが必要である。そしてその現象の状態，形態，スタイルがどのようにして，なぜ形成されたかを解明することが必要なのである。

　(4)は，いかなる目的のためにリーダーシップを研究するかということである。リーダーシップの研究は，基本的にリーダーシップ現象を記述し，説明し，予測することを目的としている。そして，それはリーダーシップの有効性の解明によって有効なリーダーシップが発揮され，それが組織の能率や有効性の改善につながり，組織は成功し発展することができる，という考えがある。そして，それは，最終的にはリーダーの選抜や訓練ないし開発に役立て，有効なリー

ダーシップの発揮に役立てることを目的としているのである。

　以上で明らかなように，目的が何か，リーダーシップの何を説明するのか，あるいはリーダーシップのどの側面を重視するのか，によってその研究方法も異なっている。そして，このことが多種多様なリーダーシップの定義となり，多様な理論やモデルとして表されているのである。それではこれらの問題を統一的に捉える方法はないのであろうか。

　本章では，研究方法論にどのようなものがあるかを検討し，K. ヴィルバー（Wilber）のインテグラル・アプローチの特徴を明らかにして，リーダーシップの本質的特徴を解明する手がかりを探ることにする。

II　多様な研究方法

　社会科学の研究では，研究対象にしている事象をどのように捉えるか，それのどの側面を重視するのかによって，多様な理論やモデルが表されている。それは，基本的には研究者の視点や研究方法が異なるからである。

　人々が世界やその現実をどのように捉えるか，あるいは人間をどのように捉えるか，ということが多くの科学の論争となってきている。第3章で論議するように多様なリーダーシップ理論があるのもリーダーシップのどの側面を重視するか，何をリーダーシップの本質と捉えるか，さらには組織に参加する人々をどのように捉えるか，その人間性の捉え方に違いがあるからである。

　G. バーレルとG. モーガン（Burrell and Morgan, 1979）によると，科学的論争においては存在論，認識論，人間性，方法論の四つの仮説についての論争がある[1]。存在論（ontology）は，存在とは何か，世界の存在をどのように捉えるかということに対する基本的仮定であり，これには唯名論と実在論がある。唯名論（nominalism）は，社会的世界は個人の意識の所産であるという立場である。実在論（realism）は，個人の認識の外側にある社会的世界は個人の意識とは関わりなく確固たるもので，実在するという立場である。

　認識論（epistemology）は，世界をどう認識し理解するかに関する基本的仮定であり，実証主義と反実証主義がある。実証主義（positivism）は，社会的事象の世界における法則や基本的な規則性を探求することが有用であり，社会的

世界に生起することを説明したり予測したりすることができるという立場である。反実証主義 (antipositivism) は，社会的世界は本質的に相対的なものであり，研究者の視点からのみ理解できるという考え方である。

人間性とは，人間をどう捉えるかという基本的仮定で，人間やその活動は環境によって全て決定されるとする決定論と，人間は完全に自律的であり自由意志を持っているという主意主義がある。

方法論 (methodology) は，研究方法に対する基本的仮定であり，個性記述的方法と法測定立的方法がある。個性記述的方法 (idiographic method) は，研究対象から直接的知識を得ることによってのみ，社会的世界を理解できるという考え方である。法則定立的方法 (nomothetic method) は，体系的な手続きや手法に基づく調査を強調し，科学的厳密性の基準に従って仮説をテストする過程に焦点をあてる立場である。

G. モーガンとL. スミルキッチ (Morgan and Smircich, 1980) は，このような存在論，認識論，人間性，方法論の間の関係を検討し，それを表2−1のように示している[2]。

バーレルとモーガンは，このような論争から，社会科学では，機能主義 (functionalism)，解釈主義 (interpretivism)，急進的人間主義，急進的構造主義の四つのパラダイムがあり，それらの相違は，社会的現実と社会的秩序をどの

表2−1　存在論と人間性についての仮説

◄――主観的アプローチ　　　　　　　　　　　　客観的アプローチ――►

存在論の仮説の核	人間想像の投影としての現実	社会的構成としての現実	シンボリック会話としての現実	情報コンテクストの場としての現実	具体的過程としての現実	具体的構造としての現実
人間性についての仮説	超越的存在としての人間	現実を創造する人間	社会的行為者としての人間	情報処理者としての人間	適応的代理人としての人間	機械としての人間
研究例	現象学	エスノメソドロジー	社会的行為論	サイバネティックス	オープン・システム論	行動主義，社会学習論

出所）Morgan, G. and L. Smircich (1980) "The Case for Qualitative Research," *Academy of Management Review*, Vol. 5, No. 4, pp.494-495. （概念の説明は省略）

ように捉えるかということから生じているとしている[3]。

　機能主義のパラダイムは，対象となる物事に対して客観主義の観点からアプローチする。これは，社会的世界は具体的かつ経験的な人工的所産から構成されていると捉える立場である。解釈主義のパラダイムは，社会的世界を主観的レベルで理解しようとする。これは，社会的世界を関係する諸個人によって創りあげられる創発的社会過程として捉える。急進的人間主義の基本的な考え方は，人間の意識はイデオロギー的な上部構造によって支配され，それによって自分自身と自分の真の意識との間に認知的なくさびが打ち込まれている，ということである。急進的構造主義は，現代社会の特徴は根本的にコンフリクトであり，これが政治的あるいは経済的危機を通じてラディカル・チェンジを発生させているという見方である。

　これらのパラダイムの中で，社会科学では機能主義と解釈主義ないし客観主義と主観主義の論争が中心的に行われてきている。そこで，これらがどのような特徴を有しているか少しく眺めてみよう[4]。

　機能主義と解釈主義の大きな特徴の一つは，前者が客観性を強調するのに対して，後者は主観性を強調することである。また機能主義は社会的現象を具体的な物質的実態として扱い，組織は個々人の外部にあり，その特徴はハードで有形な事実として扱われる。

　これに対して，解釈主義は，現実は成員の言葉，シンボル，および行動を通じて社会的に構成されると考える。これは組織構造やテクノロジーのような組織現象が組織行動にどのように影響を与えるかというよりも，成員が組織現象をどのように解釈するかということに焦点をあて，それらが特定の組織成員に対して持つ意味に焦点をあてる。

　第二の相違は，機能主義が組織を静態的あるいは不変的特徴を持っていると捉えるのに対して，解釈主義は組織的現実を動態的に捉え，組織を進行する行動の流れを通して発展するシンボリック過程と捉える。そして組織成員が彼らの行為や相互作用で現実をどのように創造するかということに焦点をあてる。

　第三の違いは，機能主義は社会的現実を個人の外部にある具体的事実として扱うことである。この事実は人間活動よりも前に存在するようになる。それらは人間行動に影響を与え，人間行動を形成する。それ故，機能主義は，それら

の行動を支配する一般的法則を引き出すことを目的とする。これに対して，解釈主義は，社会的現実を進行する行為とこれらの行為に帰因される相互主観的意味を通じて創造されるシンボリック過程とみる。そこで，解釈主義は，社会的世界について相対的立場に立つ。その目的は不変的法則を引き出すよりも，状況の独自の次元を引き出すことによって社会現象を理解することである。

　第四の違いは，機能主義は，人間やその活動はそれが存在している状況や現実によって決定されると考える。機能主義は，個々人は環境の産物で，外部環境が個人の選択を決定するという立場である。解釈主義は，人間は完全に自律的であり自由意志を持っているという立場である。解釈主義は，個々人は自分自身の環境を創造し，環境や組織的現実を形成する重要な役割を果たすと考える。

　第五の相違は，機能主義が組織を単一の調整された実態と捉えるのに対して，解釈主義は組織について多元的見方をとる。前者は組織を共通の利益や目的を追求する協働体系として捉える。また個々人は目的合理的行為の手段として扱われる。他方，解釈主義は，組織を多様な目的や欲求を持った個々人や集団から成る連合体と捉える。そして，連合体を形成し維持する価値，目標，および相互作用に関心がある。解釈主義は，組織行動の多様な意味や組織的現実の多様な解釈を求めるのである。

　以上のように，機能主義アプローチは，事象に対する客観性，安定性，因果性，決定論，単一性を強調する立場であり，解釈主義アプローチは，主観性，動態性，相対性，主意主義，多元性を強調する立場である。このような機能主義と解釈主義についての科学的論争がある中で，前者の客観的アプローチが社会科学の中で主要な地位を占めてきた。それは，自然科学的研究方法によって社会的事象を分析しようとする立場であり，社会的現象も自然現象と同様に客観的に実在すると考え，社会的事象の規則性や因果性を探究することによって社会的世界に生起する事柄を説明し，予測しようとするからである。

　このように社会的事象をどのように捉えるかによって研究方法論上の論争が行われてきたが，これを統合的に捉えようとする考え方が現れてきている。ヴィルバー（2006）のインテグラル・アプローチ（integral approach）である。

Ⅲ　インテグラル・アプローチ

　ヴィルバーは，従来の学問分野の問題を検討し，様々な学問領域を統合的に捉える方法を示している[5]。人間は世界で起こっている事象や現象を見たり捉えるとき，それぞれの価値観や世界観あるいは人生観に基づいて見たり捉える。すなわち，各人の意識のフレームワークをとおして見る。そのため同一の事象や現象を見ても人々は異なって見たり捉えたりする。しかし，ヴィルバーは，事象を統合的に捉えるインテグラル・アプローチを提唱している。ヴィルバーによると，インテグラル（integral）とは，総合的，調和的，包括的を意味する。すなわち，インテグラル・アプローチは，われわれを取り巻く世界を，より包括的に，より効果的に見ていくものである[6]。彼によると，人がインテグラルに考え，感じ，行動するとき，そこには全体性，あるいは完全性の感覚が伴う。それではインテグラルに事象を考え，感じ，行動するとはどういうことであろうか。

　前述したように，従来の学問は事象を外面から（客観的に）分析するか，あるいは内面から（主観的に）分析するかで論争が行われてきた。一方は，客観的で，経験的で，数量的に観察可能なアプローチである。他方は，内面的，内観的，解釈的で，主観的なアプローチである[7]。

　どんな事象も内側から見ることも，外側から見ることもできる。外側からの見方は，それがどのように見えるか，ということであり，第三人称的・第三者的見方である。内側からの見方は，どう感じるか，ということであり，第一人称的な見方である[8]。前者が客観的アプローチで，後者が主観的アプローチである。

　しかし，ヴィルバーは，この二つのアプローチに加えて，さらに二つの領域，すなわち個人と集団（集合）に分類する。彼は，いかなる現象も内面的（主観的）な方法と外面的（客観的）な方法と，同時に，個人としてか，または集団としてか，というアプローチに分けられるとする[9]。これは，人間が個人として存在し，また人々が集団や組織あるいは社会の中で活動する限り，当然の考え方である。人が何らかの対象を研究する限り，個人の領域と集団（集合）の

領域の二つがあるからである。そこで，個人の内面と外面，集団の内面と外面の四つの象限に分類できる。人間は，主観的側面（個人の内面），客観的側面（個人の外面），間主観的側面（集団の内面），間客観的側面（集団の外面）を持つということである。

インテグラル・アプローチは，その四つを包括するものである。従来の科学的論争は個人と集団を明確に区別せず，専ら，主観主義か，客観主義か，で対立してきた。しかし，ヴィルバーは，個人と集団を統合し，また主観主義と客観主義の対立を統合する。ヴィルバーによると，インテグラル・アプローチは，われわれを取り巻く世界をより包括的に，より効果的に見ていくものであり，世界を包括的に理解する統合地図である。これを使用することで，自分自身の成長を加速させ，より高い，より広い，より深い存在の仕方へと成長していくことができる，としている[10]。

このように考えて，ヴィルバーは世界を包括的に捉えるためにAQALモデルを提唱する。これは，宗教，哲学，現代科学，発達心理学，および他の多数の研究領域の真実を整合性のある全体のなかに統合するものである。AQALは，全象限・全レベル・全ライン・全状態・全タイプ（all quadrants, all levels, all lines, all states, all types）の略である。AQALとは，統合的認識を実現するための効果的な道具であり，多様な視点を認識，分類するための少数の簡単なカテゴリーを明確にするものである[11]。以下でこれについて説明しよう。

1　象限

象限（quadrants）は，われわれ人間が世界をどのように見るかという視点を示す。それは内面と外面，個人と集団の二つのカテゴリーを組み合わせて，**図2－1**のように四象限で表される。

左上象限は，個人の内面で，「私（I）」空間で，感情，思考，意図，瞑想状態などを示す。左下象限は，集団の内面，「私たち（We）」空間で，共有された意味や価値，文化，人々の関係，相互理解などを表す。この空間は，共通認識，意思疎通，共通理解が達成されるときに常に存在している。そして他者の存在を自らの一部として感じるとき形成される。

右上象限は，個人の外面，「それ（It）」空間で，歩行や挨拶などの行動，身

図2-1　ヴィルバーの四象限モデル

内面 個人的 意識，思考，内省 現象学 **個人** 構造主義 "I"空間（主観的） I	外面 行動的 歩行，挨拶 オートポイエーシス （認知科学など）　　**個人** 経験論 （神経生理学など） "It"空間（客観的） It
We "We"空間（間・主観的） 解釈学 **集団** エスノメソドロジー 共有された意味，人間関係 文化的 内面	Its "Its"空間（間・客観的） 社会的オートポイエーシス 　　　　　　　　　　**集団** システム理論 法律，テクノロジー 社会的 外面

出所）Wilber, K.（2006）*Integral Spirituality : A Startling New Role for Religion in the Modern and Postmodern World,* Integral Books, p.37（松永太郎訳『インテグラル・スピリチュアリティ』春秋社，2008年），59頁を参考に筆者作成。

体・エネルギーなどを表す。この空間は，表面，表層を眺める視点である。物や人を対象化して，その行動を感覚的に捉える。また，「それ」空間は物質的な感覚を伴い，見ることができ，触れることができ，嗅ぐことができ，聴くことができ，示すことができるものである。右下象限は，集団の外面，「それら（Its）」空間で，環境，テクノロジー，社会の制度や仕組みなどを表す。

　ヴィルバーによると，この象限により科学の見方や視点の違いを統合的に捉えることが可能になる。外面の右象限の客観的アプローチ，内面の左象限の主観的アプローチ，さらにそれらを個人と集団に分けて四象限にすることで，従来，学問的に論争のあった行動主義（右上象限），システム論（右下象限），現象学（左上象限），解釈学（左下象限）を統合的に捉えることができるのであ

る[12]。

　これは，四象限はすべて本質的なものであり，また還元することができないものであり，一つひとつの領域は，他の領域から自立して存在しないので，統合的に捉えなければならないことを意味している。しかし，従来の学問の多くは，四象限のうち，一つか二つの領域だけに注目してきた。例えば，心理学において行動主義心理学は右上象限を重視し，精神分析学は左上象限を問題にしてきた。また機能主義は右象限を問題にし，解釈主義は左象限を問題にしてきた。そして，このことが研究方法論上の論争を起こしてきたのである。しかし，四象限すべては重要であり，必須なのである。

2　レベル

　レベル（levels）は，意識の高さを反映し，成長や発達の段階を表す。ヴィルバーによると，発達というのは自己中心性の減少であり，意識の増加もしくはより深く広い展望を考慮に入れる能力の増加である[13]。意識の発達のレベルないし段階はそのレベルで固定するのではなく，そのレベルを中心に上下運動をしている。あるときは高いレベルの視点で，あるときは低いレベルの視点に基づいて思考する。そのため意識が高度に発達したと思われる人が，時に幼児的に行動することもある。しかし，一般には，意識が発達するにつれて，低次の視野は放棄され，自己を世界の中心に位置づける傾向は否定されようになる。ヴィルバーは，意識を高次の意識が低次の意識を包含するようにホロン階層的に発達すると捉えている。ホロン（holon）というのは，A.ケストラー（Koestler）の造語で，他の全体の部分であるような全体のことである[14]。

　ホロンは四つの基本的な力を持っている[15]。①自己保存，②自己適応，③自己超越，④自己分解の力である。①の自己保存の力は，自己の独自の全体性や自立性を保存するために，自己の独自性を保とうとする力である。ホロンは，それが見せる相対的に自律的で一貫性のあるパターンで定義される。②の自己適応力は，自己を他のホロンに順応ないし適応する力である。ヴィルバーは，この反対の方向にあるホロンの特性をエイジェンシー（agency，独自性）とコミュニオン（communion，共同性）と呼んでいる。前者は，自己の存在を主張し，自己を保存し，同化させる性向で，ホロンの全体性，その相対的な独自

性を表す。後者は，ほかに加わり，結合し，結びつくという性向で，ホロンの部分性を表す。③の自己超越の力は，自己を変容させる力で，新しいホロンとして出現する力である。これは，①と②が水平方向に働く力であるのに対して，垂直方向に働く力である。この力によって進化が起こる。④は自己超越によって積み上げられたホロンが溶解し，崩れ落ちることである。この四つの力は緊張関係にあり，この力によって新たなホロンが出現し進化していく。ヴィルバーは，意識の発達はこのような段階を踏んで行われるとしている。意識の発達は，自己超越することで一段高いレベルへと向上するということである。

　このようにヴィルバーは，意識は高次の意識レベルが低次の意識レベルを包含するホロン階層的に発達し，意識の究極的な発達段階に至ると考えている。この意識の発達段階ないしレベル（levels）に関して，彼は，意識の段階にラベルや名称をつけることは誤解を生むと考えて，それを虹色のように色で示している[16]。このレベルはスピリチュアリティの問題を分析するためには重要であるので，詳細については第4章で説明し，ここではそのレベルを概略的に説明しよう。(1)インフラレッド（infrared）は，原始的世界観で，そこでは生存することが目的である。(2)マジェンタ（magenta）は，呪術的世界観で，神秘的な力を信奉する世界観である。(3)レッド（red）は，力の世界観で，人は自己中心的で，自らの欲求と欲望を充たそうとする。(4)アンバー（amber）は，神話的世界観で，神の支配は人間の営みに直接関与する力として経験される。(5)オレンジ（orange）は，合理的な世界観で，平等，自由，正義などの理念をすべての人類に適用する世界観である。(6)グリーン（green）は，相対主義的な世界観である。(7)ティール（teal）は，統合的システムの世界観である。(8)ターコイズ（turquoise）は，統合的・全体論的な世界観である。この段階では個人としての私を超越し包含する体系そのものと自己を一致させようとする。(9)インディゴ（indigo），およびそれ以上の段階（violet, ultraviolet, clear light）は，超統合的世界観で，真の意味での個を超えた（transpersonal）世界観である。

　以上がヴィルバーの発達レベルであるが，後述するように人間の発達をどのよう捉えるかによって多様なレベルないし段階があるのである。

3　ライン

　ライン (lines) は，成長と発達が発生することになる具体的な領域のことである[17]。このラインには，例えば，認知，人間関係，倫理，感情などがあるが，それぞれは他とは相対的に独立した発達ラインである。そして，このラインには，それぞれ発達レベルがある。そこで，ある人は知的レベルでは非常に高いが，感情や倫理のレベルでは低いということもある。

　ヴィルバーは，発達の段階とラインの違いを区別し，H. ガードナー (Gardner, 1999) が示しているように多様な知能の存在を認めている。ガードナーによると，知能 (intelligence) とは「情報を処理する生物心理学的な潜在能力であって，ある文化で価値のある問題を解決したり成果を創造したりするような，文化的な場面で活性化されることができるものである」[18]。彼は，この知能には，言語的，論理数学的，音楽的，身体運動的，空間的，対人的，内省的，博物的知能がある[19]，としている。また第 1 章で示したように，ヴィグラスヴォースは，四つの知能，すなわちラインを示している。しかし，ヴィルバーは，10以上のラインがあるとしている。人間は様々な知能を持っている。認知的，感情的，運動的，美的知能などである。ヴィルバーによると，ラインとは人生が差し出す問いかけに対する異なったタイプの答えである[20]。それは**表 2 − 2** で示されるように，10のラインについてそれぞれの問いで表される。

　それでは多くのラインはどのように関係するのであろうか。認知のラインは他のラインの基礎になるものであり，他のラインの発達の必要条件となるが，十分条件ではない。しかし，他のラインは必ずしも認知のラインの前提とはならず，一つのラインのレベル・段階が他のラインのレベル・段階を示すことはない。それぞれのラインは発達の段階ないしレベルを持ち，互いに相対的に独立して発達する。そこで論理的思考力では非常に発達しているが，感情面では未発達であるということもある。

　ヴィルバーによると，認知のラインが，他のラインに対して，必要条件ではあるが十分条件でない理由は，何か行動したり，感じたり，特定したり，欲しがったりするためには，それについて意識，すなわち認知しなければならないからである。認知は，他のラインがそれによって作動するための現象を用意す

表2-2 発達ライン，人生の問い，および代表的調査者

ライン	人生の問い	代表的調査者
認知	何に気がついているのか	Piaget, Kegan
自己	私とは誰か	Loevinger
価値	私にとって，何が重要か	Graves, Spiral Dynamics
倫理	何をすべきか	Kohlberg
人間関係	どのような人と交流すべきか	Selman, Perry
スピリチュアル	私の究極の関心は何か	Fowler
欲求	何を欲しているか	Maslow
運動	このことを行うのにどう身体を動かすか	Gardner
感情	これについて，どう感じるか	Goleman
美学	私は何に魅かれるか	Housen

出所）Wilber, K. (2006) *Integral Spirituality : A Startling New Role for Religion in the Modern and Postmodern World*, Integral Books, p.60（松永太郎訳『インテグラル・スピリチュアリティ』春秋社，2008年），92-93頁。

るようになる。これが，認知のラインが発達のレベル・段階を測定するある種の高度計になる理由であるとしている[21]。

4 状態

状態（states）は一時的なものであり，しばらくすると止むものである。意識の状態には，例えば，覚醒状態，夢見状態，熟睡状態，観想状態，非二元状態があるが[22]，それらは一時的であり，ずっと継続することはない。覚醒状態は人が起きて意識している状態であり，夢見状態は眠りに入って夢を見ている状態であり，熟睡状態は夢を見ない深い眠りの状態である。この三つの状態は誰でも経験し理解している。しかし，他の二つの状態については，一般の人々はなかなか経験し理解できないものである。ウィルバーはこの二つについて次のように説明している。観想状態ないし目撃者の状態は，他のすべての状態を目撃する能力で，例えば覚醒状態であっても，明晰夢の状態であっても，目撃者はそれを目撃する。非二元的意識は，他のすべての状態に対して常に現前する基底であり，そしてそのようなものとして経験される[23]。これが，いわゆる

悟りの状態ないしスピリチュアリティと言われる。

状態の変化は四象限のすべてで起こる。右上象限では，ピークパフォーマンス，脳の状態，生理的状態（健康，病気）などがある。左上象限には感情の状態，瞑想の状態，創造的な状態，フロー状態などがある。左下象限には人間関係の状態，共通認識の状態，共有された感情の状態，コミュニケーションの状態などがある。右下象限では経済状態，政治状況，天候状態，戦争状態などがある[24]。

リーダーシップについて言えば，リーダーシップの発揮の結果，組織が有効に機能している状態，高業績の状態，部下が満足している状態などである。

5　タイプ

タイプ（types）は，あらゆる発達段階に存在する水平的な差異のことで，例えば，男性性，女性性，文化的差異などである[25]。ヴィルバーは，第8章で述べるC. キリガン（Gilligan）に従って，男性性や女性性といったタイプの特徴を次のように整理している[26]。男性性は，自主性，正義，知恵，権利，エイジェンシー（自律性）に従う傾向があり，女性性は関係性，思いやり，憐れみ，責任感，コミュニオン（共同性・交流性・感受性）に従う傾向がある。

これらのタイプは発達段階とは異なり，異なる特徴を持っている。四象限についてタイプを分類すると次のようになる[27]。右上象限では，身体のタイプ，血液のタイプ，行動のタイプなどである。左上象限ではパーソナリティのタイプ，性のタイプなどである。左下象限では人間関係のタイプ，文化のタイプ，コミュニケーションのタイプなどである。右下象限では民主主義のタイプ，交通手段のタイプ，言語のタイプなどである。

人間のパーソナリティ・タイプについて言えば，J.L. ホランド（Holland, 1997）は，パーソナリティには①現実型，②研究型，③芸術型，④社交型，⑤企業家型，⑥慣習型の六つのタイプがあるとし，このタイプの違いによって職業の適合性が異なることを示している[28]。

経営について言えば，第10章で述べるコントロール型経営，協働型経営，支援型経営，スピリチュアル経営である。またリーダーシップについて言えば，参加的タイプ，民主的タイプ，専制的タイプなどである。これらのタイプの違

いによって組織業績や部下の満足度などが異なる。そこで，リーダーはどのようなタイプのリーダーシップをとるか，どのようなタイプの経営を行うかが重要になる。ヴィルバーは，それぞれのタイプの分類は，自分をよりよく理解し，他者と通じ合うことに非常に有効であるとしている。

　以上，AQALモデルを示してきたが，AQALモデルは，従来の研究方法論上の問題を解決できることを示している。それは機能主義アプローチにしろ，解釈主義アプローチにしろ，各象限の一部だけを分析しており，全体的に捉えていないからである。リーダーシップ研究でも同じことがいえる，後述するように，これまでのリーダーシップ理論は四象限の一部だけを問題にしているからである。しかし，リーダーシップは四象限すべてで起こり，四象限に関わる事象ないし現象なのである。

　しかし，この四象限の問題以上に重要な点は，われわれは事象をそれぞれの発達レベルないし段階でしか捉えられないことである。この例として，ヴィルバーは，ホロン階層的な地球システムを挙げ，それは統合的，全体的世界観の段階でしか，見ることも把握することもできないとしている。われわれは，世界に対しては，表象的な（対象を表象する）方法によって捉えるだけである。したがって，誰も完全な真実というものを持っていない。特定の指示対象（実物）は，特定の発達論的に秩序づけられた世界空間の中にしか存在しない（見ることができない）し，事象は特定の発達レベルにしか存在しない，ということである[29]。

　このようにAQALモデルは，事象を四象限で捉えるだけではなく，その事象はその人の発達レベルによってしか見られず，理解できないことを示している。したがって，リーダーないし経営者がどのようなリーダーシップをとるかは組織成員の発達レベルに対応して決めなければならず，より高いレベルの経営スタイルを実行するためには成員の発達レベルを高めなければならないのである。それでは，スピリチュアリティはAQALモデルでどのように捉えられるのであろうか。

Ⅳ　スピリチュアリティ

　スピリチュアリティ（spirituality）とは何か，という問題に関しては，宗教，哲学，心理学，あるいは医療や看護，福祉など多くの分野で論議されてきている。そして，近年はビジネスの分野でも論議されてきている。それではなぜスピリチュアリティの問題がビジネスでも論議されているのであろうか。この点についてはすでに論議したので[30]，要約して述べよう。

　一つは，働く人々が仕事に肉体と心を持ち込むように，スピリティアリティを持ち込むことを求め，また働く意味や働きがいを求めていることである。すなわち，経済のグローバル化やITの高度化などによって世界的な経済競争が激しくなり，企業のリストラなどで職場環境が不安定化し，従業員が企業に不信感を高めていることである。二つ目は，先進国では多くの人々が物質的な満足よりもスピリチュアリティあるいは精神の満足を求めていることである。三つ目は，多くの人々が働くことや生きることの意味を求め，働きやすい職場環境を求めていることである。四つ目は，仕事に単に個人的な経済的報酬を求めるよりも，他者や社会との繋がりないし社会や地球環境へ貢献することを求めていることである。そして，五つ目は，人間関係や社会的連帯性が希薄化してきている現代社会の中で，人々が従来の宗教とは異なる精神性や霊性といったスピリチュアリティを求めていることである。

　それではスピリチュアリティとは何であろうか。スピリチュアリティの語源は，spirit（スピリット）で，スピリットはラテン語のspiritusから出ており，その意味は，息（breath）であるといわれる[31]。R. A. ギアカローンとC. L. ユーキヴィッツ（Giacalone and Jurkiewicz, 2003）は，職場におけるスピリチュアリティに関してその定義や次元が多様であることを論議しながら，次のように定義している。職場のスピリチュアリティは，完全性や喜びの感情を与える方法で他者との連結感を促進し，仕事の過程を通じて従業員の超越性の経験を促進する文化で証明された組織的価値の枠組みである[32]。

　またC. ヴィグラスヴォース（Wigglesworth, 2012）は，スピリチュアリティを自分よりも大きな何ものか，あるいは，自分にとって神聖または崇高であると

感じられる何ものかとつながっていたいという,生まれながらにして人間にそなわる欲求,と定義している[33]。

　J. ビバーマンとL. ティシャラー(Biberman and Tischler, 2008)は,ほとんどの人々にとってスピリチュアリティは,次の二つの方向のいずれか,あるいはその両方で人々が動く過程であるとしている。すなわち,一つは,(通常は内部方向に)超越的普遍性,あるいはより高い現実の方向へのより深くより広い経験の方へ動く過程である。そして二つ目は,全宇宙およびその中のすべてのもの/すべての人との親密な,相互依存的に相互連結する方向へ動く過程である[34]。

　ヴィルバーは,スピリチュアリティの問題を多面的に論議し,それが少なくとも四つの側面から捉えられているとしている[35]。(1)至高体験ないし意識の変容状態,(2)意識の発達ラインにおける最高の段階,(3)意識の発達したラインの中で独立した一つのライン,(4)愛,信頼といった精神的な態度,姿勢,がそれである。

　(1)は,スピリチュアリティを,宗教的経験,精神的な経験,瞑想経験,至高体験とみなす考えである。典型的には,A. マズロー(Maslow)のいう至高体験の状態であり,自己実現人が最終的に経験する状態である。ヴィルバーによると,スピリチュアリティを状態‐経験とみなす用法は重要である。

　(2)は,どの発達ラインを取り上げても人々はその低い段階をスピリチュアルとは考えず,高次の,あるいは最高のレベルをスピリチュアルとみなす考え方である。例えば,超‐合理的な知覚をスピリチュアルと考え,単なる合理性や論理性をスピリチュアルとは考えない。これは意識をオメガー・ポイントに向かって進化していると捉えるものであり,スピリットが自己をスピリットであると認識し,すべての人間が光の中に進んでいく,という顕現された時間の中の最終到達地点としての意識の発展である。

　(3)は,前述した多くの発達ラインの一つで,他とは相対的に独立した発達ラインであるとする見方である。この用法では,(2)とは異なり,様々な発達ラインの最高段階を示すのではなく,それ自体,発達段階を持つことになる。すなわち,この見方ではある人間がスピリチュアリティは非常に高いが,他のラインでは不幸な結果を招き病理的なまでに低い発達を示す場合もあることを意味

している。

(4)は，スピリチュアリティを，どの段階または状態であっても，特定の態度，姿勢と捉える用法である。これは，人生の態度，性質などを指し，慈悲，内面的な平静さ，善性などが高いことである。これは第9章で述べるV. E. フランクル（Frankl）の態度的価値と同じであり，他者や苦難な状況に対してとる態度や人格的品性などである。ヴィルバーは，この用法はよく使われるが，結局は最初の三つの用法に戻ってしまうとしている。なぜなら，実際には，愛，知恵，慈悲にも段階があるからである。

ヴィルバーは，スピリチュアリティについて四つの用法はすべて正しいとみなせるが，どの用法かを特定しないと，議論は果てしなく混乱すると述べている。しかし，以上のような四つの用法の問題も，AQALモデルで統一的に捉えることができる。この問題を意識の発達とスピリチュアリティの関係を検討してAQALモデルの有用性を示そう。

ヴィルバーによると，人の成長ないし発達は，世界に対していっそう開かれた視点を確立することを通して達成される。それまでは限定的な視点に囚われていたのが，そうした限定的な真実を超越する，より包括的な視野を確立することができるようになる[36]。高次の意識に向けて成長することは，それまでの自己を超越・包含することを意味している。そして新たに確立された高次の自己の視点を通して，それまで意識されずにいたものが意識されるようになる[37]。

ところで，スピリチュアリティであれ，他の事象であれ，それはその人の発達レベルないし段階によってしか捉えられないし，理解できない。ヴィルバーによると，スピリチュアリティで大きな問題は，スピリチュアリティが神話段階で凍結されてしまい，この段階のスピリチュアリティがスピリチュアリティ一般と混同されていることである[39]。この結果，スピリチュアリティは，幼児的なもの，嘲笑されるもの，抑圧されるもの，近代性そのものから除去されるもの，となってしまった。スピリチュアルな知性（ライン）が神話段階で凍結されたことは，人間の「究極的な関心」（スピリチュアリティ）は，押し流され，究極の関心を左右するものは，宗教から科学へと置き換えられ，科学に対する究極的な信仰と，それへの忠誠が起こった，としている。すなわち，われわれの多くは，スピリチュアリティを神話レベルで捉え，最高レベルのスピリ

チュアリティがあるとは考えなくなった。その結果，ラインとしてのスピリチュアリティも認められなくなり，スピリチュアルな存在としての人間も認めなくなった，というのである。

　ヴィルバーは，ラインとレベルの混同を解除するためには，抑圧（repression）と固着（fixation）の両方が必要である，としている[40]。抑圧については，合理的レベル（段階）の人々は神話段階のスピリチュアリティへの憎悪を緩（ゆる）め，合理的レベルのスピリチュアリティを認めるべきである。スピリチュアルな知性は，究極の関心に関する知性（把握力，理解力）である。健全なスピリチュアル知性は，絶対的な実在の存在に関して，オープンで正直な向き合い方をする。

　固着については，神話段階のスピリチュアリティは，その自民族・自集団中心的な神話の固着を緩め，スピリットの表現を世界中心的な理性および後述する後慣習的な愛として見ることから始めて，より高度なスピリチュアル知性それ自身に対して自らを開くことが必要である，としている。

　ヴィルバーは，スピリチュアルなラインの高次の段階が認められるためには，ラインそれ自体が認められ，尊重される必要があるが，真のスピリチュアリティは，人生の発達の高次の段階でのみ獲得可能ではなくて，スピリチュアリティのある側面は，いかなる段階でも可能であるとしている。そして，人間は，最初の段階から出発し，たとえいかに遠くまでであろうと，どこまでも成長・発達を続け，また止まりたいところにはどこでも止まる権利を持っており，それは段階とは，いわば人生の駅だからである，としている[41]。そして，人生の駅あるいは段階の，いかなるときでも，そこには真の深みがあって，到達可能であるとしているのである。

　以上のようなスピリチュアリティに関するヴィルバーの論議を踏まえて，本書ではスピリチュアリティを次のように捉える。意識の発達レベルは，自己を越えて他者，集団，組織，社会，地球，および宇宙を志向して，自己と他者や全体と一体化，融合化する過程であり，それは個々の具体的状況でどのような態度をとるかという意識の発達レベルとして現れる。そこで，スピリチュアリティとは，自己と自己を超越した外部の崇高なものなどとの一体化や融合化，あるいは自己利益と他者利益の統合化であり，自己（利益）に執着せず，自己

と他者の区別がなくなり，自己即他者あるいは個即全体の意識の状態である[42]。それは自己超越性や意味実現の状態として現れる。したがって，スピリチュアルな人は，自己と周りのもの（他者あるいは組織や社会）との一体化・融合化を求め，自己利益よりも自己超越的利益ないし他者や社会全体あるいは地球全体の利益を求め，さらに他者，社会，地球への貢献を志向するのである。

V 結び

　以上，論述してきたように社会科学において科学的論争があり，特に，それが客観的アプローチと主観的アプローチとして議論されてきている。そして，自然科学的研究方法の客観的アプローチが社会科学の中でも主要な地位を占め，そのため人間の内面的なスピリチュアリティの問題はリーダーシップ研究などの経営学の分野では分析されてこなかったのである。

　ヴィルバーは，従来の主観主義と客観主義の論争を統合的に捉え，それを四象限で捉えるインテグラル・アプローチを提示している。客観的アプローチも主観的アプローチも，それらは事象や現象の一面を捉えたものであり，共に必要であり，それらは統合されるものである。それらを統合するものとして，AQALモデルがある。AQALは，全象限・全レベル・全ライン・全状態・全タイプの略で，それは統合的認識を実現するための効果的な道具であり，多様な視点を認識，分類するための少数の簡単なカテゴリーを明確にするものである。

　AQALモデルは，事象はすべて四象限で起こるということ，人は事象をそれぞれの発達レベルでしか捉えられないことを示し，社会現象ないし事象を統合的に捉える方法ないし視点を明らかにしている。このことは，従来の研究がどの象限を中心的に分析してきたか，どの象限のどのタイプを問題にしてきたかを明らかにし，統合的視点に基づく社会科学研究の可能性を明らかにしている。

　それはまた，スピリチュアリティの問題が人の発達レベルとしてのスピリチュアリティとライン（究極の関心）としてのスピリチュアリティと状態としてのスピリチュアリティがあることを明らかにし，スピリチュアリティの問題の混乱を解決する可能性を示しているのである。

このスピリチュアリティについて，本書では，自己と自己を超越した外部の崇高なものなどとの一体化や融合化，あるいは自己利益と他者利益の統合化であり，自己（利益）に執着せず，自己と他者の区別がなくなり，自己即他者あるいは個即全体の意識の状態と捉える。以下の章では，この観点からリーダーシップの本質を明らかにする。

●注

1　Burrell and Morgan（1979），邦訳，3-13頁。
2　Morgan and Smircich（1980），pp.494-495.
3　Burrell and Morgan（1979），邦訳，8-20頁。
4　この点については，狩俣（1992），9-10頁を参照。
5　Wilber（1995），（1997），（2000），（2006），Wilber, et.al.（2008），邦訳を参照。
6　Wilber（2006），p.2, 邦訳，5頁。
7　Wilber（1997），邦訳，9-14頁。
8　Wilber（2006），pp.18-22, 邦訳，30-35頁。
9　Wilber（1997），邦訳，15-19頁。
10　Wilber（2006），p.2, 邦訳，5頁。
11　Wilber, et al.（2008），p.69, 邦訳，91頁。
12　Wilber（1997），邦訳，9-44頁。
13　Wilber（2000），邦訳，48頁。
14　ホロンについては，Koestler（1967），（1978），邦訳を参照。
15　Wilber（1995），pp.40-46, 邦訳，68-78頁を参照。
16　Wilber（2006），pp.66-67, 邦訳，102頁。
17　Wilber, et al.（2008），p.70, 邦訳，93頁。
18　Gardner（1999），邦訳，46-47頁。
19　Gardner（1999）は，人間には言語的，論理数学的知能などの多くの知能があるとしているが，霊的知能については，実存的な狭義の霊的知能の存在は認めるが，広義の霊的知能は認められないとしている。
20　Wilber（2006），p.59, 邦訳，91頁。
21　Wilber（2006），pp.62-69, 邦訳，98-105頁。
22　Wilber（2006），p.74, 邦訳，112頁。
23　Wilber（2006），p.74, 邦訳，112頁。

24　Wilber, et al. (2008), pp.100-103, 邦訳, 133-136頁。
25　Wilber (2008), p.70, 邦訳, 93頁。
26　Wilber (2006), pp.11-15, 邦訳, 19-26頁。
27　Wilber, et al. (2008), pp.109-111, 邦訳, 145-149頁。
28　Holland (1997), pp.17-40.
29　Wilber (2006), pp.248-251, 邦訳, 361-364頁。
30　この点については，狩俣 (2009), 173頁。
31　窪寺 (2004), 4頁, Taylor (2002), 邦訳, 4頁を参照。
32　Giacalone and Jurkiewicz (2003), p.6.
33　Wigglesworth (2012), p.8.
34　Biberman and Tischler (2008), p.2.
35　Wilber (1997), 邦訳, 426-428頁, (2006), pp.100-102, 邦訳, 146-150頁を参照。
36　Wilber, et al. (2008), p.68, 邦訳, 90頁。
37　Wilber, et al. (2008), p.78, 邦訳, 103頁。
39　Wilber (2006), p.186, 邦訳, 274頁。
40　Wilber (2006), pp.190-191, 邦訳, 280-281頁。
41　Wilber (2006), pp.193-195, 邦訳, 284-287頁。
42　この点については，狩俣 (2009), 175頁を参照。

第3章　リーダーシップ論の展開

I　序

　組織は基本的に参加者の動機を満たすために形成されるが，組織がその目的を達成するために最適に形成されても，組織は永続的に存続し発展するとは限らない。組織の環境は絶えず変化しているからである。組織はそれ自体で自動的に有効に機能することは困難なのである。組織が環境の変化に対応して存続発展するかどうかは，組織がその成員を統一的統合的に協働させることができるかどうかにかかっている。そして，それは，組織が環境の変化に対応して組織成員をその目的達成に向けて協働させるリーダーシップ（leadership）に依存している。すなわち，組織の存続発展は有効なリーダーシップに依存するのである。そのため組織においては有効（あるいは効果的）なリーダーシップが求められているのである。

　このようなことから有効なリーダーシップとは何か，リーダーシップの有効性の規定要因は何か，などリーダーシップに関する研究が，社会学，心理学，政治学，経営学など様々な分野で幅広く行われており，多種多様な理論やモデルが表されている。以下では，先ず代表的なリーダーシップ理論の特徴について検討する[1]。そして，それらの理論やモデルがAQALモデルのどの象限に位置するかを明らかにし，それらの理論やモデルの問題点を明らかにする。またリーダーシップと意識の発達レベルの関係を明らかにするために，リーダーの役割が何かを検討する。

II　リーダーシップ理論

1　特性理論

　リーダーシップの研究における最初の理論は特性理論（traits theory）である。これは、リーダーのパーソナリティ特性がリーダーシップの有効性を規定するという考え方で、リーダーのいかなる特性が有効かを分析し、成功したリーダーに共通する特性を発見しようとする。この理論の基本には、有効なリーダーは一般の人々や部下とは異なる優れた資質、あるいは独自の特徴を持っている、という考え方がある。そこで、この理論はこれらの特徴を明らかにすることによって、リーダーの選抜に役立てようとする。有効なリーダーに共通する特性を持っている人をリーダーにすることによって、効果的なリーダーシップが発揮され、その結果、そのリーダーの率いる組織は成功すると考えるのである。

　このようなリーダーの特性として、C. A. ギブ（Gibb, 1954）は、(1)精力的、(2)満々たる自信、(3)知性的、(4)雄弁、(5)首尾一貫した態度、(6)人間性についての洞察力の所有、を挙げている[2]。

　また、R. M. ストグディル（Stogdill, 1948）は、リーダーシップと高い相関関係にある特性として、(1)創造力、(2)人気、(3)社交性、(4)判断力、(5)積極性、(6)優越欲、(7)ユーモア、(8)協調性、(9)活発性、(10)運動能力、を挙げている[3]。

　R. D. マン（Mann, 1959）は、従来の研究を検討して、パーソナリティの側面とリーダーシップとの間の関係を示しているが、そのパーソナリティとして、①知能、②適応性、③外向性、④優越性、⑤男性性、⑥保守性、⑦感受性、を挙げている[4]。

　このように特性理論は、リーダーとしての資質や能力とは何かを明らかにして、誰をリーダーにするかを選抜するのに妥当性を持っているように考えられている。しかし、この理論には多くの問題点がある。その一つは、パーソナリティの概念が明確ではなく、そのパーソナリティの測定、評価が十分ではなく、ほとんどのパーソナリティ・テストの信頼性と妥当性の係数が一様に低い

(.25 - .50) ことである[5]。また，この理論はリーダーの特性のみに注目し，成員との関係や状況要因を考慮していないという問題もある。さらに，リーダーが部下に働きかける影響過程と特性の関係も解明していないのである。

2　行動理論

行動理論（behavioral theory）は，リーダーの行動パターンとその有効性を関係づけ，最も効果的な行動パターンを明らかにしている。この理論は，R. ホワイトとR. リピット（White and Lippitt, 1968）達が実施した実験によって起こっている[6]。この実験は，10歳の子どもたち5人の集団を対象として，三つのリーダー行動の型と集団成員の行動との関係を調査した。リーダーの行動の型は，(1)専制的，(2)民主的，(3)放任的，の三つである。この実験結果を要約すると次のとおりである。(1)民主型が仕事への動機づけや創造性の点で優れ，また集団の団結度と友好の雰囲気が生じた。(2)専制型では，成員の間に敵意と攻撃性が高まり，身代わり犠牲を出すことが多く，しかも潜在的不満が生じ，リーダーへの依存度が強くなる傾向にあった。(3)放任型では仕事の量も質も最も劣っていた。この実験の結果では民主的リーダーが有効であった。

R. リカート（Likert, 1961）は，作業遂行での監督の行動を，(1)仕事中心的，(2)従業員中心的の二つの行動に分け，それと集団の生産性との関係を研究した。その結果，民主的ないし参加的リーダーシップである従業員中心型が仕事中心型よりも生産性は高かった[7]。

オハイオ州立大学のリーダーシップ研究は，リーダー行動に(1)配慮と(2)組織づくりの次元があることを示している[8]。配慮は，上司とその集団との間の親交，相互信頼，暖かさ，調和した関係を示す行動である。組織づくりは，リーダーが集団における関係を組織し，それを明確にし，明確に限定されたコミュニケーション・パターンやチャンネルと仕事をさせる方法を確立しようとする行動である。

これらの次元は，別々の独立した次元である。そこでリーダーの行動の型には，高い配慮と高い組織づくり，高い配慮と低い組織づくり，低い配慮と高い組織づくり，低い配慮と低い組織づくり，の四つがある。実証研究の結果は，高い配慮と高い組織づくりのリーダーシップ・スタイルが高い業績と満足に結

びつくことを示した。

　P. R. ブレークとJ. S. ムートン（Blake and Mouton, 1964）は，マネジェリアル・グリッド（managerial grid）を表し，リーダーシップの理想型を示している[9]。彼らは，リーダーの行動を(1)業績に対する関心，(2)人間に対する関心，の二つの次元に分け，これを横軸と縦軸の座標軸で表し，これによって業績や人間への関心度を最低の1から最高の9まで示した。こうしてできた座標の中に，典型的な五つのリーダーシップ・スタイルがある。業績と人間の両方に対する関心が最低のタイプ（1・1型），業績への関心が最低で人間への関心が最高のタイプ（1・9型），業績への関心と人間への関心が中程度のタイプ（5・5型），業績への関心が最高で人間への関心が最低のタイプ（9・1型），業績への関心と人間への関心がともに最高のタイプ（9・9型），の五つである。このうち9・9型が理想的なリーダーシップとされる。

　以上のように，行動理論は，リーダーの行動パターンと集団業績や部下の満足のような結果変数を比較し，民主的参加的リーダーが高業績であることを明らかにして，望ましい理想的なリーダー行動のパターンを示している。すなわち，民主的，参加的，あるいは9・9型のリーダーシップが理想的なリーダーシップということである。しかし，組織ないし集団の業績はリーダーの行動スタイルによってのみ規定されるものではなく，組織成員の能力，組織構造，その他の文化的要因などによっても規定される。したがって，この理論ではリーダー以外の影響要因が解明されないのである。

3　状況理論

　状況理論（situational theory）は，リーダーシップの有効性はリーダーを取り巻く状況要因によって規定されるとして，リーダーと状況要因との関係を分析している。この理論は，リーダーは部下を含めて状況要因を正しく判断して，それに適合する行動をとるべきことを仮定している。

　R. タンネンバウム達（Tannenbaum, et al., 1961）は，リーダーシップをある状況で行使され，しかもコミュニケーション過程をとおして，特定の目的の達成に向けられた対人間の影響である[10]，と定義している。そしてリーダーシップの有効性はリーダーのパーソナリティ特性，フォロワーのパーソナリ

ティ特性，各個人の場における状況特性のダイナミックな相互関係の関数であるとしている[11]。そこで，この理論では，リーダーシップ（L）は，リーダー（l），部下（f）およびその他の状況要因（s）の間で，L＝f（l, f, s）という関係式で表される[12]。

それでは状況とは何であろうか。D. カートライトとA. サンダー（Cartwright and Zander, 1968）は，①集団目標の性質，②集団構造，③成員の態度や欲求，④外の環境から集団に寄せられる期待，を挙げている[13]。また，D. マクレガー（McGregor, 1960）は，リーダーシップを構成する要素として，①リーダーの特性，②部下の態度，欲求やその他の個人的特性，③組織の目標，構造，および果たすべき職務の性質などの特性，④社会経済的および政治的環境を挙げている[14]。

この理論は，リーダーシップの有効性は状況要因によって規定されるので，リーダーは，これらの状況を正しく診断して，状況要因に合致するリーダーシップ・スタイルを選択すべきことを主張している。

例えば，W. J. レディン（Reddin, 1970）は，いわゆる理想的なリーダーの行動スタイルはなく，それが状況に適合すれば有効となり，適さなければ非有効になるという三次元有効性モデルを提示している[15]。レディンは，リーダーは状況を診断するために状況についての感受性を高めること，自己の行動スタイルを状況に対応させるようにそのスタイルの柔軟性の範囲を広げること，また柔軟性に限界がある場合，状況要因を変えるような管理技術を習得すること，を主張している。

このようなことから状況理論は，リーダーが状況を正しく診断する訓練ないしリーダーシップの感受性訓練へと帰着する。すなわち，リーダーは状況が何かを正しく診断する技術的能力を高め，その状況に合致するスタイルをとるだけの柔軟性をもち，さらに組織を変革する能力を持つことが重要であることを示しているのである。

しかし，状況理論は，どのようなリーダーのスタイルがどのような状況に適合するかというリーダーと状況の適合関係までは明らかにしていないのである。

4　コンティンジェンシー理論

　状況理論の問題点を克服するものとして「すべての状況に適応できる唯一最善のリーダーシップ・スタイルは存在しない」という考え方に基づいて，リーダーの特性や行動と状況との適合関係を明らかにするコンティンジェンシー理論（contingency theory）が現れてきた。

　この理論の代表者はF. E. フィードラー（Fiedler, 1967）である[16]。フィードラーのコンティンジェンシー・モデルは，リーダーシップの有効性は状況の有利性に依存して決まる，というものである。組織の有効性は，(1)リーダーの動機づけシステムと(2)状況の有利性，を条件（contingent upon）とする。そこで，フィードラーは，どのようなリーダーシップ・スタイルがどのような状況の場合に適合するかを明らかにする。

　フィードラーによると，リーダーシップ・スタイルは最も好ましくない協働者（Least Preferred Coworker = LPC）尺度によって求められる。LPC得点の高いリーダーは，協働者として最も好ましくないと思う人物を比較的好意的に見る人であり，関係志向型のリーダーである。LPC得点の低いリーダーは，協働者として最も好ましくないと思う人物をきわめて非好意的に見る人であり，課業志向型のリーダーである。

　リーダーシップ状況は，(1)リーダーとメンバーの関係，(2)課業構造，(3)リーダーの地位の権限，の三つの次元から捉えられる。この三つの次元をそれぞれ二分して組み合わせると八つの状況に分類される。リーダーとメンバーの関係が大変良好で，課業構造も定型化され，リーダーの権限も強ければ，リーダーにとって仕事がしやすく，状況は大変有利である。逆に，リーダーとメンバーの関係が悪く，構造化の度合いも低く，地位の権限も弱いと，リーダーにとっては最も不利な状況である。

　実証研究の結果，課業志向のリーダーは，有利な状況と不利な状況で有効であった。人間関係志向のリーダーは，状況がやや有利な場合に有効であった。フィードラーは，この結果から，リーダーのパーソナリティは安定的で永続的であるので，リーダーシップの有効性を高めるためには，組織をリーダーのパーソナリティに適合させるように設計すべきであると結論づけている。

しかし，このモデルについては，多くの支持的な研究結果も示されるが，他方で批判的な研究も行われ，多くの問題点も指摘されている[17]。特に，リーダーのパーソナリティとLPC得点の関係についての解釈上の問題である。しかし，それ以上に，このモデルにはリーダーの主体的な影響過程を分析していないという問題がある。それは，環境の変化に対応して組織自体を変革するリーダーシップの影響過程を分析していないのである。

5　取引理論

これまでのリーダーシップ研究の失敗の一つはリーダーシップとフォロワーシップを分離していることである。これは，リーダーと部下の関係は相互依存しているにもかかわらず，部下とは分離してリーダーにのみ研究の焦点をあてているからである。そこで，リーダーと部下は交換関係にあるという社会交換（social exchange）理論が現れてきた。

E. P. ホランダー（Hollander, 1978）は，社会交換の考え方に基づいて，リーダーシップをリーダーと部下の取引（transaction）と捉えるモデルを提示している[18]。ホランダーによると，リーダーシップはある状況下である共通の目的を達成するために相互依存する二人以上の人々の間の影響の関係である。そして，この関係はリーダーがあるものを与え，またあるものを得るようにリーダーと部下との間で便益が取引される交換を含む。すなわち，リーダーシップの関係は，リーダーと部下の交換によって維持され，双方向に影響を与える可能性によって維持されるということである。

それではリーダーは部下に何を与えるのであろうか。あるいは部下はリーダーに対して何を期待しているのであろうか。一般に，リーダーの役割は，集団の維持，状況の定義，目標設定，不確実性の減少，問題解決，コンフリクトの解消，モラールの高揚，などを行うことである。リーダーはこれらを効果的に遂行することで集団やその成員に良い結果をもたらす。これによって，部下は，リーダーにより大きな尊敬，高い地位，社会的報酬を与える。

ところが，このような取引が効果的に機能するためには，利益の交換が公平（fair）であると知覚されなければならない。公平と知覚されなければ，取引を止めて関係は終わる。取引概念では，部下は活動的で反応的な役割を持ってい

るとされ，リーダーは部下の期待に適応する，ということになる。

しかし，リーダーは必ずしも部下の期待する行動をするとは限らない。リーダーは部下の期待に応えられないこともある。それにもかかわらず，部下はそのようなリーダーをある程度まで認めたりする。なぜこのようなことが可能であろうか。ホランダーは，これを特異性信用（idiosyncrasy credit）モデルで説明する[19]。ホランダーによると，リーダーの部下に対する信用は，集団業績を遂行する能力と集団規範への同調によって得られる。一度信用が蓄積されると，信用は革新的行為をするために使用されるようになるが，失敗すると信用は失われる。このことからリーダーの革新的行為や逸脱行為がなぜ部下に受け入れられるかが説明されるのである。

しかし，この取引モデルでは交換の中身が何か，報酬と費用が具体的に何か，それをどのように測定するかという問題がある。またリーダーシップは社会交換の関係だけでは説明できないという問題もあるのである。

6　変革的リーダーシップ

組織が環境の中で活動しているならば，組織が存続発展するためには，環境の変化に対応して組織を変革する必要がある。そこで，組織が従来の価値を変革し，新たな活動領域を作り出す変革のリーダーシップが求められてきた。

B. M. バス（Bass, 1985）は，現在の組織秩序を変革し，部下の要求や価値の変化を引き起こすリーダーシップを変革的（transformational）リーダーシップとして捉え，その特徴を明らかにしている[20]。彼によると，変革的リーダーは当初の期待以上に努力するように部下を動機づける人である。そのリーダーは，次の三つの相互関連する方法のいずれか一つで部下を変革する。(1)指定された結果の重要性や価値，およびそれらを達成する方法についての部下の認識水準や意識水準を高める。(2)チーム，組織，あるいは国家の利益のためにということで部下に彼らの利己心を超越させる。(3)部下の欲求水準を変えたり（例えば，Maslowの安全の欲求から承認の欲求水準へ引き上げる），あるいは部下の欲求や要求のポートフォリオを拡大する（例えば，承認の欲求に自己実現の欲求を加える）。バスによると，変革的リーダーシップ過程は，個別的配慮，知的刺激，カリスマ的リーダーシップとインスピレーショナル・リーダーシップから

このように変革的リーダーシップは，部下の価値や組織を変革し，期待以上に特別の業績を達成するリーダーシップである。それは，組織目標に対する部下の認識水準や意識水準を変えたり，組織のために部下の利益を超越させたり，部下の欲求を変えたりすることによって，部下の価値や組織の価値を変革し，期待以上の特別の業績を達成するのである。

　組織を変革するためには，リーダーは次のような役割を果たす必要がある[21]。(1)環境の変化や危機的状況を発見し，それらを利用して変革のきっかけを作り出す。(2)環境の変化ないしゆらぎと組織コンテクストの変革を結びつける。(3)組織変革のビジョンを提示し，それを達成しようとする強い意志を持つ。(4)変革に対する組織成員の抵抗を解消する。(5)変革によって得られる利益を組織成員に保証する。リーダーはこれらの役割を果たすことで組織を変革できる。すなわち，変革的リーダーシップは，環境の変化に対応して従業員の意識を変え，行動を変え，組織文化や組織構造を変えることで，組織の有効性を達成するということである。しかし，このモデルは，変革過程を明らかにしても，新たな価値や意味の創造過程までは解明していないのである。

7　カリスマ的リーダーシップ

　M. ヴェーバー（Weber, 1964）によると，カリスマ（charisma）とは，誰でもが持ちうるとはいえないような超自然的，超人間的，非日常的なものと見なされた人物の資質をいう[22]。その天与の資質（カリスマ）は，呪術的能力，啓示や英雄性，精神や弁舌の力，等の資質である。この資質故にその人物は神から遣わされたものとして，あるいは模範として，また指導者として評価されることになる。そのような資質を持つ人は，その資質に対する追従者たちの情緒的帰依によって彼らや彼女らを支配できるのである。

　ヴェーバーはカリスマの概念を支配（Herrschaft）の正当性との関係で明らかにしている。支配を正当化する根拠には，カリスマ的，伝統的，合法的の三つの形態がある[23]。伝統的支配は，昔から妥当してきた伝統の神聖性と，伝統によって権威を与えられた者の正当性に対する日常的信仰に基づいている。純粋型は家父長的な支配である。合法的支配は，制定された諸秩序の合法性と，

これらの秩序によって支配の行使の任務を与えられた者の命令権の合法性とに対する信仰に基づいている。純粋型は官僚的支配である。カリスマ的支配は，規則制定によって合法的に与えられた地位や伝統的に与えられた支配とは異なり，天与の資質を持つ人物のリーダーシップによって支配される。

それではカリスマ的リーダーシップはどのような特徴を持っているのであろうか。それは次のような特徴である[24]。①カリスマ的リーダーは，イデオロギー的目標を形成したり，使命達成に関連する動機を喚起することによって，すでに確立されている秩序や価値を変革する。②カリスマ的リーダーは，高度の自信，強い支配，自己の信念に対する絶対的確信を有し，さらに超自然的使命や目標があると信じている。③カリスマ的リーダーは，革新者として従来の思考方法や行為方法を破壊したりするので，すぐれた論争術，専門的知識，説得的アピールを使って，自己の立場を正当化し，部下に影響を及ぼす。④部下は，カリスマ的リーダーに対する信頼，忠誠，服従，絶対的受容，一体化や模倣などを行い，挑戦的目標を受容する。⑤カリスマ的リーダーは，古い秩序を支持する人々に対して憎悪，恨み，敵意を表す。⑥カリスマ的リーダーは，組織や社会が緊迫した状況や転換期によく現れる。そのような状況において部下や集団はたやすく変革される。

以上，カリスマ的リーダーの特徴を示してきたが，それは危機的状況の中でその特異の能力によって現状を打破し変革することができる。そのようなリーダーは，ビジョンや超自然的使命や挑戦的目標を形成し，それを部下に受容させ，部下の動機を喚起し，遂行させる。そして部下はそのようなリーダーを絶対的に信頼し，組織変革が彼らの利益をもたらすと確信している。しかし，このようなリーダーと部下の関係によって組織を変革しても，それを規則制定によって制度化しなければ，組織は存続しない。ヴェーバーは，カリスマの純粋型は誕生状態においてのみ存在し，それを存続させるためには伝統化されるか，合法化されなければならないとしている。

8　多元的影響理論

この理論は，リーダーシップを組織全体の中で捉え，リーダー，部下，組織変数，および組織業績の間の関係やそれらの相互作用の効果を分析することに

よってリーダーシップの有効性を解明しようとする。R. N. オズボーン達（Osborn, et al., 1980）は，従来の研究がリーダー単独の行動を解明しようとしているとし，リーダーはその個人的特徴，状況，業績などによって影響されるので，リーダーシップは多元的影響（multiple influence）として捉えられるべきであるというモデルを提示している[25]。

オズボーン達は，このモデルで二つの概念を説明する。一つはギャップ（gap）の概念である。これには，管理者が要請する業績と現在の結果との間の差である業績ギャップと，従業員の欲求と現在の満足水準との間の満足ギャップがある。オズボーン達によると，両方のギャップを埋めることがリーダーの職務である。二つ目は，自由裁量的（discretionary）リーダーシップの概念である。これは，役割要請を超えるようなリーダー自身の能力ないしパーソナリティによるリーダーシップであり，リーダーの自由裁量に委ねられている部分でのリーダー行動ないし影響力から成っている。リーダーは役割によって要請されたリーダーシップの行使と自由裁量的リーダーシップの行使を通じて業績に影響を与えると考えられる。

それではなぜリーダーシップをこのように捉えるのであろうか。それは，次の理由による[26]。組織というのは，環境，コンテクスト，構造条件の典型的なパターンを想定して目標を達成するために設計される。しかし，これらの条件は一定しているとは限らず，変化しており，それが複雑になればなるほどこれらの条件は大きくなる。そこで，リーダーは最初に想定した典型的な条件と実際の条件との間のギャップを自由裁量的行動によって埋めることが必要になる。環境，コンテクスト，組織構造が複雑になればなるほど，リーダーは組織設計の不確実性を解決し，ネットワークを構築し，報酬を与えるような自由裁量的リーダーシップを発揮しなければならない。リーダーは，自己の持つ自由裁量的リーダーシップによってギャップを埋め，業績を改善できるということである。

以上が多元的影響モデルの概略であるが，これは，マクロ的要因，集団要因，部下の特徴，リーダー行動，業績との間を連結することに関係し，特に，自由裁量的リーダーシップの概念を示している。このモデルは，自由裁量的リーダーシップの概念を明らかにして純粋のリーダーシップの効果を解明する可能

性を示している。しかし，このモデルはリーダーと部下の相互作用の過程を明らかにしていないのである。

9　サーバント・リーダーシップ

サーバント・リーダーシップは，R. K. グリーンリーフ（Greenleaf, 1977）の考えから出ている。サーバント・リーダーシップは，基本的には，部下に奉仕し，部下のニーズや目標の達成を助け支えることで組織目的を達成する過程である。グリーンリーフによると，リーダーシップは，本来サーバント（servant）であった人に与えられたものである。サーバント・リーダーは第一に奉仕者である。それは人が奉仕したい，最初に奉仕したいという自然な感情から始まる。その後で意識的に選択して導きたい（lead）と熱望するようになる。サーバント・リーダーは，他者の最も重要度の高い欲求を満たすことに配慮するのである[27]。

L. C. スピアーズ（Spears, 1998）は，サーバント・リーダーの開発にとって中心となる特徴を示している[28]。(1)傾聴（Listening），(2)共感（Empathy），(3)癒し（Healing），(4)気づき（Awareness），(5)説得（Persuasion），(6)概念化（Conceptualization），(7)先見（Foresight），(8)スチュワードシップ（Stewardship），(9)人々の成長へのコミットメント（Commitment to the Growth of People），(10)コミュニティづくり（Building Community），がそれである。リーダーは，これらを行うことでサーバント・リーダーになれるとしている。

J. C. ハンター（Hunter, 1998）は，リーダーの役割は奉仕することであるとして，サーバント・リーダーの特徴を示している[29]。彼によると，有効なリーダーシップは，影響力と権威の上に作られる。そして権威は，奉仕と犠牲の上に作られ，奉仕と犠牲は，愛の上に作られ，愛は意志の上に作られる。リーダーの役割は奉仕することで，部下の正当なニーズを見極めてそれに応えることである。奉仕者は部下の欲求ではなく，ニーズに応える人である。ニーズは，人間としてよい状態になるために，心身が正当に求めるものであり，欲求は，心身への影響を考えない願いや希望である。すなわち，リーダーは部下の欲求を満たすことではなく，人間的成長につながるニーズに応える人である。そこで，意図に沿って行動し，正しい意志で愛を選び，正当なニーズを見極めて奉

仕し，権威を得ることで，真のリーダーになる。ハンターは，人間としての真の目的は，心理的，スピリチュアルな成熟に向かって成長することであり，愛し，奉仕し，他者のために努力する中で，私たちは，自己中心的な考え方を捨て去ることができる，としている。

　以上で明らかなように，サーバント・リーダーは，部下に奉仕し，部下が働きやすい職場を作って，彼らや彼女らのニーズや目標達成を助け支える支援者なのである。

10　オーセンティック・リーダーシップ

　B.ジョージ（George, 2003）は，現在の様々な問題を解決するためには強力で持続的な組織を構築することに専念する高度の誠実性を持ったオーセンティック・リーダー（authentic Leader）が必要であるとしている[30]。オーセンティック・リーダーは，自己のリーダーシップを通して他者に奉仕することを真に希望している。オーセンティック・リーダーは，目的，意味，および価値でもって導く。また自分自身を発達させることに精力をささげる。

　彼は，オーセンティック・リーダーシップの次元として次の五つを挙げている[31]。(1)目的，(2)価値，(3)関係性，(4)自己鍛錬，(5)心である。(1)は自己の目的を理解することである。真の目的感がなければリーダーは自己のエゴのなすままになり，自己中心的で衝動的になるからである。(2)は，確固たる価値を実践することである。オーセンティック・リーダーに必要な価値の一つは誠実性である。(3)は親密で継続的な関係を発展させる能力がリーダーの一つの特徴ということである。オーセンティック・リーダーは公私にわたって人々と信頼関係を確立する。(4)はオーセンティック・リーダーの本質である。それなしには部下の尊敬を得ることはできない。(5)については，過去数十年にわたって，ビジネスは従業員の心を引き付けるよりも物的な生産高を極大化することから発展してきた。しかしオーセンティック・リーダーは心で導くのである。

　B. J. アヴォリオ達（Avolio, et al. 2004）によると，オーセンティック・リーダーは，多様な視点を奨励し，部下と協力関係のネットワークを構築することによって，部下の信頼と尊敬を得て，そして信頼性を築くために深い個人的価値と信念に従って行動する。オーセンティック・リーダーシップは，部下によ

る個人的一体化と社会的一体化によって，希望と信頼と積極的な感情を媒介し，部下の仕事への態度や行動に影響を与える[32]。

G. ユークル（Yukl, 2010）は，オーセンティック・リーダーシップの定義は，研究者ごとにいろいろ異なっているが，それらはすべて言葉や行動および価値の一貫性の重要性を強調しているとしている。そして，オーセンティック・リーダーシップは，積極的なリーダーの価値，リーダーの自己認識，および部下との信頼関係を追加しているとし，それは主に組織の理想的なリーダーを記述する規範理論であるとしている[33]。

11　意味形成のリーダーシップ

W. H. ドラス（Drath, 1998）は，将来，リーダーシップの概念は，相互の行動の中に現れるかもしれないとし，リーダーシップを共有された意味形成過程（shared meaning making）として捉えている。これは，第1章で述べたように，リーダーシップが個人の特性であるという考え方を超えて，協働する人々の互恵的なむすびつき（reciprocal connection）の中から始まるということを意味している[34]。

リーダーシップを意味形成の観点から捉え，分析するのはドラスが初めてではない。例えば，L. スミルキッチとG. モーガン（Smiricich and Morgan, 1982）は，リーダーシップを意味の管理として捉えている[35]。彼らは，リーダーシップは本質的に相互作用を通じて定義された社会的過程であるとし，それは，図と地の関係に影響を与えることによって全体としてのコンテクストの意味と定義に影響を与えることで働くとしている。そして，リーダーの重要な課題は，個々人を望ましい目的達成に方向づけるような方法で意味を管理することである，としている。

それでは，意味形成とは何であろうか。意味形成の問題を組織論の中で包括的に分析したのは，K. E. ワイク（Weick, 1995）である。彼によると，意味形成（sensemaking）とは，「何ものかをフレームワークの中に置くこと，納得，驚きの物語化，意味の構築，共通理解のために相互作用すること，あるいはパターン化といったようなこと」[36]である。ワイクは，多義的な意味の中から人々の相互作用によって一義的意味を形成する過程を組織化活動と捉えている。

D. アンコナ（Ancona, 2012）によると，意味形成とは，われわれが進行する世界の複雑性を言葉で明白に理解できる状況に変えることができる活動，および活動への踏み台として役立つ活動である。それゆえ，意味形成は未知のものを明示することに関係し，われわれが世界を理解することが難しいとき最も必要である。アンコナは，意味形成はリーダーが自分の環境で何が進行しているかをより良く把握できるようにし，それゆえ将来を展望し，信頼関係を築き，ビジョン達成に必要な組織を創造するようなリーダーシップ活動を促進するものである，としている[37]。

　また，W. H. ドラスとC. J. パラス（Drath and Palus, 1994）は，意味形成は，われわれが何が起こってきたか，何が起こっているか，を知ることができるように，また将来何が起こるかを知ることができるように，われわれの経験についての理解を整える過程であり，それは現実に何が起こっているかを発見する過程である，としている[38]。

　この考え方は，リーダーシップがもはやリーダー単独の行動で生起するのではなく，協働する人々の互恵的な結びつき，互恵的相互作用から始まるということを意味している。それはまた，人々の間で進行していること，共に仕事をするときの相互的な意味形成の中から出てくるのであり，リーダーシップを共有された意味形成過程として捉えることである。

　それぞれ個人ごとに異なる多様な目標や欲求，思考や感情，意味や価値などを持っている人々がコミュニケーションを行うことで彼らや彼女らの間に共通の意味が形成される組織の意味形成過程，すなわち共有された意味形成過程がリーダーシップの本質ということなのである。

12　スピリチュアル・リーダーシップ

　G. W. フェアホルム（Fairholm, 1998）は，リーダーシップではスピリチュアリティが重要であるにもかかわらず，従来の研究ではそれがほとんど考慮されなかったとして，スピリチュアル・リーダーシップ・モデルを提示している[39]。フェアホルムによると，これまで仕事の世界ではスピリチュアルな平安や成長よりも，キャリアや物質的獲得が目標となってきた。そしてリーダーシップ論や管理論でも具体的な製品，サービス，人々の管理が中心であり，人間性より

も会社の利益に価値を置き，職場を非人間化してきた。しかし，スピリチュアリティは世界や時間を越えた本質的な人間価値であり，すべての生活の動機づけの力で，生活の行動指針であるとして，スピリチュアル・リーダーシップを明らかにしている。

L. W. フライ（Fry, 2003）は，スピリチュアル・リーダーシップについて体系的に分析している[40]。彼によると，従来のリーダーシップ理論は人間の肉体的，心理的，感情的側面に焦点をあて，スピリチュアルな側面を無視してきた。しかし，従業員はスピリチュアルな欲求を持ち，また内部の声を持っている。この内部の声に従って生活しスピリチュアルな実践を行う人は，利他的愛，超越的ビジョン，そのビジョンを達成するのに必要な希望と信念をより多く持っている。そこでスピリチュアルな欲求を満たすリーダーシップが求められるとしている。

彼のスピリチュアル・リーダーシップは，内的に動機づけられた学習組織を創造するために設計された組織変革の因果的リーダーシップ理論である。それは，ビジョン，希望と信念，利他的愛を組み込む内的動機づけ理論，職場のスピリチュアリティ理論，およびスピリチュアルな福利（spiritual well-being）を使って開発されたものである。

フライのモデルは，リーダーの価値や態度あるいは行動（希望と信念，ビジョン，利他的愛）が模範となって部下のスピリチュアルな欲求（天職感と成員感）に働きかけ，それが組織業績（コミットメントや生産性）の改善につながることを示している。これは，従来の組織で欠けていた天職感や成員感を利他的愛によって生み出すことがリーダーの重要な役割であることを示している。すなわち，リーダーは，組織成員（部下）が天職感を経験するビジョンを創造し，利他的愛に基づく組織文化を確立して，組織業績を高めることができる，ということである。

このようにスピリチュアル・リーダーシップ・モデルは，従来の研究で欠落していたスピリチュアルな欲求あるいはスピリチュアリティの重要性を認識し，それをリーダーシップに取り入れている。それは，自己利益よりも自己超越的利益ないし社会や地球の利益，将来の世代の利益を重視している。さらに，それは，組織成員の天職感を喚起し，職場で働くことの意味やスピリチュアリ

ティの次元を重要視している。そのモデルは，部下や他者への奉仕，あるいは他者の利益ないし部下の福利へ貢献することを目的にしている。すなわち，スピリチュアリティは自己を越えて他者，組織，社会，宇宙へと意識が発達することを意味しており，スピリチュアル・リーダーは自己超越に行動するのである。

　以上，代表的なリーダーシップ論の特徴を示してきたが，サーバント・リーダーシップ以前の理論と，それ以降の理論とは根本的に異なっている。サーバント以前の理論は，リーダーがその特性，能力，地位，権力によって部下を支配したり指揮したりするのがリーダーであると考えているのに対して，サーバント以降の理論は，リーダーは部下ないし組織成員に奉仕し支える（サーバント理論），あるいは部下と対等に対話し，相互に信頼し合い（オーセンティック理論），その相互作用過程から新しい意味を形成する（意味形成理論），さらには成員の意味充足や意味実現を支援する（スピリチュアル理論）としてリーダーを捉え，リーダー中心から部下や組織成員の関係の対等・平等性，あるいは組織成員中心へと視点の転換が行われているからである。

　しかし，これらの理論やモデルのほとんどは，リーダーシップ事象の一側面を強調しており，全体的に捉えていない。そして何よりもリーダーの意識ないし組織成員の意識の発達レベルがリーダーシップのあり方にどのように関係するかを明らかにしていないのである。リーダーシップが社会的事象であるならば，それを解明するためには，リーダーシップ研究は全象限を考慮する必要があり，さらにレベル，ライン，タイプなどを考慮し，それらを統合するインテグラル・アプローチが必要である。それでは従来の理論やモデルは四象限でどのように位置づけられ，捉えられるのであろうか。

Ⅲ　四象限に基づくリーダーシップ理論の分類

　AQALモデルの観点からすると，前述のリーダーシップ理論やモデルはどのように捉えられ，どの象限に位置づけられるのであろうか。それらの理論では，全象限・全段階・全ライン・全状態・全タイプのすべてを包括したものはない。スピリチュアル・リーダーシップが全象限に関わり統合理論の方向にあるが，

AQALのすべてを分析していない。それではそれらのリーダーシップ理論は全象限のどの領域に分類され，あるいはレベル，ライン，状態，タイプのどれを強調し，どれに焦点をあてているのであろうか。

　特性理論は，パーソナリティ・タイプを分析し，AQALのタイプ，ラインの一部分を示しており，それらは左上象限に位置づけられる。例えば，知性的，雄弁，創造力，判断力などのリーダーの特性は，全ラインの一部のラインを表している。また社交性，積極性，協調性，活発性といった特性はリーダーのタイプを示している。そして，それらの特性がその人の潜在的なものであるならば，それは個人の内面の領域ということになり，左上象限の領域に入る。その意味で，この理論は左上以外の他の象限の問題を分析していない。リーダーが組織成員との関係で表すパーソナリティ特性は，他の象限と無関係にリーダー独自の個性として現れるものではない。それは部下との相互作用の結果として，あるいは組織のシステムやその置かれている状況によって規定されるものである。したがって，この理論はリーダーシップ事象を全体的に捉えていないのである。

　行動理論は，専制的，民主的，参加的スタイルのようにリーダーの行動そのものの有効性を明らかにしているので，右上象限に位置づけられる。また行動のスタイルやパターンを分析しているので，全タイプの一部を示している。しかし，この理論も右上象限以外の領域を考慮していない。行動は人の意識のフレームワークに規定されるものであり，また組織文化や報酬体系などによっても影響されるので，右上象限以外の領域を考慮しないことは問題である。

　状況理論は，リーダーと状況要因との関係を分析しており，状況要因として，組織構造やテクノロジー，環境要因等を考慮しているので，右下象限に位置づけられる。また状況要因として組織文化や組織風土も含むので左下象限にも位置づけられる。

　コンティンジェンシー理論も，同様にリーダーのタイプと状況要因の適合関係を論じているので，右下象限と左下象現を分析している。しかし，フィードラーのLPC尺度は，関係志向型と課業志向型というリーダーの特性を明らかにしているので，特性理論と同様に左上象限にも位置づけられる。それは，リーダーのタイプを示しており，リーダーシップ状況という状態を示している。し

かし，状況理論もコンティンジェンシー理論もそれ以外の象限を分析していないという点で問題がある。

　取引的リーダーシップはリーダーと部下との間の取引を問題にしているので，左下象限を分析している。この理論がリーダーの役割として集団維持，目標設定，動機づけなどを行い，さらに部下の行動に対応して行動するならば，左上象限，右下象限，右上象限も扱っているといえる。しかし，この理論は意識のレベルやラインについては分析していないのである。

　変革的リーダーシップ理論については，バスのモデルが主にリーダーと部下との二者関係での部下の変革行為を中心にしている点で，左下象限を中心に論じている。また，変革理論は環境の変化に対応して組織構造や組織文化の変革を目指しており，最終的には意識の変化，および行動の変化を起こし，組織業績を高めることにあるので，全象限に関連している。しかし，この理論は意識のレベル，ライン，タイプなどの問題を分析していないのである。

　カリスマ的リーダーシップは，基本的にはリーダーのパーソナリティや行動を問題にしているので，左上象限と右上象限を扱っている。また部下がリーダーに帰依することも特徴であるので，左下象限の問題も扱い，組織変革にも関わっているので右下象限も扱っている。

　多元的影響理論は，組織変数，リーダーの特性，リーダー行動，リーダーと部下の関係などに関わるので，右下象限，左上象限，右上象限，左下象限を扱っている。

　サーバント・リーダーシップ理論は，リーダーの意識を根本的に変えるものであり，左上象限に位置づけられる。そしてサーバント・リーダーの特徴である傾聴，共感，癒し，気づき，スチュワードシップなどは部下との関係で現れるので，左下象限と右上象限に関わっている。そして，それらは，説得，概念化，先見などのラインを示している。しかし，この理論も右下象限については分析していないのである。

　オーセンティック・リーダーは，他者に奉仕することを真に希望し，目的，意味，および価値でもって部下を導くものであり，特に，それは，リーダーの誠実性のような特性を重要視しており，また人間関係における信頼の重要性を示しているので，左上象限と左下象限の問題を扱っている。しかし，この理論

図3-1 リーダーシップ理論の分類

	内面	外面	
個	特性理論，コンティンジェンシー理論のLPC，取引理論　変革理論，カリスマ理論　多元的影響理論，サーバント理論，オーセンティック理論　スピリチュアル理論	行動理論，取引理論　変革理論，カリスマ理論　　多元的影響理論　サーバント理論　スピリチュアル理論	個
	I	It	
	We	Its	
集合	状況理論，コンティンジェンシー理論，取引理論　変革理論，カリスマ理論　多元的影響理論，　サーバント理論，　オーセンティック理論　意味形成理論　スピリチュアル理論	状況理論，コンティンジェンシー理論，取引理論　変革理論，カリスマ理論　　多元的影響理論　スピリチュアル理論	集合
	内面	外面	

出所）Wilberの四象限に基づいて筆者作成。

は右上象限と右下象限については分析していないのである。

　意味形成のリーダーシップは，組織成員の相互作用による意味形成過程を分析にしているので，左下象限に位置づけられる。これは人々の相互作用過程の中から意味がどのように形成されるかを明らかにしているが，人々の意識や価値観の問題，それが人々の行動に及ぼす影響の問題，さらに組織システムが意味の形成にどのように影響するかの問題，すなわち左下象限以外の領域を考慮していないのである。

　スピリチュアル・リーダーシップは，人をスピリチュアルな存在として認め，スピリチュアリティの価値を実践して組織の有効性を達成する過程であるので，全象限に関連している。それは，リーダーが自己超越的意識を有することであるので，左上象限に関わり，またリーダーと部下の相互信頼性の重要性を指摘

しているので，左下象限に関わっている。さらに，組織成員が天職感を持てる仕事を重要視しているので右下象限を扱っている。そして自己超越的行為，利他主義的行為，組織目的へのコミットメントなどの実践は，右上象限の問題である。しかし，このモデルは意識レベルの最高段階の問題は示していても，タイプや状態の問題までは分析していないのである。

　以上，リーダーシップ理論やモデルをAQALモデルとの関係で検討してきたが，各理論やモデルを四象限に分類したのが図3－1である。以上のようにリーダーシップ理論やモデルは，スピリチュアル・リーダーシップを除いて意識の発達の問題，すなわち意識の発達レベルをほとんど考慮していない。しかしながら，人がどのように行動するかは意識の発達レベルによって規定され，その人の世界観や人生観によって決まるものである。この意識の発達レベルに関わるリーダーシップの問題を分析することがリーダーシップ研究では重要である。さらに，ほとんどのリーダーシップ研究はラインとしてのスピリチュアリティの問題も分析していないのである。それではなぜリーダーシップではリーダーの意識レベルやラインとしてのスピリチュアリティが重要であろうか。この問題を検討するために，先ず，リーダーがどのような役割を果たすか検討しよう。それはリーダーの役割と意識の発達レベルの高さ，ないしスピリチュアリティとの関係が明確でなければ，スピリチュアリティに基づくリーダーシップの本質が解明されないからである。

Ⅳ　リーダーの役割

　それではリーダーはどのような役割を果たすのであろうか。前述のリーダーシップ理論はある程度までリーダーの役割が何か，リーダーシップの何を重視するかによって異なっているといえる。例えば，特性理論はリーダーに求められる資質や能力などのパーソナリティのタイプがあることを示し，また行動理論は，組織づくりや配慮の役割があることを示している。状況理論は，リーダーの状況診断能力，状況に対応した行動の柔軟性，状況変革の能力が重要であること，またコンティンジェンシー理論は，状況の診断，状況に対応するスタイルの選択，状況変革の能力などがリーダーシップには求められることを示

している。

　取引理論では，リーダーの役割は，集団の維持，状況の定義，目標設定，不確実性の減少，問題解決，コンフリクトの解消，モラールの高揚を行うことであり，さらに特異性信用を創造することである。変革理論では，組織秩序を変革し，個別的配慮や知的刺激を行って部下の要求や価値の変化を引き起こす役割があることを示している。カリスマ的リーダーシップ論は，イデオロギー的目標を形成したり，使命達成に関連する動機を喚起することによって，すでに確立されている秩序や価値を変革する役割を示している。サーバント・リーダーシップやオーセンティック・リーダーシップ論は，部下に奉仕すること，また意味形成のリーダーシップ論は新しい意味を創造する役割を示している。スピリチュアル・リーダーシップ論は，働く人々の意味の問題を重視し，彼らや彼女らの意味充足ないし意味実現を行う役割を示している。

　それではリーダーはどのような役割を果たすのであろうか。リーダーの役割が何かを明らかにするためには，リーダーシップがなぜ必要か，その理由を明らかにすることである。C. I. バーナード（Barnard, 1938）によると，組織が人間の対立する思考や感情の具体的統合物として存続するためには，組織は，それらの対立，葛藤を調整し，道徳的創造によって道徳的制度として確立されなければならない。彼は，組織の成立，存続，発展の問題を管理の問題であるとし，組織の存続発展は最終的にはリーダーシップの良否に依存するとしている。そして最高の意味でのリーダーシップがなければ，組織に内在する諸困難は克服できないとしている[41]。

　そして，リーダーシップは，物的環境と人間の生物的構造にもとづく諸制約，協働成果の不確定性，目的の共通理解の困難，コミュニケーション・システムの脆弱性，個人の分散的傾向，説得の大きな役割，動機の複雑性と不安定性などによって必要になる。彼は，リーダーシップは必要欠くべからざる社会的な本質的存在であり，協働諸力に不可欠な起爆剤であるとしているのである[42]。

　D. カッツとR. L. カーン（Katz and Kahn, 1978）は，組織でリーダーシップが必要な理由として次の点を挙げている[43]。第一は，組織設計の不完全性である。第二は，環境の変化である。第三は，組織の内的動態性である。これは，組織が成長することで組織の不均衡が増大し，その結果，均衡を達成するため

の追加的,補足的変化の要求が生じることである。第四は,人間はいろいろな組織に所属するという組織のメンバーシップの性質である。これは,人間の生活でのある組織の側面が当該組織の人間行動に影響を与え,それが当該組織の職務行動の変化を引き起こし,組織内のある種の補完的適応的変化を必要とするということである。このように組織が目的達成のために最適に形成されても,組織内外の諸条件の変化によって組織そのものが不完全で不十分になり,これらの不完全性のためにリーダーシップが必要になるのである。

しかし,バーナードもカッツとカーンも組織の価値創造や意味創造と関連するリーダーシップの問題については十分に分析していない。そこで,次に,この点について検討しよう。

人々は自己の動機を満たすために組織に参加する。しかし人々の欲求や目標,思考や感情,意味や価値などは異なり多様である。このような人々が個々別々に個人的行動をする限り組織活動は起こらない。そこで,組織は人々の統一的統合的活動を確保するために,個々人が組織目的達成活動をするような機構を形成し,これによって彼(女)らの意思決定あるいは態度や行動に影響を及ぼす。これらの影響機構は,例えば,組織構造,規則体系,業績評価体系,報酬体系,組織文化などである。

組織活動はこのような欲求や目標,思考や価値観などの異なる人々と組織の影響機構(客体的影響要因)の複合的結合の結果として現れる。しかし,組織の影響機構はそれ自体で単独に存在するのではなく,組織成員の相互作用によって形成される。そして,それは人々のコミュニケーションの結果として,それらがどのように解釈され意味づけられるかということによって意味を持ち,人々がその機構の意味を理解することによって機能する。人々がコミュニケーションを行うことによって,共通の意味を持ち,解釈の多義性を除去することで,組織として秩序正しい活動をできるようになる。

しかし,環境は絶えず変化している。環境の変化は,それまで組織成員間に共有されていた意味や価値あるいは共通の解釈を破壊するきっかけを生み出す。そして意味や価値あるいは解釈の相違は成員間の対立葛藤を生み出す原因となる。意味や価値あるいは解釈の対立は,一般に組織そのものを不安定化させ無秩序化させ,組織の存続を困難にする。

組織が存続発展するためには，意味や価値あるいは解釈の対立を調整し，統合し，組織の共通の意味や新たな意味（新たな解釈）を形成するように主体的な力が働かなければならない。ここにリーダーシップが必要になる。すなわち，組織活動に関わる意味や価値を形成し，それを組織成員に共有させ，組織としての秩序を維持する力が必要である。そのためにはリーダーは，組織成員とのコミュニケーションによって意味や価値あるいは解釈の不一致を取り除いて，共通性を生み出すか，あるいは新たな意味や価値を形成したり，あるいは新たな解釈を行うことが必要である。リーダーは組織における多様な意味を成員間に共有される共通の意味，あるいは本来個人的主観的意味の中から成員間に共有される客観的意味を形成する役割を果たすのである。リーダーシップは環境の変化に対応して組織の意味を創造する主体的な影響過程なのである。

　リーダーシップは，組織内外の諸困難に対応して組織成員を目的達成の方向に統一的統合的に協働させる主体的な影響過程である。それは，また，組織が環境の変化に対応して組織自体を絶えず変革したり創造して新たな秩序を形成していく主体的な影響過程である。リーダーシップがこのような主体的な影響過程であるとすると，リーダーシップは少なくとも，次の三つの影響過程として現れる[44]。

（1）　リーダーと部下の対人的影響過程，
（2）　組織（集団）要因の形成に及ぼす影響過程，
（3）　価値創造や意味創造への影響過程，

がそれである。

　これは，リーダーは組織を有効にするために次のような役割を果すからである。第一の役割は，リーダーと部下の対面的な状況下における部下に対する直接的な働きかけである。それは，①目標の提示，②その目標達成のための技術的指導，③動機づけ，の役割である。

　①は，リーダーは先ず目標を設定し，部下の仕事が何かを明確にすることである。組織目標は組織が実現しようとしている将来の状態を明らかにすることで，その活動の方向を示す。部下は目標が何かを知ることで，彼らや彼女らのエネルギーをその目標達成に集中できる。

　しかし，部下がその目標を理解しても，それを達成する技術的能力がなけれ

ば，その目標は達成できない。そこでリーダーは部下が目標を達成できるように指導し，部下の熟練度を高めるようにしなければならない。ここにリーダーは，②として，部下が目標を容易に達成できるように指導し訓練する必要がある。リーダーが良いコーチのように部下を技術的にうまく指導できるならば，部下の知識や熟練水準は高められる。目的達成（仕事）に必要な知識や熟練度が高まることで部下は業績を高めることができるのである。

　しかし，部下が目標を正確に理解し，その目標達成の技術的能力を持っているとしても，部下は目標を達成するとは限らない。目標を達成するかどうかは，最終的には部下の意欲に依存するからである。そこで，リーダーは，③の役割として，部下が目標を積極的に達成するように動機づけることになる。リーダーが部下のモチベーションを高めることで業績は高くなるのである。このような三つの働きかけは部下に対する直接的な影響過程である。

　第二の役割は，組織目標の達成を促進する集団要因や組織要因を形成することである。組織は，その成員の態度や行動，あるいは意思決定に影響を及ぼす機構を有している。これらは，集団要因としては，集団構造，規範，凝集性，集団風土であり，組織要因としては組織構造，規則体系，報酬体系，組織文化などである。これらは組織成員の態度や行動に影響を及ぼすものであり，リーダーによる直接的な影響とは異なり，間接的な影響過程である。

　組織はこれらの要因によって個々人を組織活動（組織的努力）に結びつける。しかし，これらがどのような形態かによって成員の行動や意思決定あるいは業績に影響を与える。例えば，組織構造は，基本的に，コミュニケーション・システムであり，成員間の関係のパターンである。その構造が環境に適合するかどうかは組織業績に影響を及ぼす。そしてその設計でリーダーは重要な影響を及ぼす。リーダーは，一般に，トップとして新しく組織に就任するとき，組織構造を改編するものである。その新たな組織設計やその構造が業績改善に結びつくかどうかは，リーダーの能力に依存する。また組織文化というのは，成員間に共有された意味や価値体系であるが，それは組織の解釈過程に影響を与え，組織成員の態度や行動あるいは組織業績に大きな影響を与える。そして組織文化の形成でリーダーは重要な影響を及ぼす。そこで，リーダーは，組織目的達成を促進し，良好なリーダーと部下の関係を構築するような組織機構を形成す

ることが重要である。これらの機構が制度として固定化すると，組織は安定し，組織秩序が維持されるのである。

　しかし，このような組織の機構も環境が変化するにつれて逆機能になったりする。そこで，リーダーの第三の役割は，環境の変化に対応して組織の価値変革や価値創造あるいは意味創造を行うことである。組織は環境と相互作用するオープン・システムとして環境の中で活動している。組織が存続発展するためには，環境の変化とともに変化する組織関係者の欲求や選好を満足させるように新たな活動領域を創造しなければならない。

　特に，今日のようにイノベーションの進展が激しく，人々の価値観も多様化し，多義的で混沌とした環境の中では，リーダーは成員との対話によって環境や組織事象で起こっている意味を解釈し，その意味を組織成員と共有し，組織としての新たな意味や価値を創造することが必要である。組織を取り巻く人々の欲求や選好あるいは価値観が多様化し，多義的で不確実な環境の中で組織が存続発展するためには，従来の秩序や価値を変革し，新しい価値や意味を創造することが必要である。リーダーは，人々の相対立する価値や選好あるいは欲求を調整し統合し環境で生存できる活動領域を創造したり，あるいは人々に共有される新たな意味や価値を形成しなければならない。これによって，組織は環境の変化に対応して組織自体を絶えず創造し，組織を発展させることができるのである。そして，これができるかどうかは，次章で検討するように，リーダーの意識レベルの高さ，あるいはリーダーのスピリチュアリティに依存するのである。

　リーダーは，以上のような役割を遂行することで組織を有効に機能させ，活性化させ，存続発展させることができる。組織は，有効なリーダーシップによって成員を目的達成に向けて統一的統合的に協働させ，組織行動として機能するのである。

　それでは，このような影響過程はAQALモデルではどのように位置づけられるのであろうか。これらの影響過程は四象限とどのように関わっているのであろうか。(1)における①の目標の提示ないし目標設定は，右上象現と右下象限に位置づけられる。②の技術的指導は右上象限である。②はリーダーの具体的行動を表す。これによって部下の職務遂行行動が改善し，より良い職務遂行が可

能になり，業績が高まる。③の動機づけは，リーダーの働きかけとしては右上象限であるが，しかし動機は部下の内面の領域であるので左上象限を表す。

(2)については，組織構造，規則体系，報酬体系，業績評価体系は右下象限を表し，組織文化や集団風土などは左下象限を示す。それらは集団や組織に関わるので，左右の下象限を表す。

(3)は組織の価値や意味の創造であるので，それらは人々に共有されると左下象限を表す。それらはリーダーの意識の発達の高さ，価値観の高さから生じるので，左上象限を示す。そして新しい意味や価値の創造はリーダーの意識の発達レベルの高さ，特にスピリチュアリティに依存する。この意味で，価値創造や意味創造の役割の良否は，リーダーの意識の発達レベルによって規定されるのである。

以上のように，それらの役割は四象限にすべて関わっている。しかし，AQALモデルは単に四象限だけではなく，それはレベル，状態，ライン，タイプも含んでいる。特に，リーダーの意識の発達レベル，あるいは組織成員の発達レベルがどの程度かによって，リーダーが部下に働きかける行為は異なるものである。リーダーの役割はAQALモデルに従うと，レベル，ライン，状態，タイプを評価し，目標とするレベル，ライン，状態，タイプの実現のために働きかけることである。しかし，これが有効に出来るかどうかはリーダーの意識の発達レベルの高さに依存するのである。

そこで，後述するように，リーダーにはそれ以上の重要な役割がある。それは，次世代のリーダーの育成と，自身の成長発達を図るという役割である。特に，後者は重要である。それは，リーダーシップは最終的にはその人の発達レベルに依存しているからである。

V　結び

以上，代表的なリーダーシップの理論やモデルの特徴とリーダーの役割について検討してきた。リーダーシップ研究は，リーダーシップの有効性を解明しようとして行われ，多種多様な理論やモデルが表されている。しかしこれらの理論の多くはリーダーシップ現象を一面的に捉えたものであり，リーダーシッ

プという多面的動態的事象を全体的視野のもとに把握し説明する点で不十分である。これらは，リーダーシップ現象を一視点から照射し，精緻化して把握する上で利点もあるが，反面リーダーシップの他の重要な側面を見落とすような一面的見方に偏っているのである。

そこで，本章では，代表的なリーダーシップ理論の特徴を示し，それがAQALモデルのどの象限に位置づけられるかを示し，レベル，ライン，タイプとどのように関係しているかを明らかにしてきた。リーダーシップが集団ないし組織で行われるならば，それは四象限すべての領域に関わっており，そしてそれが最終的に組織の有効性を高めるために行われるならば，有効なリーダーシップは四象限すべてに働きかけることである。そしてそれは四象限の状態やタイプがどのようになっているか，あるいは組織成員の発達レベルがどの段階にあるかによって，リーダーシップのあり方も異なる。そこで有効なリーダーシップを発揮するためには，AQALモデルに基づいて行う必要がある。この意味で，従来のリーダーシップ研究の多くは方法論的に大きな問題を抱えているのである。この方法論上の問題を解決し，統合的に捉えようとするのがインテグラル・アプローチである。特に，従来のリーダーシップ研究はAQALモデルの意識の発達レベルを考慮していない。そのため，リーダーシップの本質を解明していないのである。そこで，次の章では経営者ないしリーダーの発達とは何か，発達の高低がリーダーシップのあり方をどのように規定するかについて検討しよう。

● 注
1 リーダーシップの代表的な理論については，狩俣（1989）を参照。
2 Gibb（1954），邦訳，95頁。
3 Stogdill（1948），p.68.
4 Mann（1959），pp.241-270.
5 Scott and Mitchell（1972），p.227.
6 White and Lippitt（1968），邦訳，629-661頁。
7 Likert（1961），邦訳。
8 Fleishman（1973），pp. 1-40.

9 Blake and Mouton (1964), 邦訳。
10 Tannenbaum, et al. (1961), 邦訳, 49頁。
11 Tannenbaum, et al. (1961), 邦訳, 58頁。
12 Hersey and Blanchard (1972), p.68, 邦訳, 108頁。
13 Cartwright and Zander (1968), pp.301-317, 邦訳, 581-608頁。
14 McGregor (1960), 邦訳, 49頁。
15 Reddin (1970) を参照。
16 Fiedler (1967), 邦訳を参照。
17 白樫 (1985), 164-167頁。
18 Hollander (1978) を参照。
19 Hollander (1958), pp.117-127.
20 Bass (1985) を参照。
21 狩俣, 1996, 134-146頁。
22 Weber (1964), S.179, 邦訳, 70頁。
23 Weber (1964), S.179, 邦訳, 70頁。
24 狩俣 (1996), 130頁。
25 Osborn, et al. (1980).
26 Hunt and Osborn (1982), pp.196-221.
27 Greenleaf (1977), 邦訳。
28 Spears (1998), pp.1-12.
29 Hunter (1998), 邦訳。
30 George (2003) を参照。
31 George (2003), pp18-25.
32 Avolio, et al. (2004), pp.801-823.
33 Yukl (2010), pp.344-347.
34 Drath (1998), pp.403-432, 邦訳, 370-400頁。
35 Smircich and Morgan (1982), pp.257-273. なおスミルキッチとモーガンのリーダーシップの概念については、稲垣 (2002) が詳しく分析している。
36 Weick (1995), 邦訳, 8頁。
37 Ancona (2012), pp 3 -19.
38 Drath and Palus (1994), p.2.
39 Fairholm (1998) を参照。
40 この点については、Fry (2003), (2005), (2008), Fry and Slocum, Jr. (2008) を参照。
41 Barnard (1938), p.283, 邦訳, 296頁。

42 Barnard (1938), p.259, 邦訳, 270頁。
43 Katz and Kahn (1978), pp.530-535.
44 狩俣 (1989), 69-73頁。

第4章 経営者の意識の発達

I 序

　スピリチュアリティの問題は，宗教，哲学，心理学，あるいは医療や看護，福祉など多くの分野で論議されてきている。しかし，スピリチュアリティの問題はこれまでビジネスの分野では十分に論議されることはなかった。これはビジネスやマネジメントは人間の経済的な合理的活動を中心に論議するものであり，スピリチュアリティは宗教的，精神的，あるいは神秘的事象を問題にするものと考えられてきたからである。そのため，長時間労働，バーンアウト，過労死，過度のストレス，鬱などの従業員の心理的問題が生じ，従業員の精神性やスピリチュアリティの問題が深刻になっていても，企業ではその問題の存在さえ認識されずにきたのである。そして，何よりもスピリチュアリティの存在を認めない経営者は，従業員を企業利益追求の手段として捉え，スピリチュアルな存在としての人間の根本的欲求に配慮しないのである。これは経営者として人間の発達への関心が低く，経営者としての意識が十分に発達していないからである。

　それでは経営者の意識の発達はマネジメントやリーダーシップとどのように関係しているのであろうか。あるいは意識の発達はスピリチュアリティとどのように関係しているのであろうか。C. I. バーナード（Barnard, 1938）は，組織の存続はリーダーシップの質に依存し，その質はその基礎にある道徳性の高さから生じると述べ，道徳水準の高さが組織の存続にとって重要であることを明らかにしている[1]。しかし，彼は，なぜリーダーシップの質が道徳性の広さや

高さに依存するかという点については分析せず,また経営者の意識の発達と道徳的創造性の関係についても明らかにしていないのである。

そこで,本章では,経営者の意識の発達レベルにどのようなものがあるかを明らかにするために,先ず代表的な人間の成長ないし意識の発達モデルを検討する。そして,この意識の究極的発達レベルないしスピリチュアリティが従来のマネジメント理論で欠落していたことを明らかにし,意識のレベルの高さと道徳的創造性の関係を解明することにする。

Ⅱ 意識の発達

人間の成長や発達に関しては多くの理論やモデルが表されているが,ここでは代表的な考え方を紹介し,それが経営者の意識の発達とスピリチュアリティがどのように関係するかの手掛かりを探ることにする。まずJ.ピアジェ(Piaget)の子どもの精神発達過程について眺めてみよう。

1 ピアジェの発達モデル

ピアジェ(1964, 1970)によると,発達とは漸進的均衡で,より低い均衡状態から高次の均衡状態へと絶えず移行していくことである。彼は,子どもの発達を(1)乳児期,(2)幼児期,(3)児童期,(4)青年期の四段階に分類している[2]。

(1)の乳児期は,感覚運動的段階で,誕生から2歳ごろまでである。この時期は三つの段階に分けられる。①反射段階,②知覚と習慣の組織化の段階,③感覚運動的知能そのものの段階である。①は新生児が乳を飲むときの哺乳反射の行使である。②は周りの人やものを認識し把握する能力を高め,新しい運動を獲得して知覚や習慣を組織的に統合することである。③は実行可能な知能で,目標物を引き寄せる知能行為である。この段階で,対象,空間,因果,時間のカテゴリーの構築が行われる。

(2)の幼児期は,前操作的思考の段階で,2歳から7歳までの時期である。言語を獲得するにつれて子どもは感情的面でも知能面でも行為が根本的に変わる。第一は,行動の社会化であり,個人間の絶えざる交渉と交流が可能になる。第二は,言語活動や社会化の影響を受けて実行的知能から思考が生じる。その思

考は自己中心的な思考である。自己中心性は自分自身の観点と他人の観点が未分化であるが，そこから幼児の思考は直観的なものとなる。感情面での発達は，活動の社会化に結びついた個人関係の感情（愛情，共感，反感）の発達，大人と子どもとの関係から生じる直観的道徳感情の出現，直観的思考一般と結びついた関心と価値の調整として現れる。

(3)の児童期は，具体的操作期で，7歳から12歳までである。しかし7歳という年齢は精神発達で決定的な転換になる。それは，7歳以降は子どもの「自己中心」語が消えて，自分自身の観点と他人の観点を区別でき，協同作業ができるようになるからである。そこでは知能と感情面で大きな変化が起こる。そして，思考には操作，すなわち概念などから成る論理操作，算術操作，幾何操作，時間操作などができるようになる。そこで，7歳から12歳の子どもの感情は，道徳的感情，特に意志の組織化が発達する。この感情は相互的尊敬から生じ，正義の感情を生み出す。

(4)青年期は，形式操作期で，児童期から大人への移行期である。青年は体系と理論を作り上げる個人である。青年期は，それまで子どもが体系について前意識的で定式化できないのに対して，青年が日常的な現実とは無関係な非現実的な問題に興味を持ち，抽象的理論を容易に仕上げることができる時期である。すべての青年は世界を変革する体系や理論を持つようになる。12歳ごろを決定的な曲り角として，思考の中に根本的な変化が起こる。これは，具体的思考から形式的思考，すなわち仮説・演算的思考へ移行するからである。これによって自発的反省の自由な活動が可能になる。この時期の感情生活では人格が完成する。

以上，ピアジェの発達モデルを示してきたが，これは，発達が乳児の感覚的運動知能による実効的世界構成から，第二児童期の操作体系による具体的世界の認識を通って，青年の仮説演繹的思考による世界の再構成に至る過程へと移行することを示している。このモデルは，基本的には，認知の発達過程であり，言語的な発達過程である。すなわち，自己と他者の区別ができない未分化の乳児期から自己と他者を区別できるようになり，言葉の意味や言語規則を習得し，抽象理論を理解できるようになる青年期までの発達過程を示している。しかし，それは青年期を過ぎた成人の発達については明らかにしていないのである。乳

児から老年期までの発達についてはエリクソンが明らかにしている。

2　エリクソンの発達モデル

　E. H. エリクソン（Erikson, 1963, 1982）は，人間の実存は相互に補完しあう三つの過程，すなわち，生物的，精神的，共同的過程に依拠するとして，発達過程を明らかにしている[3]。彼は，フロイト（Freud）が人間を心理・性的発達の点から捉えたのに対して，それに関係づけて心理・社会的発達の点から捉えている。これは自我とその働きを社会，文化，歴史的状況との相互作用の関係で捉える考え方である。彼は，人間の成長を漸成長原理（epigenetic principle）の考え方で説明する。それは，成長するものはすべて発生過程での予定表をもっているという考えである。人間は社会生活圏の中で生きるので，文化的，社会的，歴史的要因に出会い，それらの相互作用の中で発達していく。そして各段階には発達の過程での危機があり，それを克服する基本的強さあるいは自我特性がある。エリクソン（1963, 1982, 1885）は，人の発達段階を(1)乳児期，(2)幼児期初期，(3)遊戯期，(4)学童期，(5)青年期，(6)前成人期，(7)成人期，(8)老年期に分類している。

　発達の最初の段階は乳児期であるが，そこには基本的信頼と不信がある。基本的信頼というのは子どもが母親を全面的に信頼する関係である。しかし同時に他者に対する不信も生じる。この信頼と不信との間に葛藤が起こり，危機に直面するとき希望が生じる。この発達段階での危機の解決は希望によって行われる。希望こそが人間の基本的な強さになる。希望がなければ人間は生きられないからである。

　このように乳児期段階における危機を乗り越え，さらに幼児期初期で自律対恥の葛藤の危機が，遊戯期では自主性対罪悪感の葛藤の危機が，学童期には勤勉性対劣等感の葛藤の危機があり，その危機をそれぞれ克服しながら自我が発達していく。そして青年期の段階でアイデンティティが生じる。成長と発達の過程で若者は，自分が何ものか，自分が他人の目にどう映っているか，というアイデンティティの問題にとらわれてしまう。エリクソンによると，アイデンティティとは，すべて以前の同一化（自分にとって重要な影響力を有する人との一体感または同一視）や自己像の統合を意味している[4]。その基本的なパ

ターンは，①幼・児童期における個人の様々な同一化の中から現われ，そして，②その時代の社会的過程が若者たち一人ひとりを認証する仕方 ── 最善の場合には，彼らがそうなるべきであった人間として，また現在の姿のままで信頼しうる人間として認証する ── から現れてくる。

この発達段階の危機はアイデンティティの混乱である。それは社会的役割，職業的，性的アイデンティティなどの混乱である。エリクソンによると，これらの混乱が人々に非行や精神障害を引き起こしたりする。彼らは自分自身が分裂するのを防ぐために，徒党や群集の中の英雄に一時的に同一化する。この時期に現れる独自の強さは忠誠である。他者への忠誠によってこの段階の危機を解決することができるようになる。

このような確固としたアイデンティティを形成し，さらに前成人期で親密対孤立の葛藤の危機，成人期で生殖性対停滞の葛藤の危機を乗り越えることで，発達の最後の段階，老年期になる。そこでは統合と絶望の葛藤として危機が現れる。しかし，何らかの形でものごとを成し遂げ，人々の世話をし，子孫をつくり，思想を確立して勝利を得，また失望に自己を適応させた人間だけが最後の統合の段階に到達する。統合（integrity）とは一貫性と全体性の感覚である。それは，自分自身のただ一つのライフ・サイクルを受け入れ，自分の人生は自分自身の責任であるという事実を受け容れることを意味している。しかしこのような統合性の欠如は絶望という形，無意識的死の恐怖の形で現れる。このような危機は英知によって克服することができる。

以上，エリクソンの発達段階の特徴を示してきたが，各段階にはそれぞれ解決しなければならない危機がある。この危機を解決するかどうかが次の段階へ発達するかどうかを規定することになる。そしてその危機の解決は前段階において準備され，その後の段階で，それぞれに必要な基本的強さとしての徳によって解決され，人生の最終段階で統合が達成され個人として完成するのである。

アイデンティティが人格的な統合の確立であるとすると，人の発達というのはこのような段階を経てアイデンティティを形成し，老年期で統合を達成することを意味している。それは単に青年期における固有の自己の形成だけを意味していない。それは各発達段階の危機を乗り越え，個人的完成としての統合の

段階を形成することである。しかし、これは、主体と客体の分離を超克するような究極の発達段階、自己超越の段階までは明らかにしていないのである[5]。

3 コールバーグの道徳の発達モデル

L. コールバーグ（Kohlberg, 1983, 1985）は、道徳の発達段階を人間の社会とのかかわりで分析し、それを次のように三つに分類している[6]。(1)前慣習、(2)慣習、(3)後慣習のレベルがそれである。

(1)の前慣習（preconventional）レベルは、行為のもたらす物理的結果や罰、報酬に基づいて行動する。このレベルでは、子どもは善い、悪い、正しい、正しくない、といった個々の文化の中で意味づけられた規則や言葉に反応するが、これらの言葉の意味を行為の結果や罰、報酬といった快・不快の程度によって考えたり、そのような言葉を発する人の力によって考える。このレベルは二つの段階に分類される。

第一段階は「罰と服従志向」である。これは、行為の結果が、人間にとってどのような意味や価値をもとうとも、その行為がもたらす物理的結果によって、行為の善悪が決まることである。罰の回避と力への絶対的服従が価値あるものと考える。

第二段階は「道具主義的相対主義者志向」である。ここでは、正しい行為とは、自分自身の必要と、ときに他者の必要を満たすことに役立つ行為である。また公正、相互性、等しい分け前等の要素はあっても、自己にとって有用であるかどうかが行動の基準になる。行為の動機は報酬ないし利益への願望である。人間の生命の価値は、本人や他の人々の欲求充足の手段と考えられる。

(2)の慣習（conventional）レベルは、集団や国家の期待あるいは規則にしたがって行動する。それは、家族、集団、あるいは国の期待に添うことが価値があると認識されるからである。このレベルにも二つの段階がある。

第三段階は「良い子志向」である。これは、人を喜ばせ、人を助けるなどの「良い子」であることによって承認を得るように行動することである。行為の動機は他人の否認である。人間生命の価値は、本人に対する家族やその他の人々の共感と愛情に基づく。

第四段階は「法と秩序志向」である。ここでは、権威、定められた規則、社

会秩序の維持などへの志向が求められる。行為の動機は予想される不名誉，義務の不履行に対する公的な非難の予測や，人に対して加えた具体的な危害に対する罪の念である。生命は権利と義務に関する道徳的秩序もしくは宗教的秩序の中での位置づけにより神聖なものと考えられる。

(3)後慣習（postconventional）レベルは，道徳的価値や道徳原理に基づいて行動する。このレベルも二つに分けられる。

第五段階は「社会契約的遵法主義志向」である。ここでの正しい行為は，一般的な個人の権利や，社会全体により批判的に吟味され，合意された基準によって規定される傾向がある。行為の動機は，対等の人々やコミュニティからの尊敬を確保しようとする関心である。生命は，コミュニティの福祉との関係において尊重され，またそれが普遍的な人間の権利であるという点において尊重される。

第六段階は「普遍的な倫理的原理志向」である。ここでは正しさは，倫理的包括性，普遍性，一貫性に訴えて自ら選択した倫理的原理に一致する良心の決定によって規定される。これらの原理は，人間原理の相互性と平等性，一人ひとりの人間の尊厳の尊重など，正義の普遍的諸原理である。そこで，この段階は人間尊重の段階である。人間の生命の価値は，個人の尊重という普遍的な人間的価値を表すものとして，人間の生命は神聖であるという信念である。

以上のようにコールバーグの道徳の発達モデルは，幼児から大人へ成長する過程での道徳観の形成過程を示している。これは，自己と他者が未分離で，何よりも自己の欲求の充足を求め，自己中心的に思考し行動する前慣習段階から，社会の法律や規則に従って行動する慣習段階を経て，さらに人間に対して愛情と関心を向け，人権を尊重する後慣習段階への発達過程を示している。しかし，これは人間の最終的な発達段階までは明らかにしていない。これは，倫理というものが，社会の中で間主観的に形成されるものであり，われわれの社会の倫理や道徳の発達段階というものが，その社会や時代の平均的な価値規範を反映するので，その社会一般の理想的倫理観を超えた倫理が何かを明らかにできないからである。しかし，人間の発達では社会の平均的なレベルを超え，個人としての究極的発達段階に到達した人々がいる限り，それがどのようなものかを明らかにすることが必要なのである。

4 クック‐グリュータの自我発達モデル

S. R. クック‐グリュータ（Cook-Greuter, 1999, 2005）は，人間の意識発達のレベルを明らかにする自我発達理論を示している[7]。それは，メンタル・モデルの発達の一連の段階を示している。それはまた相互関係する三つの構成要素，行動，感情，認識から成る心理―論理的システム（psycho-logical system）を説明するものである。

クック‐グリュータによると，人間の発達は現実世界に関して意味構築を行う方法（すなわち段階）の発達として捉えることができる。それは，コールバーグの倫理の発達段階に対応して，前慣習的段階，慣習的段階，後慣習的段階に分類されている。前慣習的段階は，(1)衝動的，(2)自己防衛的段階から成る。これは子どもが生まれてから12歳ごろまでに成熟する一般的なプロセスを表している。

(1)の衝動的段階は自らの衝動に支配されている。そして世界の複雑性に関して十分な概念を持っていない。心の動きは感情よりも身体的な言葉で表現される。(2)の自己防衛的段階は自分自身の欲求と願望の視点からのみ世界を眺める。この段階の人々は面倒なことが起こらないように用心し，またその結果を避けようとする。世界とは敵意に満ちた危険な場所である。思考は具体的で，二分法的で，物事は黒か白かのいずれかしかない。この段階の人々は，他の誰かが自分を支配し，制御し，騙そうとしていることを常に恐れている。

慣習的段階は，(3)順応的，(4)自意識的，(5)良心的段階に分けられ，12歳になった後で多くの人々が到達する。(3)はピアジェの具体的操作の段階である。この段階の人々は，自己と他者の間の境界は曖昧で家族や仲間集団を完全に受容し，自己は所属している他者たちの期待によって定められる。また，物質的な所有，評判や名声といったものに大きな価値を置く。

(4)の自意識的段階では，人々は自分自身と距離を置き，遠くから自分自身を対象として見ることができ，自己について熟考することができる。彼らは他者より優れた存在になりたいと思う傾向にある。また，高潔な道徳的規準を持ち，自分の責任と義務を果たすことに関心がある。さらに，新たな考えや異なった考え，より良い見解，より完全な手順を見つけ出すことに非常に熟達している。

(5)の良心的段階は西欧文化で目標とされている段階である。この段階の人々は，フィードバックや内省を通して自分自身についての心理を探究することに興味を持ち，未来志向的になる。さらに責任と良心と便利さをもって物事を為すことに夢中になる。この段階の成人は，一般に人類の完全性と，真実を発見するものとしての科学的な方法論の妥当性を信じている。

　後慣習的段階は，(6)個人主義，(7)自律的，(8)構築自覚的，(9)一体的段階に分類される。(6)の個人主義的段階の人々は，第四人称的視点（システムの外に立つ視点）を持っている。そして独自の個人的達成を成し遂げたいという願望に夢中になっている。また自分自身の解釈を他者に押しつけることを望まず，他者を尊重し，理解しようとし，個人間の差異は称賛されるが，共通の人間性という絆が見落とされることにもなる。また彼らは他者に共感し，異なる見解や行動や反応を許容することのできる能力も優れたものになっている。

　(7)の自律的段階の人々は，システム的なパターンや長期にわたる傾向性を理解することができるようになる。この段階では自己成長，自己実現，自己達成が主要な願望である。そして最も強い動機づけの一つは，他者の成長を手助けしたいと思うことである。また世界の不正に対して，高潔な怒りや正当な憤りを深く感じる。彼らは自らの原理や主義を表現・支持するために，社会に敢然と立ち向かう。

　(8)の構築自覚的段階では人々は，幅広い領域の経験と思考を包含する発達パターンに気づくようになる。彼らは，共感に満ちた態度で他者に耳を傾け，あらゆる合理的思考と言語がもつ根本的な限界を発見することができる。そこで，その限界に対して，また言語がもつ逆説の中でいかに生きていくかを学ぶことに対して関心を抱いている。

　(9)の一体化の段階では，人間存在と人間意識が全く新しい方法で知覚される。それは普遍的・宇宙的な視点である。この段階では人々は，超個的なあるいは個体相互の道徳性を完全に内面化している。彼らは世界の公平さ，自発性，存在と創造性に関心がある。この段階の人々は，この世に現れたあらゆる生命に対して寛容さ，慈悲，そして親近感を抱く。彼らは他のあらゆる生命存在と自分自身を同一視している。そして，正義と公正とあらゆる存在に対する慈悲のために活動する。

以上，クック‐グリュータの自我発達モデルを示してきたが，それは人が人生の目的をどのように考え，どのような目標に向かって道を歩み，どのような欲求に基づき行動するかを示している。それはまた，人が発達するにつれてその人の世界観ないしメンタル・モデルがどのように変化し発達するかを明らかにしている。しかし，このモデルはスピリチュアルの段階を十分に示していないのである。この点についてはヴィルバーが明らかにしている。

5　ヴィルバーの意識の発達モデル

K．ヴィルバー（Wilber）は，これまでの発達理論やモデルを包括的に分析，整理して統合的な発達モデルを示している。第2章で述べたように，ヴィルバーは意識の段階ないし高度を色のスペクトルとして表し，これを独自の世界観を示すものとして捉えている。それは次のような段階から成っている[8]。(1)インフラレッド，(2)マジェンタ，(3)レッド，(4)アンバー，(5)オレンジ，(6)グリーン，(7)ティール，(8)ターコイズ，(9)インディゴ，がそれである。

(1)インフラレッド（infrared）は原始的世界観である。この段階では生存こそがこの世界観を衝き動かす使命であり目的である。食糧，水，安全，温暖などを獲得することを重視する基本的な生存欲求が個人の意識を支配している。これは乳児の世界観であり，自己と世界を区別することができない原始的な世界観である。

(2)マジェンタ（magenta）は呪術的世界観で，神秘的な力を信奉する世界観である。主体と客体は部分的に重なり合うことになる。神聖な場所，物体，儀式，催し，物語は世界に何らかの神秘的な影響を与えると見なされる。生活の安全と安定は部族集団を形成し，その秩序や規範に従うことで追求される。部族の安全と繁栄を持続するためには，神秘的な秘蹟（ひせき）や精霊の命令は尊重されるべきものとして重視される。

(3)レッド（red）は力の世界観である。この段階の人は自己中心的で，自らの欲求と欲望を表現し充たそうとする。世界は適者生存の法則に則って生き，死ぬところであり，脅威を排除して生存するために自らの力を誇示し強力なリーダーと組んだりする。

(4)アンバー（amber）は神話的世界観で，この世界観では神の支配は人間の

営みに直接関与する力として経験される。人々は秩序と意味の源泉である神と国に対して自己犠牲をすることを要求される。規範と規則は人生に明確な全体的意味，方向性，目的を与える。二極対立的な黒と白という自集団中心的な発想が支配的となる。

(5)オレンジ（orange）は合理的な世界観で，特定の集団に対する帰属を超越して，普遍的なシステムと法則（平等，自由，正義などの理念）をすべての人類に適用するもので，世界中心的な世界観である。この段階では自由競争をくりひろげる市場で勝利しようとする。それは，勝利が最善の解決策を求めて果敢に戦略，計画，実験を構築し遂行することによって得られるからである。

(6)グリーン（green）は相対主義的な世界観で，あらゆるものが包括的な生命の網を構築する等しく重要な存在とみなされる。この段階では少数派や非抑圧者に発言の場所を積極的に与えようとし，多様な視点を平等に尊重し，排除される人々がいないよう必要な対策を講じようとする。その結果として過剰なまでの教条主義的な発想をもたらし，関係者全員の同意に基づく意思決定にこだわる過剰な共同体重視になる。

(7)ティール（teal）はインテグラル・システムの世界観である。この世界観は複雑に絡み合うシステムを洞察して，それに効果的に働きかけることができるように，多種多様な視点を探究することに興味を持つ。この段階の人々は明晰性，創造性，生産性，意思疎通などの領域において画期的な飛躍をもたらすようになる。また人々は問題を創造性発揮の課題や機会として捉え，すべての関係者が満足できるウイン―ウイン（Win-Win）の解決策を創造しようとする。彼らは巨視的な視野を保持でき，自己のありのままを受容し，日々の学習を通して自らが目指している自己像を責任を持って完全に生きることができる。

(8)ターコイズ（turquoise）は統合的・包括的な世界観である。この段階では世界を体系的に捉える意識を確立するだけではなく，個人としての私を超越し包含する体系そのものと自己を一致させようとする。これは個を超える意識の始まりであり，自然とスピリットが一つになる感覚を持つようになる。この段階の人々は他者と世界に貢献することに興味をいだき，行動するようになる。

(9)インディゴ（indigo），およびそれ以上の段階（violet, ultraviolet, clear light）は，超統合的な世界観で，真の意味での個を超えた（transpersonal）世

界観である。この段階では主体と客体の分離を超克し，「個」であることに対する執着を放棄し，その「個」が内包する緊張とストレスを開放することになる。この段階の人々は宇宙の中で安息する感覚を得ることができ，誕生と成長と老いと死と歓びと悲しみの自然な流れの中に安息する。ヴィルバー（1995）は，この段階を心霊（psychic），微細（subtle），元因（causal），非二元（nondual）の四つのレベルに分け，スピリチュアル段階としている[9]。

　ヴィルバーは，意識の発達のレベルないし段階というものはそのレベルで固定するのではなく，そのレベルを中心に上下運動をしていると考えている。あるときは高いレベルの視点で，あるときは低いレベルの視点に基づいて思考する。しかし，一般には意識が発達するにつれて，低次の視野は放棄され，自己を世界の中心に位置づける傾向は否定される。これは意識の発達というものを高次の意識が低次の意識を包含するホロン階層として捉えるからである。

　以上，人間の成長・発達の代表的なモデルを示してきたが，それらのモデルに共通する基本的な考えは，人は成長するにつれて自己中心的な思考や行動から他者，社会，世界，宇宙へと視点を拡大し，より広い，より高い，あるいは深い視点で思考し行動するようになる，ということである。そこで，第二は，その思考や行動の基礎になる価値観，あるいは世界を認識する上での重要な枠組みを与える世界観が，私的，個別的，地域限定的な考え方から普遍的，統合的な価値観や世界観へと深化拡大していくことである。第三は，人の意識が個への執着をなくし自己超越して，周りのものと一体化，融合化し，真の自己を見出す状態を達成し，究極的な発達段階，すなわちスピリチュアルな段階に向けて発達することである。

　それでは意識がこのように発達するとなると，経営者の意識発達の段階ないしレベルの違いは企業ないし組織のマネジメントのあり方にどのように影響を及ぼすのであろうか。あるいはマネジメントとスピリチュアリティはどのような関係があるのであろうか。以下，この点について検討しよう。

III マネジメント能力とスピリチュアリティ

　企業経営者にどのようなマネジメント能力が求められるかについては様々な研究が行われている。経営学でトップ・マネジメントの職能を体系的に分析したのはH. ファヨール（Fayol, 1916）である[10]。彼は，企業の経営レベルの経営管理を分析し，管理の要素を明らかにした。企業活動には，技術，商業，財務，保全，会計，管理の六つがあり，その活動の中核に管理職能がある。そして，その管理の要素として，予測，組織，命令，調整，統制があることを明らかにした。彼の考え方は管理過程学派に受け継がれ，理論的に展開されてきた。この学派は，管理過程として，①計画（plan），②組織化（organizing），③調整（coordination），④動機づけ（motivation），⑤統制（control），を明らかにした[11]。そこで，経営者は，以上のように計画を立て，組織化し，調整し，動機づけ，統制する職能を遂行すると考えられてきたのである。

　H. ミンツバーグ（Mintzberg, 1973）は，管理過程学派が主張するようにマネジャーが行動しているかどうかを明らかにしようとして，マネジャーが実際の企業現場でどのように活動しているかを調査した。その結果，管理過程学派の主張とは異なり，マネジャーは次のような10の役割を果たしていることを明らかにした。対人関係の役割として，①フィギュアヘッド，②リーダー，③リエゾンがあり，情報関係の役割として，④モニター，⑤周知伝達者，⑥スポークスマンがあり，意思決定の役割として，⑦企業家，⑧障害処理者，⑨資源配分者，⑩交渉者がある[12]。また，彼（2009）は，マネジメントは，サイエンス（science），アート（art），クラフト（craft）の三要素からなるものであり，それらの三要素のバランスをとることで企業は成功するとしている[13]。アートはマネジメントに理念と一貫性を与える。クラフトは目に見える経験に基づいてマネジメントを地に足のついたものにする。サイエンスは知識の体系的な分析を通じてマネジメントに秩序を生み出す。このように，マネジメントは，サイエンスでもなく，専門技術でもなく，サイエンス，アート，クラフトが組み合わさった実践の行為であり，三角形の中で行われるとしているのである。しかし，管理過程学派にしろ，ミンツバーグにしろ，マネジメントの技術的な問題

しか分析せず，経営者の道徳性，あるいはスピリチュアリティの問題を分析していないのである。

　マネジメントを技術的問題だけではなく，経営者の道徳性との関連で分析したのはバーナードである。彼によると，組織は人間の対立する思考や感情の具体的統合物である。その組織が存続発展するためには，組織はそれらの対立，葛藤を調整し，道徳的創造によって道徳的制度として確立されなければならない。彼は，組織存続の問題を経営者の道徳性との関係で分析しているが，組織の存続は，リーダーシップの質に依存し，その質はそれの基礎にある道徳性の広さから生じるとしている。すなわち，人々の対立や個人と組織の対立，組織と組織の対立，あるいは組織と社会の対立は，それを解決する経営者の道徳的創造性に依存し，それが道徳的広さや水準の高さに依存するとしている[14]。しかし，バーナードは道徳性の高さとは何かについてほとんど分析していない。さらに，彼は，意識の高さがどのように道徳的創造性と関連するかについても分析せず，またスピリチュアリティとの関連性についても明らかにしていないのである。

　多くのマネジメントの理論では，経営者に概念化スキル，人間関係スキル，専門技術的スキルが必要なものとされてきた[15]。ミンツバーグもサイエンス，アート，クラフトが必要な要素としている。また，第3章で論議したように，リーダーシップの理論でもリーダーの行動の次元ないしスタイルとして，(1)組織づくりや課業，あるいは仕事中心と，(2)配慮や人間関係，あるいは従業員中心の二つが典型的なスタイルであることを明らかにしてきた。そこにはバーナードのいう道徳性の問題はなく，ましてスピリチュアリティの問題はほとんど考慮されていない。このことが，従業員の長時間労働，過度のストレス，バーンアウト（burnout），過労死，鬱などの心理的な深刻な問題が起こり，従業員の精神性やスピリチュアリティが侵害されても，その問題に十分に対処できなくしているのである。しかしながら，すでに論述したように，企業経営においてはスピリチュアリティの問題は分析されなければならない課題である。それは，人間にはスピリチュアル能力や知能ないしスピリチュアリティがあるからである。

　D. ゾーハーとI. マーシャル（Zahar and Marshall, 2000）によると，人間には

三種類の知能、IQ、EQ、SQがある[16]。IQ（Intelligence Quotient）は一般に知能指数と言われるものである。これは合理的な知能で、論理的な問題や戦略的な問題を解決するときに役立つものである。これは直列思考で、目標志向型のハウツー的な思考であり、文法やゲームのルールを扱うときの思考である。

EQ（Emotional Intelligence Quotient）は、D.ゴールマン（Goleman, 1995）が提示した概念で、こころの知能指数と呼ばれるものである。ゴールマンはIQの高い人が必ずしも職業で成功しているとは限らず、むしろEQがIQよりも人生での成功に大きく寄与するとして、その概念を明らかにしている[17]。それは、①自分の感情を認識する能力、②感情を適切な状態に制御する能力、③自分を動機づける能力、④共感する能力、⑤人間関係処理能力である。ゾーハーとマーシャルによると、このEQは連想的思考で、感情と感情、感情と肉体的感覚、感情と環境を結びつけたりし、人の顔やにおいなどのパターンを認識することを可能にし、感情移入し、動機づけ、苦しみや喜びに反応できるようにする。

ゾーハーとマーシャルは、このIQとEQを効果的に機能させるものとして、人間の究極の知能としてSQ（Spiritual Intelligence Quotient）、すなわちスピリチュアル知能があるとしている。これは、意味を与え、視野を広げ、変革する知能で、意味や価値の問題を提起し解決する能力であり、統合的思考で、新しい状況や行動パターンやルールなどを作るときに使用されるものである。すなわち、経験を組み立て直したり、広い視野のなかで見るようにする能力であり、ひいては経験をこれまでとは違った形で理解する能力である。ゾーハーとマーシャルによると、このSQがあることで、人間は意味や価値を理解でき、努力し、目的や広い視野という感覚を持つことができる。そしてSQが高いということは、精神的なものを使って視野を広げることができ、より豊かで意義深い人生を送ることに意味を見出し、人としての完全さ、人生の目的や方向性などを感じることができるのである。

C.ウィグルスヴォース（Wigglesworth, 2012）は、第1章で述べたように、人の知能を四つに分類している[18]。彼女は、SQに貢献すると確認される特定のスキルやコンピテンシーがあり、そのSQを科学的に測定する方法があると考え、スピリチュアリティを採用しようとするリーダーや教育者、コーチやコン

サルタントなどに役立つ21のSQのスキルを示している。それらは，自分自身の世界観を認識すること，人生の目的（使命）を認識すること，価値の階層を認識すること，スピリチュアルな法則を認識すること，自分自身の目的と価値を実際に生きること，慈悲に満ちた賢明な意思決定を行うこと，穏やかさと癒しをもたらす存在であること，などである。

S. R. コヴィー（Covey, 2004）も，人間には四つの能力，PQ，IQ，EQ，SQがあり，そのSQはPQ，IQ，EQの基礎であり，SQの行動には誠実であること，意義を感じること，ボイス（内面の声）を活かすことが含まれるとしている。そして，自分のボイスを発見するように従業員を奮起させることがリーダーシップの挑戦であり，これによって組織は存続し繁栄するとしている[19]。

J. A. ホーリー（Hawley, 1993）によると，今日の経営者やリーダーの最も重要な課題は職務や組織のなりたちではなく，スピリットである。それは，今日，マネジメントでは，知性，感情，身体，スピリットが問題であるからであり，特にスピリットは人間の身体に宿っている生命力であり，エネルギーの源であり，前者の三つの基礎にあるからである。ホーリーは，リーダーシップのベースはスピリチュアリティにあり，経営者がスピリチュアル・リーダーシップを発揮することで組織は存続発展する，としている[20]。

このように人間の能力や知能にSQがあるにもかかわらず，従来の経営理論はSQをほとんど考慮していない。IQは仕事や職務に関連する専門的知識に関わる能力であり，EQは人間関係処理能力である。またバーナードの道徳性の問題は一部SQに関わっているが，彼はマネジメントに関連するSQの問題を分析していない。しかし，従業員が職場に肉体と心を持ち込むように，スピリチュアリティを持ち込み，働く意味や働きがいを求め，精神的な充足を求めているならば，スピリチュアリティはマネジメントでも重要である。それではこのSQはマネジメントやリーダーシップとどのように関係するのであろうか。あるいはSQ が十分に発達していない人が経営者としてマネジメントやリーダーシップを行使するとき，どのような問題があるのであろうか。この問題を検討するために，経営者の意識の発達段階にどのようなものがあるか，次に検討しよう。

Ⅳ 経営者の意識の発達レベル

　前述のように，意識の発達には様々な段階やレベルがある。これを経営者のマネジメント能力との関連で分析するとしても様々な捉え方がある。しかし，本章は，バーナードの道徳性の高さと意識の発達の関係を分析することを意図しているので，倫理レベルや道徳水準との関連で捉えることにする。ヴィルバー達（2008）は，倫理の発達としてコールバーグの前慣習，慣習，後慣習のレベルに，後・後慣習レベルを追加している。この点については第7章で経営倫理の発達との関係で論議するので，ここでは概略的に説明する[21]。①前慣習レベルは，私（me），すなわち自己中心的レベルで，幼児の意識の段階である。②慣習レベルは，私たち（us）で，自集団中心的レベルである。それは自己の所属する集団・部族・国家の価値観を中心として考える段階である。③後慣習レベルは，すべての人々，人類の暮らすこの惑星（all of us）で，世界中心的レベルである。それは，あらゆる人間に対して愛情と関心を向ける段階である。④後・後慣習（post-postconventional）レベルは，生命の宿すあらゆる存在，そして宇宙そのもの（all of US）で宇宙中心的レベルである。ヴィルバーは④のレベルをスピリチュルレベルとして捉えている。

　人の倫理ないし道徳的発達にこのようなレベルがあるとすると，それに対応する経営者の意識の発達は，(1)自己中心的，(2)自組織中心的，(3)社会中心的，(4)世界中心的，(5)地球中心的，(6)宇宙中心的，レベルないし段階として捉えられる。これは，基本的にはヴィルバーの発達モデルに基づいているが，インフレッド，マジェンタ，レッドを一つのレベルとして捉えている。それは経営者としてマネジメントを行うためには，ある程度人間的発達がなければできないからである。またヴィルバーは自集団中心レベルに国家も含めているが，経営者にとっては，企業や組織がそれを取り巻く社会の中で活動する以上，社会の視点は自集団の視点とは区別する必要があるので，社会中心的レベルも考慮している。

　(1)の自己中心的レベルないし段階は，何よりも自己の利益を最大化することを目的に行動することである。自己利益追求こそがすべての行動の基本であり，

仕事や仕事以外でもすべては自己の欲求充足を満たすために行い，そのためならば自己の持っている能力や資源あるいはあらゆる手段を使って自己利益を追求する．

　この段階はヴィルバーのいう力の世界観であり，自らの欲求や欲望を満たすことを求めるレベルである．世界（経済市場）はジャングルであり，そこでは勝者と敗者が存在し，世界で勝利するためには力と叡智が必要で，力を持つ人こそ世界を支配し，力や才能がない人は世界（市場）から排除されるのは当然と考える．この段階の経営者は，組織を形成するのも自己利益の追求のためであり，そこで働く従業員を私的利潤追求の道具と捉え，また組織も自己の利益や欲望を満たす手段であり，すべての組織行動は自己中心的視点で行われる．

　(2)の自組織中心的段階は，自己の利益の追求よりも，自己の所属する組織の利益の最大化を求め，自組織の利益やその発展を中心に行動する段階である．自己を尊重し，自己利益を重視する自己中心的段階から，自己を超えて自集団，自組織に対する愛情と関心を確立し，自組織の利益を重視する段階である．自己中心的段階では経営者が自己の利益追求を目的として組織を形成するのに対して，この段階では，経営者は自己の利益よりも組織の利益を重要視し，組織の成長発展を中心に行動する．これは，経営者が組織と一体化し，さらに組織のトップとして経営者の地位と一体化することで，自己利益が組織の利益と一体化するからである．この段階では経営者は自組織にとって有利か不利か，あるいは自組織の利益になるかどうかを判断基準にする．したがって，この段階の経営者は，組織にとって良いことは自己にとっても良く，組織の利益は自己の利益でもあると考え，社会の規範や規則も組織に利益があれば従うが，利益がなければそれに反してでも自組織の利益極大化を求めることになる．

　(3)の社会中心的段階は，自己や所属する組織は社会を構成する一部であると考え，組織を超越して，社会全体の利益や繁栄を求めて行動する．自組織は社会の下位組織であり，自己や組織は社会の規則や規範に従い，それに違反しない限りで自組織の利益を追求する．この段階にある経営者は，一般には自組織を超えて業界団体や国家レベルでの役割の地位に就き，自組織よりも業界全体あるいは社会全体の利益を考慮する立場にある．これはヴィルバーの言う合理的段階であり，特定の組織を超えて，平等や自由，正義といった社会の規則や

規範に従いながらも，自由主義的市場競争での勝利を求めて行動する。これは効率的能率的に行動することが競争に勝利し，その結果として社会の発展につながると考えるからである。

(4)の世界中心的段階は，自分のいる社会を超えて，世界全体の視点から自己の存在を捉え，世界そのものの繁栄と平和を求め，すべての人々の福利を中心に考え行動する段階である。世界は様々な国や文化から成り，多様な価値観，思想，宗教，文化が存在している。この段階は，ヴィルバーの言う相対主義的世界観の段階であり，すべての存在の神聖性を認識することができ，すべての道は平等であるという相対主義と平等主義の考え方に立ち，多様な視点を平等に尊重しようとする。したがって，この段階ではすべての国の人々が満足する解決策を求め，またすべての人々の人権に配慮し，世界の繁栄を求めて思考し行動する。すなわち，世界中のすべての人間を大切にするあり方である。

(5)の地球中心の段階は，個を超える意識の段階で，人類全体の持続的発展，地球環境の保全を考慮し，地球を大切にして行動する段階である。この段階では，前述のすべての段階を共感的に理解することができ，それぞれの段階の相対的真実を認識することができる。これは，ヴィルバーのいうヴィジョン・ロジックの統合的段階である。ヴィルバー（1995）によると，ヴィジョン・ロジック（vision-logic）こそが，生物圏と心圏の統合，惑星意識の超国家的な組織の実現，エコロジカルなバランスの必要性の本当の認識，制約のない，また強制のない世界的な対話の実現，非支配的で，非強圧的な連邦国家の実現，世界規模でのコミュニケーションの自由な流れ，本来的な意味での世界市民の出現，女性というエイジェンシーの文化適応などの希望を叶えることができる[22]。したがって，この段階は，自己における心と身体を統合する意識であり，個を超える意識が始まり，スピリットを意識し始める段階である。

(6)の宇宙中心的段階は，超時空間的段階あるいは非二元の段階であり，スピリチュアリティの段階である。スピリチュアリティについては，第2章で述べたように，自己と自己を超越した外部の崇高なものなどとの一体化や融合化，あるいは自己利益と他者利益の統合化であり，自己（利益）に執着せず，自己と他者の区別がなくなり，自己即他者あるいは個即全体の意識の状態である。それは自己超越性や意味実現の状態として現れる。したがって，スピリチュア

ル段階の人は，自己と周りのもの（他者あるいは組織や社会）との一体化・融合化を求め，自己利益よりも自己超越的利益ないし他者や地球全体の利益を求め，さらに他者，社会，地球への貢献を志向するようになる。

以上，経営者の意識の発達段階を示してきたが，これを前述の発達モデルと比較したのが図4－1である。図の中で非二元が発達の下位から上位まであるのは，それが発達の究極の段階であり，すべての意識の基盤にあるというヴィルバーの考え方に基づいている。また図ではインディゴ以上のレベルとして本文では説明していないヴァイオレット（violet），ウルトラヴァイオレット（ultraviolet），クリアライト（clear light）を示している。

それではこのような経営者の意識は道徳的創造性とどのように関連するのであろうか。バーナードが言うように，組織の存続がリーダーシップの質に依存し，それがその道徳性の高さから生じるとするならば，なぜ道徳性の高さはリーダーシップの質を規定するのであろうか。あるいはなぜ高い道徳水準は道徳的創造を可能にするのであろうか。この問題を経営者の意識の発達レベルとの関係で検討しよう。

前述のように人の能力にSQがあるとすると，SQが十分に発達していない人が経営者になることは，従業員のスピリチュアルの問題に対処できず，その存在さえ認めないかもしれない。ゾーハーとマーシャルが言うように，SQというものが，意味や価値を理解でき，努力し，目的や広い視野という感覚に関連しているならば，従業員がSQに関わる問題に直面しているとき，その問題の存在さえ気づかず，解決できないことはマネジメントでは大きな問題である。SQはIQやEQの基礎であり，SQが阻害されると，人々は職場で働くことの意味を失い，組織目的を達成しようとするモチベーションを低下させ，積極的に仕事をしないからである。

しかし，このSQは企業活動やマネジメントの遂行における広がりや領域の問題であり，SQは水平的なスピリチュアルの問題である。これは企業活動やそのマネジメントでスピリチュアルの側面を拡大発展させることであり，仕事や人間関係，さらには企業の使命やその活動の意義を拡大させることである。経営者のSQが十分に発達していないということは，企業活動におけるスピリチュアルな価値を実践できず，それを求める人々から経営者として信頼を得ら

第4章 経営者の意識の発達

図4−1　意識の発達モデルの比較

高度	価値観	意識の基盤	経営者の意識	認知	心理・社会	倫理	自我
Clear light / Ultraviolet / Violet / Indigo	超統合的	非二元	宇宙中心				
Turquoise	統合的 包括的		地球中心		老年	後慣習	一体
Teal	統合システム				成人		構築自覚 自律
Green	相対的		世界中心		前成人		個人主義
Orange	合理的		社会中心	形式操作	青年	慣習	良心
Amber	神話的		自組織中心	具体操作	学童		自意識
Red	力		自己中心	前操作	遊戯	前慣習	順応
Magenta	呪術的				幼児		自己防衛
Infrared	原始的			感覚運動	乳児		衝動
	ヴィルバー		狩俣	ピアジェ	エリクソン	コールバーグ	クック‐グリュータ

出所）Wilber, K. (2006) *Integral Spirituality : A Startling New Role for Religion in the Modern and Postmodern World*, Integral Books, pp.68-69（松永太郎訳『インテグラル・スピリチュアリティ』春秋社，2010年），98-99頁の図を参考に筆者作成。

れない。しかし，逆に，ウィグルスヴォースが言うように，スピリチュアリティが，自分にとって神聖または崇高なものとつながっていたいという生来の人間の欲求であり，SQが知恵と憐情(れんじょう)をもって行動する能力であるならば，経営者によって知恵と憐情をもって扱われた従業員は経営者を信頼するようになる。そして，信頼性のある経営者は，リーダーシップを発揮して人々の対立や

葛藤を解決できるのである[23]。

　しかし，このSQは水平的なスピリチュアリティの問題であり，経営活動に求められる多くの能力の中の一つの能力ラインの問題である。そして前述したようにスピリチュアリティには発達段階ないしレベルに関わる問題がある。それは垂直的なスピリチュアルの問題であり，水平的なSQでは対処できない問題である。

　経営者としての意識の発達が自己中心レベルから最終的には宇宙中心ないしスピリチュアルレベルへの発達であるとすると，経営者の発達レベルが低いということは，それより高いレベルの人の問題に十分に対処できないことになる。例えば，意識が自己中心的レベルであれば，その人は何よりも自己の利益を追求し，その極大化を志向して行動することになる。もし経営者がこのレベルであれば，それは組織としての利益の増大や組織の存続発展を求めるよりも，自己の利益や報酬の増大を求め，行動の基準は自己にとって良いか悪いか，あるいは利益があるかどうかということになり，組織に損害を与える行為をするかもしれない。地位を悪用して公私混同が起こるのもこのレベルの経営者の特徴である。

　自組織中心的段階の経営者は，社会の規則や規範，あるいは法律に従うよりも，何よりも自組織の利益を求め，自組織の成長と繁栄を優先して行動する。そこでは社会の規範や規則は自組織に利益がある限りで従うことになる。また社会中心的段階の経営者は，業界全体や社会全体の視点に立ち，社会の発展を求めて行動する。しかし，世界レベルで思考し行動することはない。これは世界中心レベルへ発達しなければできない。したがって，意識レベルの低い経営者はより高いレベルの人の問題を解決することは困難である。

　逆に，意識が高次レベルに発達するということは，下位の意識のレベルを超えそれを包含するので，下位のレベルの課題を認識でき，下位レベルよりも高いコンテクストの視点，より長期の視点から問題に対処することができる。すなわち，意識の高いレベルの経営者は同等ないし低いレベルの人の抱える問題を解決できる。それは，意識の発達というものが，それぞれのレベルの課題や危機を解決してホロン階層的に上昇し，世界を認識する上での重要な枠組みを与える世界観が拡大し，より高いコンテクストの視点から思考し行動すること

ができるからである。

　それではなぜ道徳性の高い人は，道徳的創造を行うことができるのであろうか。バーナードのいう道徳的創造性は，それぞれ相対立する行動準則に直面している人々の対立を解決することであり，どちらの準則にも合致する解決案を創造することである[24]。一般に，人々がそれぞれ自己の思想や価値あるいはコンテクスト，あるいは自己の発達レベルの思考や視点に執着し固執することが彼らや彼女らの間のコンフリクトを引き起こし，新しい意味やコンテクストの創造を困難にする。すなわちバーナードの言う道徳的創造を困難にするのである。

　自己のコンテクスト，あるいは自己の発達レベルに従って思考し行動しながら，それを打破し，乗り越えて新しいコンテクストを創造することは人間の現状維持志向的特徴からして困難である。現在の意識状態を大きく超える思想や価値観あるいは世界観であればあるほど，人々は自己の思想や価値を変えることには抵抗するものであり，そのような価値観や世界観は受け容れられなくなる。そこで，人々が新たに高いコンテクストの視点や長期的視点へと変わるためには，自己を制約している世界観やコンテクスト，すなわちメンタル・モデルを変えなければならない。このメンタル・モデルは人々が心の中で抱いているイメージや仮説である。それは人々の無意識の中にある暗黙の仮説であり，自分自身ではなかなか気づかないものである。しかし，それは人々の思考や行動様式を規定するものであり，基本的にはその人の発達レベルによって規定されるものである。個人が変化するということは，次章で述べるように，基本的にはこのメンタル・モデルないし世界観が変わることを意味している。そのためには人々はまず自己の立場や視点を変える必要がある。

　しかし，人は，一般に自分自身の立場や視点に固守し，なかなか相手の立場や第三者の視点，あるいは組織ないし社会全体の立場には立つことはできない。しかし変化するためには，先ずそれぞれの立場や視点を変えない限り困難である。この視点を変え，それぞれのメンタル・モデルを変えることが人々の対立や葛藤の解決には必要である。

　ヴィルバー達（2008）によれば，意識レベルの高低の違いは，この視点の違いでもある[25]。これを経営者の意識のレベルで示すと，自己中心レベルは第一

人称，自集団ないし自組織中心は第二人称，社会中心は社会全体の第三人称，世界中心は世界のすべての人々の第四人称，地球中心は全人類の第五人称などとなる。このように視点が拡大する形で経営者の意識が発達するということは，第一人称の自己中心の視点で思考し行動することから，組織の視点，社会の視点，世界の視点，地球の視点などへと思考し行動する能力が向上することを意味している。それは，より包括的な段階に成長発達して，前の段階の思考方法，パターン，あるいは能力を包含し，より高度の思考方法，パターン，あるいは能力を加えることである。高次レベルの意識の経営者は，低次レベルの経営者よりも高いレベルのコンテクストの視点，より広いシステムの視点，より長期的観点から思考し行動することができるようになる。すなわち，意識レベルないし道徳レベルの高い人は，第一人称の当事者の視点から第二人称の組織の視点へ，組織の視点から第三人称の社会全体の視点へ，さらに第四人称の世界の人々の視点などへと拡大でき，すべての世界のすべての存在というように，より広い視点，より高い視点，より長期的視点から思考し行動することで人々のメンタル・モデルを変ることが可能になるのである。

　気候変動に関する国際会議で意見がなかなかまとまらないのは，参加各国が自国の利益，自国の立場に固執し，30年後，50年後，100年後の世界の視点，地球の視点，人類の視点へと思考や価値観や世界観を変えられないことが原因であるといえる。これは世界の人々の思考や価値観，世界観は間主観的に形成されるものであり，それぞれの平均的な意識の発達レベルで規定されることを示している。そこでは，自民族，自国家の価値観はあっても，特定の人々を除いて全人類，すべての世界のすべての存在，人類の子孫，地球の未来という価値観や世界観がないのである。しかし全人類や地球の未来という視点へとそれぞれの立場や視点を変えない限り，地球環境問題は解決されないのである。

　しかし，前述の各発達モデルが示しているように，人間は自分の持っているいろいろな能力を発達させ，より高いレベルへ到達することを求めている。一般に，人間は低いレベルからより高いレベルへの発達を求めて努力する[26]。そして人はそれぞれの発達段階にある課題や困難あるいは危機を解決してホロン階層的に発達する。発達がホロン階層として進展するということは，高次のホロンは低次のホロンを包含するものであり，高い発達レベルにある人は，低い

レベルにある人より，より広くより高くあるいはより深い視野や視点を有し，より長期的観点から思考し行動することができることを意味している。高次レベルにある人は，それ以前のレベルや段階での様々な諸問題や困難を解決し，危機を乗り越えて人生観や価値観，あるいは世界観を拡大し意識を高めている。すなわち，意識ないし道徳性が高いレベルへ発達したということは，より低いレベルの人より様々なコンフリクトないし相対立する諸問題，あるいは価値観や道徳観の対立を解決してきたことになる。さらに高次レベルの人は，それより低いレベルの人々の視点あるいはメンタル・モデルの課題や限界を理解しており，その視点を拡大し転換することの利点を示すことで，彼らの立場や視点あるいはメンタル・モデルを変えることができるようになる。そこで，より高次レベルの人，特にスピリチュアリティが高い人は，人生の生きる意味や働くことの意味などの人生観や世界観，さらに企業活動の意味や企業の存在意義などの基本理念に関わる根本的な問題に対する回答を人々に与えることが可能である。

　スピリチュアル段階の人は，自己利益よりも自己超越的利益ないし社会全体あるいは人類全体，地球全体の利益を求め，社会，地球への貢献を志向するようになる。そのような彼（女）の行動は成長発達を求める人々にとって模範となるので，彼らはその人の言動に追従するようになり，相対立する問題に対する彼（女）の解決案を受け容れるようになる。人が自己利益や自組織の利益のために諸問題を解決しようとしていると他の人々から見られるならば，なかなかその人の提案や解決案は受け容れられない。しかし，自己利益や自組織の利益よりも，社会全体，世界全体，あるいは地球全体のための解決案であると人々が認識するならば，その解決案を受け容れるようになる。そして意識の発達が高くなり，スピリチュアリティが高くなればなるほど，その人の言動は真理を表すものとして人々に受け容れられるようになる。スピリチュアリティは自己超越性を意味しており，それの高い人はすべての世界のすべての存在と一体化し，自己利益よりも他者利益を求め，世界や人類への奉仕を求めるからである。意識が高度に発達したスピリチュアルな人は，自己超越的価値を実践し，人々の模範となり，信頼性の高い支援者として行動するので，人々を惹きつけ自ら進んでコミットするような道徳的創造を行うことができる。すなわち，意

識レベルや道徳レベルの高い人は，より広くより高くより深い視点，そしてより長期的な視点で思考し行動するように人々のメンタル・モデルを変え，新たなコンテクストの創造，すなわち道徳的創造を行うことができるのである。

V 結び

　以上，代表的な人間の成長・発達モデルを検討し，経営者の意識の発達レベルないし段階にどのようなものがあるかを明らかにしてきた。

　従来のマネジメント論では，経営者に必要な能力は概念化スキル，人間関係スキル，専門技術的スキルであるとされてきた。ミンツバーグもサイエンス，アート，クラフトが必要な要素であるとしている。しかし，人間の能力や知能にはPQ，IQ，EQだけではなく，SQすなわちスピリチュアル知能もある。もし人々にSQがあるならば，従来の経営理論にはスピリチュアリティの視点からの分析が欠落している。そこで，本章は，スピリチュアリティとマネジメントないしリーダーシップとの関係を分析するために，経営者の意識の発達段階にどのようなものがあるかを明らかにしてきた。

　経営者の意識の発達段階には，(1)自己中心的，(2)自組織中心的，(3)社会中心的，(4)世界中心的，(5)地球中心的，(6)宇宙中心的レベルがある。意識の発達は，世界を認識する上での重要な枠組みを与える世界観が，何よりも自己の利益を優先する自己中心レベルから自組織の利益を第一に考える自組織中心へ，自組織よりも社会の利益や社会の人々の福利や繁栄を志向する社会中心へ，また世界中心や地球中心，さらに宇宙中心へと拡充することである。そして宇宙中心段階はスピリチュアルな段階であり，この段階の経営者は，自己利益よりも自己超越的利益ないし他者や社会全体あるいは地球全体の利益を求め，さらに社会，世界，地球への貢献を思考し行動するのである。

　経営者の道徳性が高いレベルへ発達するということは，自己中心的視点から，組織全体の視点，社会全体の視点，世界全体の視点，地球全体の視点，スピリチュアルな視点へと価値観や世界観を転換し行動することを意味している。それはより低い段階の思考方法，パターン，あるいは能力を包含し，より包括的な思考方法，パターン，あるいは能力を加えながら発達することを意味してい

る。道徳意識の発達が高次レベルにある経営者は，低レベルの人よりもより広いシステムの視点，より高いコンテクストの視点，より長期的な観点から行動することが可能になる。したがって，意識の発達レベルないし道徳性の高い経営者は，質の高いリーダーシップを発揮し，人々の相対立する問題や困難を解決する道徳的創造を行い，組織を存続発展させることができるのである。

●注
1 Barnard (1938), p.282, 邦訳, 295頁。
2 Piaget (1964), (1970a), (1970b), 邦訳, 滝沢・山内・落合・芳賀 (1980) を参照。
3 Erikson (1959), (1963), (1982), 邦訳を参照。
4 Erikson (1982), 邦訳, 96頁。
5 Erikson, E. H. and J. M. Erikson (1997) の増補版は，統合段階の次の段階として老年的超越を示している。
6 Kohlberg and Higgins (1985), Kohlberg, et al. (1983) 邦訳を参照。
7 Cook-Greuter (1999), (2005) を参照。
8 Wilber (1995), (1997), (2000), (2006), Wilber, et al. (2008), 邦訳を参照。
9 Wilber (1995), pp.279-316, 邦訳, 439-499頁を参照。
10 Fayol (1916), 邦訳。
11 この点については狩俣 (2000), 5頁を参照。
12 Mintzberg (1973), 邦訳。
13 Mintzberg (2009), 邦訳。
14 Barnard (1938), p.282, 邦訳, 295頁。
15 Katz (1974), pp.90-102.
16 Zohar and Marshall (2000), 邦訳。
17 Goleman (1995), 邦訳。なお Goleman (2006) は，Social Intelligence を SQ として捉えている。
18 Wigglesworth (2012) を参照。
19 Covey (2004), 邦訳を参照。
20 Hawley (1993), 邦訳を参照。
21 Wilber, et al. (2008), 邦訳を参照。
22 Wilber (1995), p.187, 邦訳(1), 296頁。
23 この点については，狩俣 (2009), Shaw (1997), 邦訳を参照。

24 Barnard（1938），pp.258-284，邦訳，269-297頁。
25 Wilber, et al.（2008），邦訳，334頁。
26 ここでは，エリクソンのいう各段階での危機を克服できずに病的症状の人や，ヴィルバーのいう各段階での自己保存，自己適応，自己超越，自己分解の力が調和できない病理の状態の人を前提とはしていない。基本的には，それぞれの段階の危機や困難を乗り越えて発達する人々を想定している。

第5章 組織変革とダイアログ

I 序

　経済のグローバル化，ソフト化，ICTの高度化，少子高齢化，価値観の多様化，地球環境問題の深刻化など社会を取り巻く環境が大きく変化し，これまで有効に機能していたシステムに様々な歪みが生じ，多くの分野で改革や変革が求められている。オープン・システムとしての組織が環境の中で存続発展するためには，環境の変化に対応して組織それ自体を絶えず変革する必要がある。環境の変化に対応して変革しなければ，組織は衰退し，最終的には消滅するからである。しかし，組織が環境変化の問題に直面し，その解決のために改革や変革が求められても，組織が実際に改革や変革をすることは困難である。特に，現状を打破するような新たな変革であればあるほど，変革することは困難である。これは改革や変革には多くの人々が抵抗するからである。

　人間は，基本的には，自分の夢や希望が叶うことを求め，その実現を求めるものである。しかし，人々がそれぞれの夢や希望あるいは理想を同時に実現することは困難である。それらは人々によって異なり，一人ひとりの夢や希望あるいは理想の実現は他の人のそれらと対立葛藤したりするからである。人々はそれぞれ独自の思想や信念あるいは価値観や人生観を持ち，それらは異なっており，それらの違う人々が協働しようとするとき，コンフリクト（conflict）が生じるのである。

　人間はコミュニケーションによって社会や世界の意味を作り出し，意味のある社会や世界を形成している。そして，それが習慣や文化あるいはコンテクス

トとして人々のものの見方や考え方，思想や価値観，あるいは思考や行動様式を規定している。人間は自らが創り出したコンテクストに縛られ制約されているのである。しかし，それらはほとんど意識の外にあり，人は自分自身のコンテクストはなかなか見えないものである。欲求や目標，思想や価値観，文化や宗教などの異なる人々は，相対立する問題に直面するとき，それぞれの思想や価値観あるいはメンタル・モデルに執着し，その解決を困難にする。人々は息の長い対話と交渉あるいはコミュニケーションによって問題を解決するよりも，権威や権力，ときには武力によってさえ解決を図ろうとする。しかし，このことは自ら新しい価値や意味の創造，あるいは新たなコンテクストを創造する機会を失くし，組織や社会の発展を阻害するのである。

　本章は，変化の過程とダイアログ・コミュニケーションの特徴を検討し，さらにダイアログによる組織変革の過程を明らかにして，組織変革に必要な基本的条件を解明することにしている。

Ⅱ　変化モデル

　「万物流転」と言われるように，この世のすべてのものは絶えず変化し，「変化」こそが，唯一変わらない真理といわれる。すなわち，われわれの住む世界で唯一変わらない真理は，世の中が絶えず変化するということである。それではすべてのものが変化する状況で，人間や組織はどのように変化し，存続発展するのであろうか。人が変化するということは，一般には成長発達するということであり，望ましいことである。しかし，変化は必ずしも望ましい結果（成長発達）を生み出すとは限らない。変化することに伴って様々な問題が生じるからである。

　それでは変化とは何であろうか。変化が世の中の常態であるならば，変化によってどんな問題が起こるのであろうか。なぜ変化は様々な問題を生み出すのであろうか。変化（change）は，一般に，最初の状態と終わりの状態との間の違いを表す言葉である。すなわち，変化とは事物の前の状態や特徴と後の状態や特徴の間に差異や違いが生じることである[1]。したがって，変化は時間の流れを前提としており，ある時間の前と後との間に生じるある対象ないし主体の

状態や特徴の差異を意味しているのである。

このような変化の問題に関しては，心理学や社会心理学，社会学や経営学，あるいは組織論やリーダーシップ論などの多くの分野で様々な理論やモデルが表されている。本章では主体の変容過程を解明するために，先ず個人の行動変化に関する代表的なモデルについて検討しよう。

1　トランスセオリティカル・モデル

J. O. プロチャスカ（Prochaska, 2011）達は，行動変化のトランスセオリティカル・モデル（transtheoretical model）を示している[2]。これは，様々な問題行動（アルコール依存症など）の解決を目的として患者の治療を行うために開発されたモデルで，次のような6段階から成っている。①前熟考期，②熟考期，③準備期，④実行期，⑤維持期，⑥終了期である。

①の前熟考期は，人々が当面（6カ月以内）は行為を意図しない段階である。それは彼らが自分の行動の結果について情報を与えられないか，あるいは十分な情報が伝えられないからである。②の熟考期は，次の6カ月以内に変化を意図する段階で，変化することの利益やコストに気づくようになる。③準備期は，1カ月以内に行為することを意図する段階で，行為の計画を持っている。④実行期は，人々が過去6カ月以内で彼らのライフスタイルにおいて明白な行動変容を行った段階である。⑤維持期は，逆戻りを避けるように努力するが，実行している人ほど頻繁には行動変容に努力しない段階である。⑥終了期は，個々人が誘惑されない段階で，彼らは100％の自己効力感を持っており，不健康な習慣に戻らないことを確信している。

このモデルは，自己の生活習慣や行動様式に課題を抱えた人が，その問題に関する情報を得て生活習慣や行動様式を変える変容過程の段階を示しており，行動変容がどのような段階を経て行われるかを理解するのに役立つものである。それは，ある人が現在の状況に何らかの問題があることを認識し，望ましい状態に変えようとする意志を持ち，実際にその実現に向けて実行する過程を明らかにしている。しかし，このモデルは行動変容の要因が何か，彼らの思考や行動様式を規定するメンタル・モデルをどのように変えるか，その行動変化の過程を明らかにしていないのである。

2 熟練ヘルパー・モデル

G. イーガン（Egan, 1986）は，問題や課題を抱えたクライアントがその問題を解決して望ましい目標を実現できるように援助する熟練ヘルパー・モデル（the skilled-helper model）を示している[3]。このモデルは，三つの段階から成り，各段階に三つの課題（ステージ）があり，カウンセラーがクライアントにそれぞれの段階の三つの課題ごとに質問し，その回答に役立てるものである。

段階Ⅰは，現在の状況で，何が起こっているかを示し，クライアントの問題が何で，活用されていない機会は何かを示す段階である。それはクライアントが変化に必要な重要な問題を明確にすることを助けるものである。そこで，第一のステージでは，クライアントが自分の話を語ることを助け，第二ステージでは，クライアントが自分のストーリーを建設的に再構成する新たな視点を発展させることに役立ち，第三ステージでは，クライアントが自己の生活で重要な意味を生み出す問題に取り組むようにさせることである。

段階Ⅱは，好ましい状況で，クライアントは何を必要とし欲するかを示す段階で，どんな解決が自分にとって意味があるかを明らかにする。そこで，第一ステージは，より良い将来の可能性を明確にするためにクライアントが自己の想像力を使用するのに役立つことである。また第二ステージでは，重要な問題の真の解決と，まだ利用されていない機会である現実的で挑戦的な目標を選択することに役立ち，第三ステージでは，クライアントの変容行動計画にコミットするインセンティブを見つけることに役立つことである。

段階Ⅲは，到達方法で，好ましい状況をどのように実現するかを示す段階で，クライアントが目標を達成するための戦略と計画を開発することに役立つものである。この段階の第一ステージでは，クライアントが目標を達成するための可能な戦略を検討することを援助することである。第二ステージでは，クライアントが彼らの資源と最大限適合する戦略を選択することを助けることである。第三ステージでは，クライアントが選択した戦略を実現可能な計画にまとめ上げることを助けることである。

以上が熟練ヘルパー・モデルの概略である。これはカウンセラーなどの支援者がクライアントの抱える課題を明らかにし，その課題解決に求められる目標

を明らかにし，その実現の計画策定を支援する過程を明らかにしている。これは，クライアントの現状が何か，望ましい状態が何か，それをどのように実現するか，という点について，カウンセラーが専門熟練家として必要な援助の過程を明らかにしている。しかし，このモデルはクライアントの変容過程を明らかにしていないのである。

3 リソルヴ・モデル

R. ボルスタッド（Bolstad, 2002）は，神経言語プログラミング（Neuro-Linguistic Programing= NLP）の考え方[4]に基づいてリソルヴ（RESOLVE）モデルを示している[5]。RESOLVE はクライアントに変化を引き起こすNLPのチェンジワークで使う一連のステップの頭文字である。

①R（Resourceful state for the practitioner）は，プラクティショナーはリソースに満ちた状態でなければならないことである。ボルスタッドは，カウンセラーや心理療法士よりもプラクティショナーという言葉を使用する方が誤解されず，クライアントがプラクティショナーの助けを得て自ら変わり自ら選択肢を広げるためにふさわしいとしている。

②E（Establish rapport）は，ラポールを築くことである。この目的はクライアントが目標に向かって前進できるように手助けすることである。これは，プラクティショナーとクライアントが互いに理解し合い，同調しているという感覚を得てできるものである。

③S（Specify outcome）は，目標を明確にすることである。これは，クライアントが達成する目標が何かを見つけ出し，セラピーにおける目標を設定できるようにすることである。

④O（Open up the client's model of the world）は，クライアントの世界モデルを拡大することである。世界モデルとは，クライアントのもつ内的な思考，信念，イメージ，感覚のことである。変化を引き起こすためには，その人自身の世界モデルを変えることが必要である。

⑤L（Leading）は，望ましい状態をリードする段階である。この段階はこのモデルの中心であり，クライアントを望ましい状態の変化へと促す段階である。プラクティショナーはクライアントに力を貸し，目標を達成できるように

内的体験の変化を促す必要がある。

⑥V（Verify change）は，変化を確認することである。変化が起こったことを前提に質問をして，クライアントが自分は変わったことを確認をする。

⑦E（Ecological exit）は，エコロジーの問題を解決して，終了する。エコロジーというのは変化したことで起こる影響のことである。変化には予期しない結果も起こるので，目標達成の結果や影響を調べ，エコロジーの問題を解決しなければならない。そして問題がないかを確認して終了する。

以上がRESOLVEモデルの概略である。これは様々な課題を抱えた人を望ましい状態（目標）に導く手法であり，プラクティショナーがクライアントの変化を引き起こす段階を示している。特に，クライアントの目標やそれを達成するために必要な世界モデルの役割を明らかにし，行動変容に必要な要因を明らかにしている。人々はそれぞれ独自の世界モデル，すなわちメンタル・モデルを持っており，それがそれぞれの思考様式や行動様式を規定している。そのためこのモデルの変化がなければ，人は基本的に変化しないのである。しかし，リソルヴモデルは変容に伴う抵抗の問題を明らかにしていないのである。

4　変化のテコ・モデル

H. ガードナー（Gardner, 2004）は，国家や地域社会，組織や集団，芸術や科学，教育，家族，個人の六つの分野での変化に共通する要因を示し，それぞれの分野における事例の分析を通じて変化を促進したり妨害する七つのテコ（lever）を明らかにしている[6]。変化を起こすテコは次の要因である。①理性，②リサーチ，③共鳴，④表示の再叙述，⑤リソース・報酬，⑥現実世界の出来事，⑦抵抗，である。

①理性は，関連要素を確認し，それぞれの要素を順次はかりにかけ，総合的判断を下すことである。理性には理論そのもののほか，類推し分類することも含まれる。②リサーチは，関連するデータを収集することである。これによって，関連するケースを確認し，それが心の変化を保証するかどうかを判断する。③共鳴は，見解，アイデア，観点などが，その人にとって正しいと感じられ，現状をふさわしく思い，これ以上考える必要がないと思うことである。理性とリサーチが心の認識面に訴えるのに対して，共鳴は情動に訴えるものである。

④表示の再叙述は，心の変化を起こすためには，互いに補強しあう多くの異なるフォームで表示することである。⑤リソース・報酬は，リソースが潤沢であれば，心の変化が起こりやすいことである。⑥現実世界の出来事は，戦争，災害，テロ攻撃，経済不況などの世界の出来事が人々に影響を与え，人々の心を変化させることである。⑦抵抗は，変化することに反対する要因である。変化は，一方で望ましい結果をもたらすが，他方で，人々は，現状維持ないし安定を求めるので，変化に抵抗する。

　ガードナーは，最初の六つの要素が調和して働き，抵抗が比較的弱いときに心は変化しやすいと述べている[7]。すなわち，七つの要素すべてが変化の方向を向いているとき，心は変化しやすく，それらの要素すべてあるいはほとんどが心の変化とは反対に向いているときは，変化は起こらないということである。しかし，このモデルは，変化のテコとなる要因を明らかにしても，変容過程を明らかにしていないのである。

Ⅲ　変化の過程

　以上，変化のモデルを検討してきたが，変化する人の点から捉えるか，変化を支援する人（リーダーやコーチ，あるいはカウンセラー）の点から捉えるか，あるいはその両者の点から捉えるかによって，それぞれのモデルは異なっている。しかし，以上のモデルに共通する点は，変化は，人の現在の状態と理想（要求）水準との間にギャップ（不満）が生じ，現状を変えて望ましい状態に変わるときに起こるということである。現在の状態あるいは変化に伴う状況や事態に対して要求や期待がなければ問題は生じない。変化は基本的に変化を望む主体が現在の問題を認識し，望ましい状態を実現しようとする意志がない限り起こらない。もちろん，変化する主体が望まなくても，洗脳のように外部の人（主体）が意図的，強制的に他者を変化させることは可能である。しかし，このような強制的，強要的な変化は表面的に変化しているように見えても，その内面の意識まで変化しているとは限らない。そこで，変化は基本的には変化する主体の自発性や意図性を前提に分析することが必要である。

　それでは，変化を引き起こす要因は何であろうか。以上の変化モデルに共通

する特徴の点からすると，以下の要因が重要であるように思われる。(1)現状の把握（認識力），(2)目標，(3)変化への意志，(4)メンタル・モデルないし意識のフレーム，(5)実行，(6)支援である。

　(1)の現状は人が置かれている状態のことであり，人が抱えている課題や悩み，苦悩，不満などである。人が変化するためには，先ず，現在の状態すなわち問題（症状）と，その問題を起こしている原因の二つの側面を明確にする必要がある。現状が理想や実現したい目標と大きく異なり，乖離していることが変革を引き起こす大きな要因である。現状に満足し，不満がなければ現状を変える必要はなく，現状の継続を求めるからである。いくら現状が客観的事実として主体にとって問題を起こしていても，現状の問題点を認識する能力がなければ，望ましい状態へ変化する必要性を感じない。それは，現状を問題と認識するかどうかはその人の認知能力によるからである。人が周りの状況を認知するのはその人の知覚過程による。それは知覚というものが外部の環境の刺激（情報）を観察し，選択し，組織化し，解釈する過程だからである。この知覚過程で重要なことはそれが選択過程であるということである。知覚の選択性というのは，人間がその周りのすべての刺激を受け入れるのではなく，その一部だけを受け入れることである。人間はその能力に限界（知覚上の制約）があるために，感覚器官を通じて入ってくるすべての情報を消化吸収できず，その人の価値や目標，要求や期待，関心などによって一部を選択して受け入れる[8]。この選択過程で重要な要因が後述のメンタル・モデルであり，これが環境や現状の問題をどのように認識するかを規定する。現状の問題点を認識し，望ましい状態の実現の必要性を認識することが，人が変化するためには必要なのである。

　しかし，現状を認識するだけでは人は変化することはない。それは現状（問題）の原因が何かを正確に捉え，それを除去しなければその問題の根本的解決はできないからである。変化を成功させるためには現状（問題）の原因を分析し，それを除去しなければならないが，その原因の把握を誤ると，いくら問題解決しようと努力しても効果的に変化を達成することはできない。したがって，問題の原因が何かを分析する能力も必要なのである。

　(2)の目標は，変化する主体が達成しようとする望ましい状態のことである。変化は何よりも変化を求める主体が望ましい状態ないし目標を持たない限り起

こらない。現在の状態に満足せず，現状よりもより良い状態へ移行しようとする夢や希望がなければ生じない。少なくとも人は現状よりもよりよい状態を求めない限り変化を起こすことはしない。現在を維持しようとする力や変化への抵抗を克服して変化するためには，夢や高い目標が必要である。現状に満足せず，現状を超えて自己の新しい人生や意味を実現しようとする目標や欲求がなければならないのである。

　(3)は，変化しようとする主体の意志である。変化は望ましい状態へ変わろうとする強い意欲がなければ起こらない。現状を変えて新しい目標を実現するためには，その目標を達成しようとする意欲がなければならない。しかし，人が変化することは様々な制約要因のために困難である。このような制約や抵抗を克服して変革するためには，目標達成への強い意志がなければならない。人々を行動へ駆り立てる力がモチベーションであり，目標を達成しようとする意志の強さが変化を引き起こすのである。

　(4)のメンタル・モデルとは，「自分自身や他の人々，そして自分の所属する組織に対して，さらには世の中のすべての事象に対して，私たちが心の中で抱いているイメージや仮説，ストーリーのことである」[9]。メンタル・モデルないし意識のフレームは，人の思考や行動あるいは価値観ないし人生観などを規定するものである。これは人の意識や思考，価値あるいは選好や嗜好などを規定する意味世界のことであり，その人が生まれ育ってきた社会の中で経験し学習をすることで形成された意味システムである。人間が実質的に変わるということはこのフレームを変えることであり，人は自己のフレームに気づき，それを変えない限り真の変化は起こらないのである。

　(5)実行は，変化を起こすための行動を実際にすることである。目標を達成しようと行動しなければ変化は起こらない。どのように高い目標があり，それを実現しようとする意志ないしモチベーションがあっても，それを実現するために行動しなければ目標は達成できない。人が目標達成のために行動することは，その人の能力や環境要因などのために困難である。そこで実行するかどうかは，最終的には変化して得られる報酬に依存する。前述の各変化モデルの違いはその変化の実行の手法の違いにあると言える。実際に実行することで得られる報酬あるいは目標達成の結果得られる心理的満足の程度によって，その実行の仕

方も異なるのである。

(6)支援というのは，支援者が被支援者に一方的に与える行為と考えられているが，しかし，すでに論述したように，真の支援は個々人の主体性，自発性，独自性に基づいて，互いに最も必要としているところを助け合い，足りない点を補い合い，相互に成長発展する過程である[10]。変容過程における支援は，変化を起こすのに必要な様々な資源を提供し目標達成を促進することである。変化にはそれを起こす様々な阻害要因がある。そのためにそれらの要因を除去し変容を促進する支援が求められる。そこで，必要な支援は，第一に前述の変化モデルで示されているように，現状の把握，その原因の特定，問題の解決（目標到達）のためのプログラムの策定，その実現方法に対する支援である。人が望ましい状態（目標）へ変容するためには，強い意志がなければならない。またスムーズに変容を達成するためにはそれを実現するための知識や技術などが必要である。そこで，変化への制約を克服し変化を促す支援が求められる。支援があることで，人は，独りでは変化することが困難であっても，目標達成のために行動する。支援があることで人は自らの目標を実現し変化することができるのである。

IV 変化のレベル

変化については，その種類，スピード，タイプ，次元，規模，レベルなど様々な捉え方がある。例えば，L. K. レーヴィス（Lewis, 2011）は，計画的と非計画的変化，形式的と具体的変化，第一次，第二次，および第三次変化などに分類している[11]。またL. M. ホールとM. デュヴァル（Hall and Duval, 2004）は，変化の規模や変化のコントロール可能性のレベル，あるいは強制的，創発的，さらには単純，複雑のレベルなどがあるとしている[12]。このように変化のレベルや種類などを区別するのは，変化の問題を議論するとき変化のレベルか，タイプかなど，その違いを明確しなければ，有効な変化を実現できないからである。そこで，以下では変化の問題で重要な変化のレベルについて検討しよう。

P. ワツラヴィック達（Wazlawick, et al., 1974）は，変化の問題について，変化の質ないしレベルの基本的な違いについて分析している。彼らは，変化の

問題は，持続（不変）と変化の関係で論議する必要があるとして，これを群論と論理階型理論との関係で明らかにしている[13]。

　群（group）論は，共通の性質を持つ要素（メンバー）からなり，群内のどんな変化（要素の変化）も群自体の変化をもたらさない，という考え方である。それは，システム自体は不変であるが，その内部で起こるような変化について理解する枠組みを与える。

　論理階型（logical types）理論は，要素の集合全体（class）は，その集合の要素にはならず，メンバーからクラスへの移行は，飛躍や転換ないし不連続な変換（ある階型理論レベルから一段高いレベルへの移行）を意味する，という考え方である。それは，クラス内部で進行することとは関係がなく，メンバーとクラスの関係，特にある論理階型レベルから次の一段高いレベルへの移行を本質とする変化に関係している。

　このように変化には質的に異なる二つのタイプがあり，一つはシステムの内部で生じ，システム自体は不変の内部変化であり，他はシステム自体の変化である。ワツラヴィック達は，前者を第一次変化，後者を第二次変化と呼んでいる。彼らによると，変化の問題を議論するとき，一般に，この群論と論理階型理論を混同する。すなわち，第一次変化と第二次変化のレベルを混同する。このことは改革や変革の問題を議論するとき重要なことである。第一次レベルの変化を問題にしているのか，あるいはシステムの変化を伴う第二次変化を問題にしているのかを明確にしなければ，真の改革や変革は実現できないからである。

　このように変化といっても，グループ内の変化とグループを超えたシステム自体の変化という質的に異なる問題がある。この変化のレベルについては学習理論ではシングル・ループとダブル・ループの問題として論じられている[14]。シングル・ループ（single loop）学習は，誤りが発見され，システムの基本的価値を変えることなく，あるいは問題にすることなく誤りが訂正されるような場合の学習である。それはルーチンで反復的問題に適しており，日常の業務をさせるのに役立つ。ダブル・ループ（double loop）学習は，基本的価値を変えることで誤りが訂正されるときに起こる。それは複雑でプログラム化されない問題に適している。

これらは，前述の第一次レベルと第二次レベルの変化に対応するものである。しかし，組織の変化の問題を検討する場合には，この変化のレベルをさらに細分化する必要がある。W. N. アイザックス（Isaacs, 1993）は，トリプル・ループ（triple loop）学習があるとして，変革に関わる組織学習のためのダイアログの手法を明らかにしている[15]。トリプル・ループ学習は，基礎的な「なぜか」について探究することを開くもので，パラダイムそのものの性質への洞察を可能にする学習である。これは変化のレベルとしてはダブル・ループ学習より高い学習レベルである。

　G. ベイトソン（Bateson, 1972）は，学習のレベルを五つに分類し，その特徴を明らかにしている[16]。

　ゼロ学習　これは反応が一定しているケースである。その特定された反応は正しかろうが間違っていようが動かすことができないものである。このレベルの学習の例としては，工場のサイレンから今正午であると分かるケース，あるいは犬に食物（餌）を与えると唾液を出すケースである。

　学習Ⅰ　これは，反応が一つに定まる定まり方の変化，すなわち初めの反応に代わる反応が，所定の選択肢群のなかから選びとられる変化である。このレベルの学習の例としては，パブロフの古典的条件づけのケースである。

　学習Ⅱ　これは学習Ⅰの進行プロセス上の変化である。すなわち選択肢群そのものが修正される変化や，経験の連続体が区切られるその区切り方の変化である。このレベルの学習は人間の反復学習である。

　学習Ⅲ　これは学習Ⅱの進行プロセス上の変化である。代替可能な選択肢群がなすシステムそのものが修正される類の変化である。ベイトソンによると，このレベルの変化を強いられると人間はときとして病的な症状をきたす。

　学習Ⅳ　これは学習Ⅲに生じる変化である。ベイトソンは，地球上に生きる生物がこのレベルの変化に行きつくことはないであろうが，ただ進化のプロセスでこのレベルに達する可能性はある，と述べている。人類史的に長期に見れば，人間の二本足での歩行や言語の使用は，この例であると考えられる。

　この学習レベルにおいてはコンテクストが重要である。それは学習というものがコンテクストの違いないしその変化の識別あるいはコンテクストの対応にかかわるからである。人々のコミュニケーションでは，いかなる場合でも自分

で作り上げたコンテクストを互いに修正し合っていく，学習のコンテクストの連続である。ベイトソンによると，コンテクストの対応についての学習，あるいは低レベルから一段高いレベルへ飛躍することが，新たな学習を獲得すること，あるいは創造することである。すなわち，それはより高い変化のレベルの実現である。ベイトソンは学習を五つのレベルに分類しているが，ゼロ学習が生体内に遺伝的にプログラム化されたものであり，また学習Ⅳの可能性がないとするならば，彼の学習レベルは実質的には三つのレベルとして捉えることができる。

　M. マクウィニー（McWhinney, 1992）は，三つの変化のレベルを示している[17]。第一次の変化は，ベイトソンの学習Ⅰに相当し，コンテクストの意味になんらの変化もない改正からなっている。単純な習慣化，例えば，歩いたり，食べたりする技術の学習についての変化は，その内容について概念化したり再公式化しないで起こる。

　第二次の変化はコンテクストの変化や創造に関わっている。これはベイトソンの学習Ⅱに相当する。これは新しいイメージを提示し，新しい概念を定義し，今ある概念の領域に進入する。

　第三次の変化はベイトソンの学習Ⅲにあたり，学習Ⅱで得られた前提を変えることである。これは，われわれの現在の論理を超える思考を必要とし，第二次の変化のメカニズムが働く領域を超える概念や価値を形成するものである。自分と全く異なる人を突然理解したり，自分の価値観や世界観を放棄して別の価値観や世界観へ変わることなどがこの例である。

　以上，変化のレベルと学習のレベルの関連性について検討してきた。シングル・ループや学習Ⅰあるいは第一次レベルの変化は困難ではない。それは現在のコンテクストの内容の変化を伴わないからである。それは現実観や世界観では同じ現実観や世界観での経験や知識の変化である。

　学習Ⅱや第二次レベルの変化は人間社会で一般的である。新しい経験や知識の習得によって従来の態度や行動様式を変えることがこのレベルの変化である。企業では組織機構の改編，すなわち組織開発や組織再編成ないしリストラクチャリング（restructuring）はこのレベルの変化である。それは環境の変化に対応して組織を再編成することである。あるいは自己利益の重視（利益中心）

から顧客重視ないしサービス重視への転換などである。このレベルの変化を引き起こすためには，組織は人々の抵抗を除去し克服することが必要である。

　学習Ⅲや第三次レベルの変化を引き起こすことは極めて困難である。それは従来の思考方法や行動様式を大幅に変えることであり，全く新しい論理を必要とするからである。それは，従来の思考や行動の拠りどころとなっていた現実観や世界観あるいはメンタル・モデルを放棄し，別の現実観や世界観へ変わることであり，従来のコンテクストを超えた新しい価値や意味を創造することである。

　われわれの社会では，一般に，変革することは第二次レベルでの変化を意味している。組織は環境の変化に対応して組織を改変する。あるいは何か問題に直面するとき，対処療法的な解決（変化）を求める。第三次変化のレベルでの問題の根本的解決や組織の基本的価値観の転換あるいは新たな組織の創造は，それに関わる多くの人々の痛みを伴う。それはまた，人々の間で対立や葛藤を生み出す。人々は自分の思考や行動様式を規定しているコンテクスト（現実観）に基づいて思考し行動する。人々がコンテクストに基づいて思考し行動しながら，自己の行動基盤を否定することは困難である。そのため第二次レベルでの変化が社会では一般的に行われるのである。

　マクウィニーによると，変化は人々の意図した方向で基本的現実であると考えられているある立場からの動きである[18]。このような変化は，人々が持っている現実において他の現実へ移行することで起こる。人々が同一の現実観や世界観を持ち，同様な信念を持っているならば，彼（女）らの間に違いはないので変化は生じない。差異の認識はそれぞれ自己とは異なる現実観や世界観に接することで生じる。そして，変化というのは，その差異に気づき，それぞれが持っている現実観や世界観とは異なる他のそれへと動くことで起こる。

　第三次の変化は，変化する人々に大きな痛みを伴い，コンフリクトを引き起こす。それは自己の思考や行動様式を規定しているコンテクストを変えるからである。しかし，人々はそのコンテクストを超える新しいコンテクストを創造することもある。それは，一般には「目から鱗が落ちるような体験」，あるいは「ユリーカ（eureka）体験」といわれるような突然の出来事によって生じたりする。それは全く新しい概念の創造あるいは新たなコンテクストの創造を意

味している。

　このように変化は，一般に三つのレベルに分類できる。組織の変化を起こすためには，どのレベルの変化かを明確にしなければならない。組織変革の失敗の多くは，変化のレベルの違いによってその変革への取り組みも違うにもかかわらず，変化のレベルを明確にせず，変革を試みることにあるのである。

V　組織変革とダイアログ

　カウンセラーなどの支援者がクライアントの変化を起こすためには，支援者は幅広いコミュニケーション技術を必要とする。例えば，前述のイーガンはカウンセラーの本質的なコミュニケーション技術として傾聴や共感などを示している[19]。それではコミュニケーションとは何であろうか。あるいはコミュニケーション技術とは何であろうか。組織変化に必要なコミュニケーションとは何であろうか。

　コミュニケーション（communication）は，われわれ人間生活の必須の部分であり，人間行動のほとんどはコミュニケーションと関連している。それはまた社会や組織の不可欠の基本的要素であり，社会ないし組織活動の中心にある。このコミュニケーションは，一般には情報の伝達と捉えられている。しかし，コミュニケーションについてはすでに論述したように，それは受け手から送り手への単なる情報の伝達ではない。コミュニケーションは，送り手が同時に受け手であり，受け手も同時に送り手であるような相互主体的な多面的連続的相互作用の過程であり，メッセージを媒介として動態的連続的に進行する意味形成の過程である[20]。

　それでは人々はコミュニケーションによってどのように意味を形成するのであろうか。H. ブルーマー（Blumer, 1969）によると，人間集団は相互作用する人々，すなわちコミュニケーションを行う人々の行為から成っている[21]。人々の行為の連結は，お互いに対して何をしようとしているかを指示し，他者からの指示と解釈を通して行われる。人間は他人に指示するだけではなく，自分自身に対しても指示する。人間の行為はこのような指示と解釈を通じて形成され方向を与えられる。このような人々の相互作用（コミュニケーション）によっ

て人々の世界を構成する対象が形成される。その対象の性質はそれに対する人々の持つ意味から成っている。対象の意味は人々が対象に対して行う指示と解釈を通して形成される。人間は社会で生きていくためには対象、あるいは他者の行為の意味を解釈し、それに対応していかなければならないのである。

このように人々が意味の世界に住んでおり、そして彼らがその世界を構成する対象の意味にのっとって行為するならば、彼らはまずその世界の意味が何かを理解しなければならない。人々が社会で生きていくためには対象あるいは他の人の行為の意味を解釈し、それらに対応していかなければならない。しかし、対象の意味は所与ではなく、人々の相互作用、すなわちコミュニケーションによって形成されるのである。

人々がコミュニケーションによって意味を形成し、自己の思想や概念、あるいはメンタル・モデルなどを形成するならば、それらの意味や思考、あるいはメンタル・モデルを変えるためにはコミュニケーションが必要である。自己の思考や行動様式を規定しているメンタル・モデルはその人の無意識の内部にあり、自分ではなかなか気づかず、他者とのコミュニケーションを通じて気づくようになるからである。それでは人々の思考や価値観はどのようなコミュニケーションによって変えられるのであろうか。あるいはどのようなコミュニケーションによって組織変革は可能であろうか。

E. H. シャイン（Schein, 1993）は、ダイアログはあらゆる組織変革モデルの中心的要素であるとしている[22]。またC. クヴェラビン（Querubin, 2011）は、ダイアログ過程に参加する集団は意識の変化を経験し、それが組織の他の人々に広がり、組織変革を起こす、と述べている[23]。C. O. シャーマー（Scharmer, 2009）も組織変革では人々のダイアログ、特に未来とのダイアログが求められるとしてダイアログの重要性を指摘している。彼によると、会話には次の領域がある[24]。①ダウンローディング、②討論、③ダイアログ、④プレゼンシングである。

①ダウンローディング（downloading）は、当たり障りのない発言、礼儀正しい決まり文句、意味のない言葉等の会話である。この会話では、自分の心の内は話さず、聞くことで、相手を推測する。②討論（debate）は、参加者が自分の考えを述べることであり、意見を主張することである。そこでは異なる意

見や反対意見も表明する。③ダイアログ（dialogue）は，自分を全体の一部とみなすところから話したり，自分の内側から聞くようにしたり（共感的な聴き方），自己防御から他人の意見を探求するような会話である。ダイアログでは，世界を自分の外側にあるモノの集合として見ていた状態から，自分もその共創造にかかわっているものとして世界と自分自身を観るようになる。そして自分自身が問題のシステムの一部であるとする観点から話すようになる。④プレゼンシング（presencing）は，出現しようとしている未来の可能性とのダイアログであり，場に流れているものから話し，出現する未来から聞くことである。そこではわれわれを集合的な創造性と望む世界を作り出すことを可能にする深いソースに結びつけ，真の自分につながるようになる。

このように会話あるいはコミュニケーションといっても，様々な形態があるが，シャーマーは組織変革にはダイアログが有効であるとしている。それは前述したように人々が新たな意味を創造し，意味を共有するためには有効だからである。

それではダイアログとは何であろうか。その特徴は何であろうか。ダイアログという言葉は日常的に頻繁に使用され，またそれに関しても多くの議論が行われ，多様な定義が表されている[25]。D. ボーム（Bohm, 1996）によると，ダイアログ（dialogue）という言葉は，ギリシャ語の「dialogos」という言葉から生まれ，「logos」とは言葉という意味で，「dia」は「〜を通して」という意味である。そこで，この語源からボームは，人々の間を通って流れている「意味の流れ」というイメージが生まれ，集団全体に一種の意味の流れが生じ，そこから何か新たな理解が現れてくる可能性を伝えるとしている[26]。

彼によると，ダイアログの目的は，事物の分析ではなく，論議に勝つことでも意見を交換することでもない。自分の意見を目の前に掲げて，それを見ることで，様々な意見を掲げて，どんな意味なのかよく見ることである。各自が参加し，グループの中に存在する意味全体を分かち合い，さらに行動に加わる。そのような行動が真の意味でのダイアログである。ダイアログでは，人を納得させることや説得することは要求されない。どんなグループでも参加者は自分の想定を持ち込むものである。どんな人も想定を持ち，自分の想定に固執し，神経的に不安な状態にある。その想定を持ち出さず，また抑えもせずに，保留

状態にすることが求められる。想定を保留状態にする目的は，自己受容感覚を可能にするのを助けるためである。ダイアログの狙いは，全体的な思考プロセスに入り込んで，集団としての思考プロセスを変えることである。

アイザックス（1999）は，ボームの考え方に基づきダイアログの原則を明らかにしている[27]。彼は，思考と行動が人々の意識の奥にある「共通の意味」と密接に結びついているとして，その共通の意味を明らかにするダイアログの手法を示している。人々が集団としてダイアログに参加するためには，次の実践が求められる。(1)聴くこと，(2)尊敬すること，(3)保留すること，(4)話すこと，がそれである[28]。それは次のような特徴を持っている。

(1)の聴くこと（listening）の実践の基本には，参加の原則がある。参加の原則は，個々人は生活している世界の積極的参加者であり，自然の一部およびその観察者であるという理解の上に作られている。聴くことはわれわれに世界を開き，より大きな意味の世界の中の参加者にする。人々が聴き始めるとき，人々は彼らが考えていることに気づき始める。ダイアログの核心は，聴く能力にある。聴くことは，われわれが言葉を聴くだけではなく，会得し，受容し，そしてわれわれの内部の不満を次第になくすことである。人々が一緒に聴くとき，ダイアログは時々深い並外れた共通理解と親交の経験を引き起こす。

(2)の尊敬すること（respecting）の基本には，一貫性（coherence）の原則がある。ボームによると，社会におけるわれわれの思考は，「一貫性のない」ものである[29]。それは対立し，互いに打ち消し合う思考とともに，あらゆる方向に向かっている。しかし，人々が「一貫性のある」方法で共に考えるようになれば，驚異的な力が生まれる。一貫性の原則とは，世界が分離した個別の部分から成っているのではなく，分割されない全体であり，人間は生命の全体的な構造の本質的部分である，ということである。そこで，尊敬することは，われわれの世界の中に基本的な一貫性があるという事実を真剣に受け取ることを意味している。人を全体的存在と見るためには，尊敬しなければならない。ダイアログでは，特に自分に反対する人々を尊敬する能力を開発することが必要である。

(3)保留すること（suspending）の実践の基本には，気づき（awareness）の原則がある。気づくことはわれわれの注意を向け，より多くの直接の経験を広げ

ることである。保留はわれわれが自己の考えを抑圧もしないし，一方的な確信をもってそれを擁護もしないことを意味している。保留することは，方向を変え，立ち止まり，後戻りし，新たな目で物事を見ることである。

(4)話す（voicing）には，披き出すこと（unfoldment）の原則がある。これは，ボームの言う内臓秩序（implicate order）の概念から出ている。それは，包み込み（enfoldment）と披き出すことの性質についての前提に基づいており，そこでは現実は目に見えないパターン化されたレベルから見える世界へ披き出され，またそれから再び見えない状態へ包み込まれる。現実は表層的なレベルの顕前秩序（explicate order）と内臓秩序の両方から成っている[30]。このことは人のアイデアや思想は見えない秩序が見える形で表現されたものであることを意味している。現れているすべてのものは共通の源から披き出されている。この原則をダイアログに適用すると，内臓秩序から流れる真の声を聴き，そして話すことを実践することである。自分自身の声を話すことは自分にとって真実であることを表している。

以上がダイアログの原則であるが，それではダイアログはどのように行われるのであろうか。アイザックス（1993）によると，先ず招待である。どんな人でもダイアログに参加する権利を与え，参加することへの抵抗感や懸念を言っても問題がないことを理解して会話を始めることである。その会話には次のような段階，(1)器の不安定性，(2)器の中の不安定，(3)器の中の探求，(4)器の中の創造性，がある[31]。

(1) 器の不安定性

人々が集団に加わるとき，自己のパダライムや視点などのいろいろな違いを集団に持ち込む。これらの違いがダイアログの意識環境である場ないし器（container）を不安定にする。器は集団仮説，共有された意図，集団の信念の合計であり，集団が持っている仮説，皆の意図や信念などの総称で，集団の雰囲気ないし風土として表されるものである。ダイアログは会話で始まる。人々は一緒に話し，そこから熟考する。彼らは選択して注意を払い，あるものに気づき他のものを見落とす。この点で，人々は最初の危機に直面し，ダイアログを精錬し評価するか，より大きな不安定になるかの意思決定に直面する。この

最初の危機の認識は，参加者が自分の見解を保留するか，あるいは論議するかという環境を作り出すことで始まる。

(2) 器の中の不安定
　見解の保留を選択すると，どんな見解ももはやすべて真実を保持しているように思えないし，どんな結論も決定的でないように思え，フラストレーションを感じる。これによって第二の保留の危機が生じる。彼らは方向を失い，他の人によって制約され限界づけられているように感じる。そして対立が現れる。この保留の危機を乗り越えるためには，何が起こっているかに気づき，他者や自分自身の声についてよく聞き，尋ね，探求することである。

(3) 器の中の探求
　ある一定数の人々がこの点まで到達すると，新たな方法で会話が流れ始める。この冷静な環境で人々は全体として一緒に探求し始める。しばしば新しい洞察が現れる。そして，意味や情報が交換されある種の共有された場が形成される。しかし，それはまた他の危機に導く。人々は深いテーマがアイデアの流れの背後に存在することを次第に理解する。そのような気づきは痛みをもたらす。集合的痛みの危機は深く挑戦的な危機であり，この危機は相互作用のパターンの変革へと導く。

(4) 器の中の創造性
　集合的苦痛の危機を通り抜けると，新たな気づきのレベルが開かれる。人々は自分たちがそれぞれの見解を十分に探究してきたので共通の意味のプールに参加していることを意識的に知り始める。ダイアログは繊細な意味を包むスピーチの可能性を高める。アイザックスは，この種の経験をメタローグ（meta-logue）ないし意味の流れと呼んでいる[32]。メタローグは交換の構造や内容とその意味との間の意識的な，親しい，繊細な関係を表す。これによって参加者は今までにない創造性を発揮し，共有された意味を生み出すようになる。このようなダイアログの発展過程は図5－1のように表される。

　以上，アイザックスのダイアログの特徴を示してきたが，これは，集団の会

図5-1 ダイアログの発展

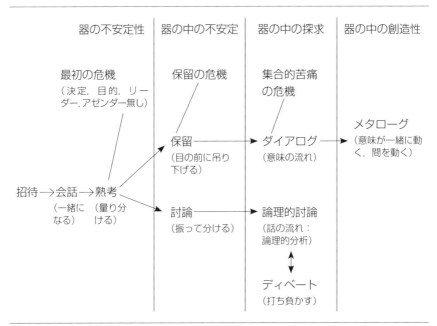

出所）Isaacs, W. N. (1993) "Taking Flight : Dialogue, Collective Thinking, and Organizational Learning." *Organizational Dynamics*, Vol. 22, No.2, p.34.

話で，相互に尊重し，自己の考えをそれぞれ話し，他者の声や考え方を傾聴し，それに対する自己の判断を保留し，集団として新たな意味を形成する方法を明らかにしている。それではこのダイアログはどのように組織変革を起こすのであろうか。アイザックスは，(4)の器の中での創造性の段階で共有された意味を生み出して新たな変化が起こることを示している。しかしダイアログによってどのように新たな意味や秩序が形成され，組織が変化するかという変容過程までは明らかにしていない。そこで次にこの点について検討しよう。

　アイザックスが示しているようにダイアログの場ないし器に発展段階があるとすれば，ダイアログを行うことで新たな意味が形成される過程は，集団の発展による集団規範や風土あるいは凝集性の形成過程と同じであると考えられる。新たな集団規範や風土の形成過程は成員間のコミュニケーションを通じた集団や組織の変化の過程と同等と考えられるからである。そこで集団発展段階を検

討して集団ないし組織変革過程を明らかにしよう。

B. W. タックマン（Tuckman, 1965）によると，集団の発展段階は，①形成化（forming），②混乱化（storming），③規範化（norming），④遂行化（performing）の四段階から成っている[33]。①の形成化は，対人行動と課業行動の両方の境界を確かめ，リーダーや他の集団成員がすでにある基準への依存関係を確立する。②混乱化は，対人問題や課業について葛藤し，対立し，分裂し，また集団の影響と課業の要請に抵抗する。③規範化は，抵抗が克服され，集団内の感情や凝集性が発展し，新しい標準が発展し，新しい役割が追加される。また新しい個人的意見が表される。④の遂行化の段階では，対人構造は課業活動の用具となり，役割弾力的で機能的になり，集団エネルギーが投入される。そして構造問題は解決され，構造は課業の遂行を支持する。

これは，人々が仕事を行うために集まり，彼らの間で対立や葛藤を経て，集団として一つにまとまり，集団の目標や課業を遂行するという集団発展の段階を示している。

この発展段階の区分は課業目的の達成に向けた段階的発展に基づいており，一定の順序を仮定している。しかし，このような集団発展の捉え方では，集団規範や風土がどのように成員間の相互作用，すなわちコミュニケーションによって形成されるか，あるいは共通の意味を形成するかという点は十分に捉えられないのである。

B. A. フィッシャー（Fisher, 1980）は，集団相互作用過程，すなわちコミュニケーションによって集団の中で意思決定案がどのように合意に到達するかという問題を分析している[34]。これは集団相互作用で何が起こるか，コミュニケーション構造が時間の経過とともにどのように変化するかを示しており，集団規範や風土あるいは集団の共通の意味や価値がどのように形成されるかを明らかにしている。そこで，意思決定案の合意形成過程を検討して，新たな意味の形成過程を明らかにしよう。

集団の意思決定では，一人の成員があるアイデア（idea）を出し，その他の成員はそれに賛成ないし反対，あるいはそのアイデアの拡充ないし修正という形で反応する。そのアイデアが議論の対象であり，それは時間の経過とともに集団の見解を表すように発展する。集団成員はあるアイデアが集団の合意に達

するまで,漸進的累積的にそのアイデアを受容したり,拒否したり,修正したり,改善したりして,いろいろなアイデアを統合する。意思決定は,究極的には集団相互作用,すなわちコミュニケーションの結果であり,集団成員が利用可能な代替案の中から選択することである。それは集団相互作用で成員間の合意によって得られるのである。

　フィッシャーによると,合意（consensus）は意見の一致（agreement）ではなく,到達した決定へのコミットメントを意味している。合意の本質的要素は,成員によって共有された集団忠誠心の度合いである。成員はある案に一致せず不一致であっても,合意した決定には一般に従う,ということである[35]。このことは集団が合意に達した案についてはそれを受け入れ,それに従って行動するということであり,成員の間での変化を意味している。

　それではこの集団変化の過程にはどのような段階があるのであろうか。フィッシャーは,集団相互作用のパターンでの合意の意思決定過程に四つの段階があることを示している。それは,(1)オリエンテーション（orientation）,(2)葛藤（conflict）,(3)創発（emergence）,(4)強化（reinforcement）の段階である[36]。

　(1)の段階では,成員は,初めは彼らの社会的地位や課業の方法をよく知らないので,自分の意見を主張しない。彼らは集団がどのようなものかをテストするために試みに意見を述べるが,それは曖昧ですべてに同意するものである。この段階の特徴は,成員が知り合うようになり,彼らの態度を試みに表明し明らかにすることである。

　(2)の葛藤段階では,成員は集団の意図や方針から出てくる決定案に気づき,それに賛成,反対の態度を表明する。意見や態度が対立することによって成員の間に不一致や葛藤が起こる。その結果,成員たちは最終的に集団の合意に達する決定案に賛成する連合と,それに反対する連合を形成するようになる。

　(3)の創発段階では,葛藤や反対がなくなる。葛藤段階で反対を表明した成員も曖昧な形で意見を述べる。不賛成ないし反対が曖昧な形でなくなるにつれて,それと同時に決定案に賛成する意見が多数を占める。この段階で集団相互作用の究極的結果が次第に明らかになる。

　(4)の強化段階では,成員は絶えず賛成の意見を表明し,社会的支持があることと,意見の一致があることを表明して,互いに賛成の意見を積極的に強化する。

この段階では決定案への反対や葛藤はほとんどなくなり，統一の精神が集団に浸透する。

　以上がフィッシャーの意思決定過程段階の概略である。これは集団で決定がどのように行われるか，あるいはあるアイデアがどのように合意に達するかを示している。このような合意形成過程で，集団成員がそれぞれ尊敬し合い，意見を保留し合いながらコミュニケーションを行うようになれば，それはダイアログによる合意形成ということになる。これによって集団規範や風土がどのように形成されるか，集団成員間に共有される意味や価値がどのように形成されるかを理解できる。集団における人々は，コミュニケーションによって自己の思想や考え方，感情，態度などを伝え，それによって他の人の思想や考え方などを理解する。そしてこのような相互作用を経て，思想や考え方などが集団として一つにまとまったものとして表され，集団の意味や価値が形成されるようになる。これが集団の新たな意味や価値であり，それが成員間に受容され，実行されるとき集団は変化したことになるのである。

VI　ダイアログによる組織変革の要件

　前述のように人々がコミュニケーションによって世界の意味を理解し，意味を形成するならば，個々人が持っている意味や組織の意味はコミュニケーションを行うことによってしか変えることができない。そして，ダイアログを行うことで，集団や組織としての新たな意味や価値を形成し集団や組織は変化するようになる。

　しかしながら，ダイアログが組織変革に有効であるとしても，実際にはダイアログを行うことは困難である。それは「器の不安定性」で示されるように人々が自己のメンタル・モデルに執着するからである。それではどのようにすれば人々にダイアログを行わせ，組織を変革できるのであろうか。どのようにすれば人々はダイアログの必要性を認識できるのであろうか。あるいはダイアログを行わせるための要件は何であろうか。これまでの議論からすると，ダイアログによって組織を変革するためには次の点が求められる。(1)共通の利益，(2)信頼，(3)視点の転換，(4)支援である。以下，この点を検討しよう。

(1)の共通の利益は，ダイアログを行うことで新たな意味を形成し，新たな価値を創造することが集団ないし組織全体，あるいはその参加者にとって利益があるということである。人々は基本的に自己の欲求や目標を実現するために行動する。しかし，それらは個々人ごとに異なっている。欲求や思考，目標や価値，感情や態度，あるいは選好などの異なる人々が相互作用し，協働するとき，彼らや彼女らの間で対立や葛藤が起こる。

しかし，人々が何らかの全体システムの部分を構成し，それが相互作用ないし相互依存の関係にあるならば，それぞれが協調し，協力関係を形成することがシステム全体にとっても，そのサブシステムにとっても利益がある。すなわち，人間に能力の限界があり，その限界を克服するために人々が協働して組織システムを形成し，そして個々人が組織を構成するならば，個々人が全体システム（組織）の利益を達成することがそのサブシステム（個々人）にとっても利益があるということになる。一人で行動するよりも協働することに利益があるならば，そこに共通の利益が存在するのである。

しかし，人々は協働する場合でも自己の利益を最大限に求め，自己の考えや思想あるいは価値の実現を求めるものである。二人以上の人々が協働するにしても，自己のアイデアや価値が他者のそれよりもより良いことを主張し，あるいは他者のそれを打ち負かし勝利することで自己の利益を最大化しようとするのである。

ボーム（1980）によると，人は自己の利益や想定のほうを優先する。そこで，人は自己の判断や想定を正当化しようとし，他者のそれを打ち負かそうとする。それはあらゆるものを分離する断片化から生じている。そして，そのことが現代社会の危機を生み出している。断片化とは，断片的思惟によって形成された誤った認識に基づく行為に対する全体の反応である。われわれの世界は全体性が現実であるにもかかわらず，全体性を分割し捉える断片化が社会に様々な問題を引き起こしている。断片的な思考様式，物の見方，行動様式が人間社会のあらゆる側面に浸透している。しかし，われわれの世界は不可分の全体であり，基本的かつ普遍的な内部にある内臓秩序で作られている。われわれの表面に現れる顕前秩序はこの内臓秩序から出たものである。表面に現れたものは断片的であるがゆえに，部分，部分が個別の存在で，相対立するものと捉えられ，全

体を構成するものと捉えられない。しかし，われわれの世界は内臓秩序という単一の全体としての存在であり，断片的に個々の部分を相対立するものとして捉えることは問題を生み出すとしているのである[37]。このようにわれわれが不可分の全体であるならば，それぞれが協力し協働することが共に利益があるのである。

ダイアログがその参加者のアイデアを明らかにして新たな意味や価値を創造するコミュニケーションの手法であるとすると，それぞれが粘り強くコミュニケーションを行い，新たな意味や価値を創造することが，共通の利益に結びつくとそれぞれが認識する必要があるのである。

(2)の信頼はコミュニケーションが成立するための基本的な前提である。それでは信頼とは何であろうか。信頼についてはすでに論述したように，それは次のような共通の特徴を持っている[38]。①信頼者はある事態や対象に対して情報を持っていないこと，すなわち不確実な状況にいることである。②他者（被信頼者）はそれを利用すれば何らかの利益が得られること，あるいは逆に信頼者はその弱点を攻撃されれば損害を蒙ることである。しかし③信頼者は他者がその脆弱性や弱点を利用（攻撃）して利益を得ない（あるいは逆に自分は損しない）と期待（予期）することである。

①については，信頼者は自分自身で解決できない課題を抱えており，問題解決のための情報を十分に持っていないことである。すなわち弱い立場ないし脆弱な状況にあるのである。②については，その問題解決能力を持っている被信頼者がこの弱点ないし脆弱性を利用したり攻撃したりすると利益が得られ，そうなると逆に，信頼者は損害を蒙ることである。③は，信頼者は大きな損害を受ける可能性があるにもかかわらず，他者はそれを利用（悪用）しないと期待して，自己の問題解決を他者に任せることである。すなわち，信頼は，自分で解決できない問題を抱えた人（信頼者）が，その問題解決において他者に依存するという脆弱な状況で，他者（被信頼者）がその脆弱性や弱点を攻撃するどころか，逆にその問題解決を図るという期待である。

信頼がコミュニケーション活動の前提であり，人間関係の基本にあるならば，ダイアログを行うためには，ダイアログに参加する人々の間で信頼関係を形成しなければならない。信頼関係がなければどのような発言も人々の間で受け入

れられることはないからである。アイザックスのいうダイアログの原則である傾聴や尊敬も信頼関係がなければできないのである。

(3)については、個々の思考や行動様式を支配しているメンタル・モデルを変えるためには視点の転換が必要ということである。メンタル・モデルは前述のようにわれわれが心の中で抱いているイメージや仮説である。これは人々の無意識の中にある暗黙の仮説であり、自分自身ではなかなか気づかないものである。しかし、それはわれわれの思考や行動様式を規定している。個人や組織が変化するということは、基本的にはこのメンタル・モデルを変えることを意味している。目に見えない無意識の仮説、すなわち自己の思考や行動様式のよりどころが何であるかを明確にするめには、人々はコミュニケーションを必要とする。そして、それはそれぞれの視点や立場を変えることで明確になるのである。

R. ディルツ（Dilts, 2003）は、コミュニケーションを行う場合の基本的な知覚位置として次の四つの視点を示している。①当事者の視点、②相手の視点、③観察者の視点、④システム全体の視点、がそれである[39]。

①は自分自身の視点、信念、前提に立ち、自分自身の目を通して外側の世界を見ることである。これは私（I）の位置である。②は相手の視点、信念、前提に立ち、その人の目を通して外側の世界を見ることである。これはあなた（You）の位置である。③は自分自身と相手以外の第三者の視点に立つことである。彼ら（They）の位置である。④はシステム全体の視点に立ち、私たち（We）の位置である。それは他の三つの観点が統合され、全体システムであるという意識が創り出される状態である。人は、一般に①の立場に固守し、なかなか②や③、あるいは④の位置には立つことはできない。しかし変化するためには、それぞれの立場や視点を変えない限り困難である。この視点を換え、それぞれのメンタル・モデルを変えることが変革には必要である。

しかし、当事者の価値観が異なり対立している状況で、変化のレベルが高ければ、さらに次のような視点が求められる[40]。⑤長期的視点、⑥高いコンテクストの視点である。⑤は、人々が長期的視点に立つことで新たな意味の形成が可能になるということである。人々は、一般に長期的利益よりも目先の利益、あるいは短期的利益を得ようとする。しかし、人間が時間の流れの中で生きて

いる限り長期的視点で物事を考えることは重要なことである。自然の成り行きや一時の思い付きで思考し行動するよりも，長期的展望に立って思考し行動することが最終的には望ましい結果を生み出すからである。

⑥は，より高いコンテクストあるいはより高い価値や理念の視点に立つことである。これは変化のレベルの点ではより高いレベルの視点から変化を起こすことを意味している。しかし，人々が低レベルのコンテクストから一段高いレベルのコンテクストに飛躍することは一層困難である。真の意味創造あるいは革新的問題解決ないしは革命的変化は，このような一段高いレベルのコンテクストの創造を意味している。

しかし，このような視点を変えることによって自分自身のメンタル・モデルを変えることは困難である。そこで，(4)の支援が求められる。すなわち変化を促進する支援者，ないしはカウンセラーやコーチあるいはリーダーの支援である。この支援については前述したが，このことは組織を変革するためには，支援者ないしリーダーはより高いコンテクストを創造する能力が求められることを意味しているのである。

Ⅶ 結び

以上，個人の変容過程を明らかにしている変化モデルを検討して，変化の過程の主要な要因について明らかにした。そして変化といっても，その変化の大きさや程度を示す変化のレベルには三つのレベルがあることを明らかにした。組織改革や変革を行うためには，どのレベルの変化であるかを明確にしなければならない。改革や変革の失敗の多くは変化のレベルを混同して，改革を実行することにある。これは，システム内で変化する群論での変化の問題か，システム自体の変化を伴う論理階型理論での変化の問題かを明確にしなければならないということである。第二次（あるいは第三次）レベルの変化の問題であるのに，第一次（あるいは第二次）レベルでの改革を行っても問題解決にはならないのである。

これまで論議してきたように，第二次レベル以上の組織変革は困難である。組織変革は人々が持っている現実観や世界観あるいはメンタル・モデルを変え

ない限り起こるものではない。人々が従来通りの現実観や世界観を持ち，それらに変化が生じなければ変化の問題は起こらない。人々のメンタル・モデルはその人の思考や行動様式を規定しており，しかもそれは無意識のものであるがゆえに，それを変えることは困難である。それが人の基本的な価値観や人生観であればあるほどそれを変えることは困難なのである。

組織において第二次レベル以上の大きな変革を起こすためにはダイアログが必要である。ダイアログの原則は，聴くこと，尊敬すること，保留すること，話すことである。ダイアログに参加する人々がこのような原則に従ってコミュニケーションを行えば，人々は新たな意味や価値を形成して組織を変革することは可能である。しかし，人々は自己のメンタル・モデルに執着するためにダイアログを行うことも困難である。そこで，本章は，ダイアログによる組織変革のためには，共通の利益，信頼，視点の転換，支援が必要であることを明らかにしてきた。

人がより良い改革や変革を行うためには，より高いコンテクストの観点から現在の問題や課題を捉え，より望ましい状態ないし目的を達成するように行動する必要がある。そして，高いコンテクストを創造するためには，より高いレベルの学習が必要であり，それはより高いレベルの意識の発達を必要とする。より高いコンテクストの創造は，基本的には前章で述べた人間の意識の発達レベルの高さに依存しているのである。

● 注

1 Hall and Duval (2004), p.158, 邦訳, 226頁。
2 この点については，Prochaska and Prochaska (2011), Velicer, et al. (1998) を参照。
3 Egan (1986), 邦訳, Egan (2010) を参照。
4 神経言語プログラミング (NLP) は，言語と神経系（神経系統および脳）との間の様々な心身の関係を研究する神経言語学の成果に基づいた行動変容の技法である。この点については，Bandler (1985), 邦訳, Hall and Bodenhamer (2005), 邦訳を参照。
5 Bolstad (2002), 邦訳を参照。
6 Gardner (2004), 邦訳を参照。
7 Gardner (2004), 邦訳, 31-32頁。

8 この点については，狩俣（1992），92-93頁を参照。
9 Senge, et al.（1994），邦訳，210頁を参照。
10 支援については，狩俣（2000），35-40頁を参照。
11 Lewis（2011），pp.37-48.
12 Hall and Duval（2004），pp.157-161, 邦訳, 228-235頁を参照。
13 Watzlawick, et al.（1974），邦訳。
14 Argyris（1992），pp.7-37.
15 Isaacs（1993），pp.24-39.
16 Bateson（1972），pp.279-308, 邦訳, 399-442頁参照。
17 McWhinney（1992），pp.58-61.
18 McWhinney（1992），p.66.
19 Egan（2010）を参照。
20 狩俣（1992），18頁。
21 Blumer（1969），邦訳を参照。
22 Schein（1993），pp.27-38.
23 Querubin（2011），pp.1-20.
24 Schamer（2009），pp.271-299, 邦訳, 341-379頁を参照。
25 この点については，例えば，Querubin（2011），Potapchuk（2004）を参照。
26 Bohm（1996），邦訳, 44-114頁を参照。
27 Isaacs（1999）は，ダイアログの定義，原則，ダイアログのケースなどを論議している。
28 Isaacs（1999），pp.79-178.
29 Bohm（1996），邦訳, 57-58頁。
30 Bohm（1980），邦訳を参照。
31 Isaacs（1993），pp.24-34.
32 Isaacs（1993），p.38.
33 Tuckman（1965），pp.384-399.
34 Fisher（1980）.
35 Fisher（1980），pp.129-130.
36 Fisher（1980），pp.144-157.
37 Bohm（1980），邦訳を参照。
38 狩俣（2009），42-43頁。
39 Dilts（2003），邦訳, 163-166頁。
40 この点については，狩俣（1996），118-120頁を参照。

第6章 コーチング

I 序

　コーチングはスポーツから始まったということもあり，スポーツ選手の技術や技能の向上を図るものと考えられ，ビジネスではほとんど関心が向けられてこなかった。しかし，近年，ビジネス界でもコーチングが人材育成の手段として利用され，ビジネス・コーチングやエグゼクティブ・コーチングが盛んに行われている[1]。それは，コーチングが，従業員の教育訓練や経営者の能力開発に役立つだけではなく，彼らや彼女らの学習や成長を支援し，彼らや彼女らの変化を促すことで組織業績を高めることができると考えられているからである。

　このようにコーチングがビジネスやマネジメントで広がるにつれて，コーチングはリーダーが効果的なリーダーシップを発揮する不可欠な技法とされ，リーダーシップの研究でも注目されてきている。それがコーチ型リーダーシップあるいはコーチング・リーダーシップとして論議されているのである[2]。

　しかし，これらのコーチング・リーダーシップの研究は，コーチングの技法を活用するリーダーシップの問題を中心に分析しており，次世代のリーダー育成やリーダー自身の成長発達の問題，特にリーダー自身が成長するためのコーチングと発達レベルとの関係について十分に分析していないのである。

　そこで，本章では，コーチングの代表的なモデルを検討して，それらのモデルに共通するコーチングの特徴を明らかにし，またコーチングとリーダーシップの関係を検討し，次世代のリーダー育成やリーダー自身の成長発達を図るコーチングとしてのリーダーの役割を明らかにする。

II コーチング

　コーチ（coach）の語源は，馬車を表すハンガリー語，kocsi（コクスの馬車）から来ているとされる。15世紀のハンガリーの城塞都市コムーロムの近くにコチ（Kics）という町があり，コチは馬車の生産地で，馬車がコチの名で呼ばれるようになったといわれる[3]。

　それではコーチング（coaching）とは何であろうか。コーチングが何かということに関しては，多くの定義が表されている。例えば，J. フラーティ（Fraherty, 1999）は，コーチングとは，人を変化させるもの，より能力を身につけさせるもの，長期にわたる卓越したパフォーマンスを実現するものである，としている[4]。S. ソープとJ. クリフォード（Thorpe and Clifford, 2003）は，ある人物が，ある特定のスキル，または知識を実地に適応するにあたってのパフォーマンスの向上，または進歩を支援するプロセスである，としている[5]。また，R. ディルツ（Dilts, 2003）は，コーチングとは，人やチームが最大の能力を発揮できるように支援するプロセスである，と定義している[6]。

　このようにコーチングに関しては様々な定義があるが，それらに基本的に共通する概念は，コーチングを受ける人（以下クライアントと呼ぶ）の潜在的な能力を最大限に発揮させる，あるいはクライアントの目標や欲求の実現を支援する過程ということである。すなわち，コーチングは，基本的にはクライアントの自己実現を支援する過程である。このコーチングに関しては，コーチングの仕方やその効果的方法などについて様々な考え方が表され，多くのアプローチやモデルが表されている。そこで，以下では，コーチングの特徴を明らかにするために，先ずコーチングの代表的なモデルについて検討する。

1　GROWモデル

　J. ヴィットモア（Whitmore, 2002）によると，コーチングはスポーツから始まったものである[7]。スポーツのコーチングは，従来は競技に必要な技術的指導が中心であったが，その考え方に転換をもたらしたのは，W. T. ガルヴェイ（Gallwey, 1997）である[8]。ガルウェイによると，競技では，対戦する相手と競

争するアウターゲームに対して，競技者の心の中で行われるインナーゲームがあり，そこではセルフ1とセルフ2の二人の自分がいる。そして実際にアウターゲームを行っている最中に，多くの人は，心の中でセルフ1が自分自身のプレーを見下し，過小評価し，不必要な指示，非難，過剰管理などをしている。すなわちセルフ1がセルフ2を非難し，セルフ2の働きを著しく妨害している。しかし，セルフ1の妨害を完全に排除してプレーに集中したり，あるいはセルフ2の肉体的，知的能力を信頼してその可能性を最大限に引き出したりすると，インナーゲームで勝利する。そしてインナーゲームに勝つことが，実際のゲーム（アウターゲーム）でも勝利するようになる。すなわち，心の中にいるセルフ1に勝利することが自己の能力を高め，実際の対戦相手にも勝利するようになるというのである。

　ヴィットモアは，ガルヴェイの下でコーチングの訓練を受け，インナーゲームの理論を採り入れてコーチングのGROWモデルを提唱している[9]。彼によると，このモデルの背景にあるのは意識と責任感である。意識するとは，自分のまわりに起きていることを知ることである。意識した状態は，注意を一点に向け，集中し，ものごとをはっきりと認識することから生まれる。責任感は，コーチングの鍵であり，高い成果を挙げるための鍵である。自分の考えや行動に対して，心から自分に責任があることを認め，自分で選択して，責任を引き受けると，コミットメントが高まり成果も向上する。GROWモデルは，意識と責任感とそれを生み出す質問をするスキルである。

　それでは，このGROWとは何であろうか。G（Goal）は「目標」で，短期的，長期的な目標，およびセッションの目標を設定することである。R（Reality）は「現実」で，現在の状況をチェックすることである。O（Option）は「選択肢」で，代替戦略案または行動案である。W（What, When, Who, Will）は，「何」を「いつ」「だれが」するか，そしてそれを実行する「意思」である。以下この点について少しく説明しよう。

(1) 目標

　コーチングを受けるのは，クライアントが達成したい目標や目的あるいは何らかの要求や欲求があるからである。目標は，一般にはその人が実現しようと

する将来の望ましい状態のことである[10]。この目標はクライアントの欲求や要求水準，価値観や人生観，あるいは理念や哲学によって異なる。この目標には最終目標，達成目標，プロセスないし作業目標がある[11]。最終目標は，クライアントが究極的に求める目標であり，最終到達点である。これには自分でコントロールできないことが多い。達成目標は，クライアントがコントロールできるもので，責任を持てるものであり，具体性があり，目標達成の進捗状況を測定できるものである。プロセスないし作業目標は，仕事や作業遂行の具体的課業である。

(2) 現実

目標を定めると，次に現在の状況を明らかにする必要がある。一般には現状が何か，問題は何かを明らかにしないで，目標は立てられないと考えられている。そのため目標設定の前に現実を明らかにする必要がある。しかし，GROWモデルでは目標を先に考える。

現実は人が置かれている状態のことであり，人が抱えている課題や悩み，苦悩，不満などである。現状が理想や実現したい目標と大きく異なり，乖離していることがコーチングを受ける理由である。そこで，コーチはクライアントの現実が何かを明らかにする必要がある。

(3) 選択肢

選択肢は，目標達成の手段や方法についての行動案を形成することである。選択肢の目的は正しい答えを見つけることではなく，できるだけ多くの行動案をリストアップすることである。そして，コーチは選択の幅を広げるようにし，「そんなことはできるはずがない」といった否定的な思い込みを避ける必要がある。

(4) 意思

意思は，何かをする意志のことである。コーチングは，クライアントが自己の望ましい目標へ変わろうとする強い意欲がなければ行われない。目標を実現するためには，意欲がなければならない。人が行動するかどうかはその人の意

欲に依存する。いくら目標達成が望ましいと思っても，それを実現しようとする意欲がなければそれは達成できない。人々を行動へ駆り立てる力がモチベーションであり，その意志の強さが行動を引き起こすからである。

以上がGROWモデルの概要であるが，これはコーチングに必要な基本的な要素を示している。このモデルは，コーチングはクライアントの達成しようとする望ましい目標は何か，また現状は何かを明らかにし，目標に到達するために選択肢を挙げ，それを実現する意志を引き出す方法を示しているのである。

2　コーアクティブ・コーチング・モデル

L. ヴィットワース達（Whitworth, et al., 2007）は，コーアクティブ・コーチング・モデルを提示している。このモデルは，GROWモデルがコーチの視点でコーチングを捉えているのに対して，クライアントの視点で捉えている。彼らによると，コーアクティブ（co-active）とは，協働的という意味をもつ造語である。それは，コーチとクライアントの双方が積極的に関与して，協力し合いながら関係を築いていくコーチングの関係の根本的特徴を表している[12]。

コーアクティブ・コーチングには，次のような四つの土台がある[13]。①クライアントはもともと完全な存在であり，自ら答えを見つける力を持っている，②クライアントの全人生をあつかう，③主題はクライアントから，④クライアントと共にその瞬間，瞬間を創り出す。

このような土台に基づいてコーチングを行う際の三つの指針がある[14]。①フルフィルメント，②バランス，③プロセスである。①のフルフィルメント（fulfillment）とは，クライアントの充実感のことである。それは，自らの人生に意義を見出し，その意義を日々実感しながら生きているときに感じるもので，その人を生き生きとさせるもの，あるいはその人にパワーやエネルギーを与えてくれるものである。

②は，バランスのとれた人生ということであり，人生の質を高める上で欠かせないものである。バランス・コーチングは，滞（とどこお）っていたクライアントの人生の流れを元に戻し，クライアント自身が人生の主導権を取り戻すために，目の前の課題について必要な行動を起こせるようにすることを目的としている。

③は，人生を山あり谷ありの一つのプロセスとして捉え，人生のそれぞれの

地点あるいは「今この瞬間」でのクライアントの内側で起こっている真実に焦点をあてることである。これによって，クライアントは自らの人生に起こる出来事に意味を見出し，人生をより深く味わいながら生きることが可能になる。

コーチとクライアントが意図的な協働関係を築くためには，コーチに次のような五つの資質が求められる[15]。①傾聴，②直感，③好奇心，④行動と学習，⑤自己管理である。①の傾聴（listening）は，コーチは単にクライアントの言葉を注意深く聞くだけではなく，もっと深いレベルで聴き，話の背後にある意味や底にある流れ，あるいは全体を覆うテーマなどに耳を澄ませて聴くことである。②の直観（intuition）は，目に見えるものや耳に聞こえるものを超えた情報や知恵を察知することである。③の好奇心（curiosity）は，何の先入観や固定観念も持たずに，遊び心をもってのびやかに新たな世界を探求していく姿勢である。④の行動と学習（forward and deepen）は，行動を進め，学習を深めるということである。この行動と学習を繰り返すことでクライアントの人生に効果的かつ持続的な変化を引き起こすことができる。⑤の自己管理（self-management）は，コーチが自分の中で起きていることにとらわれず，クライアントの中で何が起きているかということに意識を向けることである。

以上がコーアクティブ・コーチングの概略であるが，これはコーチとクライアントが協働して，クライアントの希望している生き方や充実した人生を実現する方法を示している。

3　NLPコーチング・モデル

NLP（Neuro-Linguistic Programming，神経言語プログラミング）は，J. グリンダー（Grinder）とR. バンドラー（Bandler）が創設したと言われる[16]。NLPのN（Neuro）は神経の意味で，人間の行動はすべて基本的に視覚，聴覚，嗅覚，味覚，および触覚という神経学的過程から発しているということである。L（Linguistic）は言語の意味で，われわれは思考や行動を順序立て，また他人と通じ合うために言語を使うということである。P（Programming）は，望ましい結果を得るためにわれわれは自由に思考や行動を組み立てることを意味している。

ディルツ（2003）は，このNLPの考え方に基づいて，広義のコーチングの手

法を示している[17]。彼によると，NLPは卓越した人々の行動をモデリングし，段階別にまとめたスキルであり，このスキルこそ，コーチングに欠かせない最も重要なリソースである。それは人々の長所を引き出し，彼らが障害や限界を克服して最高の状態に到達し，チームの一員として有効に機能するように導くことである。

　ディルツによると，いかなるシステムに属する人間の人生も，そのシステム自体も，①環境，②行動，③能力，④信念・価値観，⑤自己確認，⑥スピリチュアル，という六つのレベルで表現し理解できる[18]。そして，彼は，人間の学習と変化のレベルには階層があり，上位レベルは下位レベルに必ず影響を与え変化を起こすが，これらの階層レベルに応じてサポートの役割も異なる，としている。

　①の環境は，個人や組織が対処すべき外的な機会（状況），または制約を決めるものである。ここでは望ましい状態に到達する最善の道を示すガイド役と，安全で協力的な環境を整える世話役の二つの役割が求められる。前者は個人や集団を現状から望ましい状態へと導くプロセスである。後者は世話役として安全で協力的な環境を整えていくプロセスである。

　②は，成功到達に向けてとるべき行動ステップである。ここでは行動レベルに焦点を絞り，個人のパフォーマンス達成や改善の手助けをするコーチの役割である。これはスポーツのコーチングから出てきており，注意深い観察とフィードバックでクライアントの才能を引き出し，能力開発をする。

　③は，成功に導くためのメンタル・マップ，計画，戦略に関わるものである。このレベルでの役割は，人々の能力や技能の開発を支援する教師の役割である。そこでは，クライアントの思考・行動面における新たな戦略開発を手助けし新たな学習を支援する。

　④は，ある能力や行動を促したり，制約したりするもので，人のモチベーションに関係している。このレベルの役割は，相手を信じ，その肯定的な意図を認めることを通じて，自らの埋もれた能力を発見し，心の中の抵抗や妨害を克服するメンターの役割である。

　⑤は，自分の役割や使命に対する意識に関わるものである。ここでの役割は相手の自己認識を認め，承認するスポンサーの役割である。スポンサーシップ

(sponsorship) は，クライアントの潜在能力を探求し，保護し，そのアイデンティティと価値観の開発に焦点をあてることである。

⑥は，人は何のために，誰のために行動するか，という意識と関係している。このレベルでは，人は個人としての意識を超え，より大きなシステムにおける特殊な役割や価値，信念，思考，行動，感情などを考えるようになる。ここでの役割は，相手の愛，自己，スピリットに関する理解を最大限に高めるような状況や体験を提供する覚醒者の役割である。覚醒者は，他の人々が自分自身のビジョンとミッションにつながる手助けをする人である。

このようにそれぞれのレベルには求められる役割があるが，あるレベルの問題は，その問題の属するレベルより上位のレベルの解決方法を使うことで解決できる。コーチは六つの役割のそれぞれの場所を決め，それぞれの役割を効果的に果たすために必要なリソースを特定する必要がある。そして，それぞれの一段高いレベルから問題を捉え解決するように支援するのである。

4　メタ・コーチング・モデル

L. M. ホールとM. デュヴァル (Hall and Duval, 2004) は，コーチングはクライアントの「心−身体−情動」システムが最高の働きをするように手助けする全体論的な手法である，と定義している。そして，コーチングは，①コミュニケーションである，②自己再帰的意識と連動する，③変化を促進する，④さまざまな要素が密接に関連してシステミックに機能する，⑤自己実現を促す，ものである[19]。

彼らは，一般のコーチングよりも一段高いレベルのメタ・コーチングを提唱している。それは次のような特徴を持っている。メタ・コーチングは，①クライアントをより高次の状態に導きフレームに気づかせる，②クライアントを意味，意味の構造，意味構築プロセスといったメタ・レベルに導く，③発達と変容を伴う自己実現プロセスを促す，④「心−身体−情動」システム全体に働きかける，ことである[20]。

そして，彼らは，コーチングによるクライアントの変化プロセスを明らかにする変化軸モデル (the axes of change model) を示している。それは，コーチングの目標である自己実現を支援するモデルである。彼らによると，人の変化

を起こすには四つのメカニズムがある。これを彼らは，①モチベーション，②決断，③創造，④定着・改善，の四つの軸で表している。そしてこれらの変化軸に対応してコーチが果たす役割がある[21]。

①モチベーション軸は，変化の必要性を感じ，変化を起こしたいという願望・動機が十分にあるかどうかを示し，変化が苦痛や嫌悪を与えるか，あるいは快楽や喜びを与えるかを示す軸である。これは，変化を起こすには望ましい状態を実現しようとする意志がなければならないからである。ここでのコーチの役割は，啓発者と挑戦者である。啓発者はクライアントの素晴らしさに畏敬の念を抱きながら，彼らを刺激し，彼らの新たな可能性を啓発する役割である。挑戦者はクライアントを現状に向けさせ，そこにある苦しみと痛みを強調し，その状態を続けるとどうなるかを示す役割である。

②の決断軸は，何を変えるべきか，なぜこれまでの古いやり方が機能しなくなったのかについて，十分な理解と知識があるかどうかを示す。この軸は，変化が起こることの利益・不利益を比較検討することで，決断を下すためのエネルギーを生み出す。ここでのコーチの役割は，探究者と誘発者である。探究者はクライアントが変化を起こそうと決断するための利点を示す役割を果たす。誘発者は新たな変革を引き起こすように刺激する役割である。これは，クライアントに対して，現状では問題があり，新らたな可能性が望ましいと思わせ，決断を受け入れる気持ちを促すことである。

③の創造軸は，変化を実現するための具体的な行動計画を持っているかどうかを示す。人は，最初自らの内面の意味のフレームを基準にし，知識を活用して計画を生み出す。そして，その後は，自分が住んでいる外界を基準に，その行動計画がどのように実行されるかを検討する。ここでは共同創造者と実現者の役割が求められる。前者はクライアントと共に新たな計画を立案し，新たなゲームのために彼らの創造プロセスを活性化する役割を果たす。実現者は，クライアントに実験，試行錯誤，学習を促し，彼らが新しい世界へ飛び立つのをサポートする。

④の定着・改善軸は，変化を定着させ，持続的な学習や改善を設定することを示す。この段階を通じて，人は変化を定着させる方法を模索し，結果的にその変化がその人の行動の一部になり，その人のライフスタイルに適応するよう

になる。ここでのコーチの役割は強化者と検査者である。強化者の役割はクライアントの行動に対する励ましや報酬を与えることである。検査者の役割は新しい行動や成果を検査することである。

　以上のように、変化軸モデルは、コーチがクライアントの才能、知識、スキルを新たな卓越性へと導く生成的変化を促すモデルであり、その人を最高のレベルへと成長させて新たに変容させるものである。それは、コーチがいかにそれぞれの状況を見極めながらチェンジ・エージェントとして最適な役割を果たすかを示している。しかし、このモデルは、一段高いレベルの知識やスキルの習得という変化の過程を示しているが、どのように意識を発達させ、より高い変化のレベルに到達するかについては明らかにしていないのである。

5　統合コーチング・モデル

　統合コーチングは、第2章で述べたヴィルバーのAQALモデルから出ている。J. オコナーとA. ラゲス（O'Connor and Lages, 2007）は、ヴィルバーの考え方に従って、コーチングの統合モデルを示している[22]。このモデルでは、コーチは広い視野でクライアントの問題と目標を捉え、それらを彼や彼女の生活に適合させることを考える。そして、AQALモデルの四象限に基づいて考えている。

　このモデルの左上象限は、コーチとクライアントの目標、心の習慣、価値観である。右上象限は、コーチとクライアントの行動である。左下象限は、コーチとクライアントが体験する両者の関係である。右下象限はセッション、ビジネスの枠組み、ロジステックス、経済体制を支える外的システムである。コーチングを成功させるためには、これら四つの視点を考慮する必要がある。そして、クライアントの状態、ライン、段階、タイプないし性別を考え、各象限のバランスをとってコーチングを行うことになる。

　オコナーとラゲスによると、すべてのコーチング・モデルには基本的な三つのコーチング・プロセスがある[23]。一つ目のプロセスは、クライアントを支援し、その関心を方向づけることである。二つ目は、クライアントの問題について、本人の思考を超えるような意味づけをし、意見を与えることである。三つ目は、クライアントが行動を起こすように手助けをすることである。

しかし，コーチングでは，コーチとクライアントの関係を考慮することが重要である。それは次の点を考えることである[24]。①コーチの主観的世界，②クライアントの主観的世界，③コーチとクライアントの関係，④コーチの行動と言葉，⑤クライアントの行動と言葉，⑥コーチングを提供するための外的手段とシステム，がそれである。以上は，基本的には四象限にかかわっている。すなわち，①と②が左上象限，③が左下象限，④と⑤が右上象限，⑥が右下象限である。コーチングの関係ではコーチとクライアントのそれぞれについて四象限から捉えることが重要になる。以下では，このモデルでのコーチ，コーチング関係，クライアントで重要な点について説明しよう。

(1) コーチ

コーチの役割は，第一に質問することである。質問はクライアントをサポートし，クライアントの関心を方向づけ，状況に対するコーチの仮説を検証する。また質問はクライアントに新しい視点を与え，可能性を切り開くものである。その際，コーチはクライアントを尊敬し，クライアントに献身的になり，好奇心と不知の態度で質問することが重要である。

(2) コーチング関係

統合モデルのコーチング関係には，外面的側面（右象限）と内面的側面（左象限）がある。前者はコーチングが行われる場所や時間，雰囲気などの外的システムである。これの良し悪しはコーチングの効果を規定することになる。内面的側面は，ラポール，傾聴，献身がある。この外面と内面を整えることで良好なコーチングの関係を形成できるようになる。

(3) クライアント

コーチングはクライアントの変化と目標達成を支援するために行われるが，それは，一般にクライアントが何らかの問題や課題を持っているからである。クライアントは変わりたいという願望を持ち，人生でより良い結果を得ることを求めている。その際，クライアントは目標，価値観，これまでの思考や行動といった習慣を持ってくる。目標はクライアントの価値観によって規定される

が，この目標を明確にすることがコーチの重要な仕事である。習慣は無意識に繰り返される行動や思考法である。習慣の中で問題のある習慣をいかに変えるかということがコーチングの課題である。

このように統合モデルではコーチは，クライアントがより幸福で充足した人間になることを期待して，クライアントの最大の可能性を引き出すようにレベル，ライン，状態において，連携して問題に取り組むのである。

以上，代表的なコーチング・モデルを示してきた。GROWモデルやコーアクティブ・モデルはクライアントの目標を達成する手法を示している。これに対して，NLPモデルはクライアントの課題や成長段階に対応して，いかに彼や彼女を変えてその課題解決や目標達成を支援するかを示している。またメタ・コーチング・モデルはクライアントの最高レベルの成長を支援し，一段高い変容を可能にする手法を示している。そして統合モデルはクライアントの発達レベル，ライン，状態などを全象限で捉え，それぞれの発達レベルに対応したコーチングの手法を示している。それではこれらのモデルに共通する特徴は何であろうか。次に，この点について検討しよう。

III　コーチングの特徴

以上のようにコーチング・モデルは多様であるが，それらはコーチングにおける独自の視点があり，クライアントの個性，あるいは心理的，感情的，精神的状態によってその手法が異なり，またコーチングの求める効果も異なっている。しかし，少なくとも次のような共通の特徴を持っている。(1)コミュニケーション，(2)信頼，(3)クライアントの目標，(4)クライアントの変化，(5)支援，である。

(1)は，コーチングはコミュニケーション（communication）技法ということである[25]。コミュニケーションは，第5章で述べたように，送り手が同時に受け手であり，受け手も同時に送り手であるような相互主体的な多面的連続的相互作用の過程であり，メッセージを媒介として動態的連続的に進行する意味形成の過程である。

このコミュニケーションにはいろいろなレベルがある。このレベルについて

は第5章で述べたので,ここでは別の視点から述べる。D. K. バーロ (Berlo, 1960) は,それを①限定的・物理的相互依存,②作用・反作用的相互依存,③期待の相互依存,④相互作用,に分類している[26]。①は,送り手と受け手は対の概念であり,その限定と存在のために,一方が他方を必要とする。このレベルではただ送り手と受け手の二人がいることで互いに依存しているだけである。②では,最初のメッセージがそれに対する反応に影響し,その反応が次の反応に影響する。反応はフィードバックとして送り手に利用され,送り手の反応に影響する。③のレベルでは,人々はそれぞれ相互に自他の内部状態,ひいては行動の予測を行いコミュニケートする。このレベルでは感情移入によってコミュニケーションを行うことになる。④のレベルでは,人々は相互役割取得,相互感情移入によるコミュニケーションを行う。この相互作用の目標は,自己と他の合併,つまり自己と他の共通な要求にもとづいて予期,予測,あるいは行動する完全な能力をもつことである。

このようにコミュニケーションにはいろいろなレベルがあるが,コーチングで重要なことは,クライアントと良好なコミュニケーションを図り,その課題や潜在能力が何かを明らかにし,クライアントの目標達成を支え,能力を最大限に発揮できるように支援することである。そのためにはバーロの③以上のレベルでのダイアログを行うことが求められる。コーチとクライアントの間でダイアログ・コミュニケーションを行って,クライアントを支援することがコーチングにとっては重要である。

(2)の信頼は,コミュニケーションが成立するための基本的な前提である。信頼がコミュニケーション活動の前提であり,コーチとクライアントがダイアログを行うためには,彼らの間で信頼関係を形成しなければならない。信頼関係がなければどのようなメッセージも人々の間で受け入れられないからである。

人々はコミュニケーションのあり方によって信頼関係を形成したり,不信の関係になったりする。信頼関係の形成のためには,人間の尊厳や他者の人権を尊重し,対等,感情移入,温かい誠実なコミュニケーションを行わなければならない。信頼関係は,相互尊敬,共感,相互受容といった支持的コミュニケーションを行うことで形成されるのである[27]。

(3)目標は,クライアントが達成しようとしている望ましい状態,あるいは望

ましい欲求水準である。GROWモデルで示したように，コーチングの基本的な点は，クライアントの目標を明確にすることである。クライアントは，自分の人生に何らかの問題，挫折，障害，曖昧さ，不均衡があり，それを解決したいと願っている。現状と自己の理想との間にギャップがあり，そのギャップを埋めたいという欲求を持っている。目標はコーチングの重要な要素であり，目標を明確にすることがコーチの仕事である。

　(4)変化は，クライアントの意識の変化，あるいは行動の変化であり，最終的には目標達成の結果として起こる変化である。すなわち，変化はコーチングの結果として起こるコーチングの開始状態と終了状態の差である。変化は基本的に変化を望む主体が現在の問題を認識し，望ましい状態を実現しようとする意志がない限り起こらない。

　この変化にはクライアントの意識の変化と，実際の行動内容の変化がある。意識を変えるためには，人のメンタル・モデルを変える必要がある。これは人々の無意識の中にある暗黙の仮説であり，自分自身ではなかなか気づかないものである。人が変化するということは，基本的にはこのメンタル・モデルを変えることを意味している。この意識の変化とは別に，行動内容の変化がある。これには学習と発達の二つの変化がある。オコナーとラゲスによると，学習は水平的変化で，自分が持っているものが増え，すでにできることがさらにうまくできるようになり，より優れた能力を形成することで，ある時間内での変化である。成長ないし発達は垂直的変化で，より多くのことを学び，異なるやり方で学ぶことであり，世界に対する全く新しい見方を意味し，時間を越えた変化である。人の成長発達は一段高い変化であり，それは人生観や世界観あるいは価値観の変化を意味している[28]。しかし，一般に，人が自己の価値観や世界観を変えることは困難である。そこで，これらを変えるためには支援が必要である。

　(5)の支援については，前章でも若干述べたが，第10章で詳しく述べるように，真の支援は個々人の主体性，自発性，独自性に基づいて，互いに最も必要としているところを助け合い，足りない点を補い合い，相互に成長発展する過程である。支援は被支援者のニーズに対する要請を支援者がコミュニケーションによって認知し，支援しようという意欲を持った人（支援者）がそのニーズを満

たす活動（支援行為）によって成立する。

　コーチングにおける支援は，意識や行動変化を起こすのに必要な様々な資源を提供し，目標達成を促進することである。変化には様々な阻害要因がある。そのためそれらの要因を除去し，変容を促進する支援が求められる。そこで，必要な支援は，第一にコーチング・モデルで示されているように，現状の把握，その原因の特定，問題の解決（目標到達）のためのプログラムの策定，その実現方法に対する支援である。人が望ましい状態（目標）へ変容するためには，強い意志がなければならない。またスムーズに変容を達成するためには，それを実現するための知識や技術などが必要である。そこで，変化への制約を克服し変化を促す支援が求められる。支援があることでクライアントは，変化することが困難であっても，目標達成のために行動するのである。

　以上，コーチングの特徴を示してきたが，それは，コーチとクライアントの間で信頼のコミュニケーションを行ってクライアントの潜在能力を最大限に開発し，彼（女）らの目標達成を支援し，彼（女）らの意識や行動の変化を支援する過程なのである。

Ⅳ　コーチングとしてのリーダーシップ

　それでは，コーチングはリーダーシップとどのように関係するのであろうか。リーダーの役割については第3章で述べたが，それには大別すると三つの役割がある。第一はリーダーと部下の対面的状況下における役割である。そこでのリーダーの役割はコーチングの手法を使うことで，高い効果を発揮する。この点を明確にするために，J. C.ヴォフォードとT. N.シュリニワサン（Wofford and Srinivasan, 1983）のいうリーダーの役割について検討しよう。彼らは，リーダーの役割を明らかにするリーダーシップ・モデルを示しているからである[29]。ヴォフォードとシュリニワサンによると，部下の業績は次の式で表せる。

　　　業績＝動機づけ×能力×役割知覚×環境の制約

　部下の業績が以上のような要因で規定されるならば，部下の業績を高めるためには右辺の要因を改善することである。そこで，リーダーの役割は，(1)部下

の能力，動機づけ，役割知覚，環境の要求について部下の業績変数の中の問題点を分析し，(2)部下の業績の有効性を妨げている問題点を改善するように行動する，ということになる[30]。

　仕事を遂行する能力は，仕事に必要な知能，適性，アチーブメント（achievement）によって決定される。そこでリーダーは現在の部下の訓練や配置転換を行い，あるいは仕事に適する部下の選択や配置転換を行うことで部下の能力の要求を満たすことができる。特に，仕事の遂行に必要な知識や技術あるいは熟練を高めるように指導することが重要である。

　仕事を遂行する動機づけの力は，仕事をするために費やされた努力の量である。この力の大きさは，課業目標の水準，その明細性，そのコミットメント（commitment），潜在的エネルギー，知覚された努力の要請，によって決まる。リーダーはこれらに働きかけることで部下の業績を高めることができる。

　役割知覚については，部下がどれだけ自分の役割を正確に認識しているかによって部下の仕事の仕方が異なる。役割というのは，一般には，個人が占めている位置に対する他の組織成員の期待のことである。しかし，人は必ずしもその期待された行動をするとは限らない。これは役割遂行者の知覚上の問題，あるいは能力の問題などによって異なって行動するからである。そこで，役割には，期待された行動のほかに，知覚された役割，演じられた役割がある[31]。ここに役割葛藤が生じる可能性がある。そこで，有効なリーダーは，部下の役割を明確にし，役割葛藤を減少させ，その役割の有効性を高めることができる。

　部下の業績は，彼らを取り巻く職場環境，例えば，組織文化，組織構造，報酬体系，社会的支持，あるいは同僚の支え，等によっても影響される。リーダーは環境の制約を取り除くことができれば部下の業績を高めることができる。

　リーダーの役割は，部下の能力を開発し，部下を動機づけ，部下の役割を明確にし，職場環境を分析し，その状況を正確に把握して，改善するか，あるいはそれができなければその不足部分を補うということになる。

　以上のようにヴォフォードとシュリニワサンのモデルにおける能力，動機づけ，役割知覚，さらに第3章で述べたリーダーと部下の関係での目標の提示，技術的指導，動機づけの役割は，コーチングの対象となるものである。コーチングは，クライアント（部下）の能力開発，彼らや彼女らの目標達成，その目

標達成の知識や技能の習得，および動機づけを支援する過程である。したがって，リーダーがコーチングの技法を習得し，コーチングによって部下を支援すれば，部下の業績を高め，組織業績を高めることができるのである。

　第二に，組織要因や集団要因の形成過程に関する役割では，例えば，組織構造や組織文化の形成においてリーダーがコーチング手法を使用すれば有効に形成することができる。コーチングはクライアントの変化ないし変容の支援過程であり，メンタル・モデルないし意識のフレームの変化を支援する過程だからである。リーダーは環境の変化に対応して組織構造，規則体系，報酬体系，組織文化などを変革する。その変革過程においてリーダーは，先ず組織成員の知識，態度，行動を変える必要がある。これは前述のコーチング・モデルでの意識のフレームやメンタル・モデルの変容過程と密接に関連している。コーチングの手法を使用することで，リーダーは，組織成員の意識のフレームを変えて，組織構造や組織文化などを効果的に形成できるのである。

　第三に，価値創造や意味創造の役割では，リーダーの理想や志の高さ，さらにそれを実現しようとする意志の強さないしモチベーションの高さなどが重要である。特に，従来の価値を変革し，新しい価値や意味を創造するためには，リーダーの崇高な理想や価値観が高くなければならない。それは，社会全体あるいは人類全体にとって良い価値ないし普遍的価値である。そのような理想の高さや志の高さは，後述するようにリーダーの人間性や道徳性の発達レベルの高さに関連している。リーダーが新たに価値や意味を創造するためには，リーダー自らがより高い理想や価値観を持たなければならない。そして，そのためにはリーダー自身がより高いレベルへ成長発達することである。

　それでは，リーダーは自分自身が成長し，また組織成員を成長させるためにどのような役割を果たす必要があるのであろうか。それはコーチングとどのように関連するのであろうか。この役割は，コーチングとしてのリーダーの役割であり，(1)次世代のリーダーの育成と(2)リーダー自身のより高い成長，発達を図るという役割である。これらの役割は，従来のリーダーシップ研究では次章で述べるリーダーシップ開発として行われているが，しかし彼らや彼女らの発達との関連では十分に分析されていないのである。

　もし有効なリーダーシップを発揮することで組織の有効性や能率を高め，組

織を存続発展させることができるならば、トップ・リーダーは、(1)次世代のリーダー育成と、(2)自身の絶えざる成長発達を図る役割を担う必要がある。そして、コーチングがクライアントの目標の実現あるいはその潜在能力の開発の支援であるならば、次世代のリーダーの育成とトップ自身の成長発達を促進するためにはコーチングの手法を活用することが有効である。コーチの役割は、人（組織成員）の潜在能力を開発し、その目標達成を支援し、自己実現ないし成長を助けることにあるからである。

それでは、リーダーはコーチングの考え方に基づいて(1)と(2)をどのように行うのであろうか。以下ではAQALモデルの観点から検討しよう。AQALモデルに基づくと、リーダーは、象限、レベル、ライン、状態、タイプを考慮して部下を育成する必要がある。しかし、以下では紙幅の制約上、発達レベルを中心に検討する。

発達レベルの点からすると、先ず、リーダーは、部下の育成でも、また自身の成長でもそれぞれの発達レベルがどのレベルないし段階にあるかを知る必要がある。人の成長は、それぞれに段階があり、発達の前段階から後段階へとホロン階層的に一段ずつ進んでしか発達しない。そして、人はその自己の発達段階内でしか思考できず、行動することもできない。また、リーダーも自己の発達レベルでしか部下を支援できないし、指導もできない。そこで、リーダーがリーダーシップを発揮するためには、先ず自己の発達段階と部下の発達段階を正確に把握し、部下の発達段階に適した教育指導を行うことである。

次に、リーダーは、左下象限での発達レベルがどの位置にあるか、すなわち、集団ないし組織の発達レベルあるいは世界観、価値観がどのレベルにあるか、を把握する必要がある。リーダー自身がどのように高いレベルに発達していても、集団ないし組織成員の平均レベルがそれに対応するレベルでなければ、リーダーの世界観ないし価値観を注入し組織文化を形成することはできない。集団ないし組織の発達レベルは間主観的に形成されるからである。個々の成員の発達レベルを高めることによってしか集団ないし組織の発達レベルは高められないのである。

第三に、リーダーは右下象限の外的システム、すなわち職場環境がどのようなものかを知る必要がある。この外的システムは、組織構造、報酬体系、規則

体系，組織の物理的環境などである。これらの外的システムが成員の成長発達を支援するシステムであるか，あるいは左下象限に対応したシステムであるかどうかが組織の世界観の形成に影響を及ぼす。リーダーは，より高い価値観を共有する組織文化を形成するためには，それに対応した外的システムを構築する必要がある。

　第四に，リーダーは個々の成員の職務行動や行動パターンがどのようなものかを把握する必要がある。それらが成員のメンタル・モデルの結果として起こっているのか，あるいは単にそれぞれの役割の遂行としての行動かを知る必要がある。成員のメンタル・モデルに基づく行動パターンと組織の目的や理念が一致しているならば，成員は組織にコミットして高い業績を達成するのである。

　第4章で論議したように，経営者の意識の発達レベルとしては，自己中心的，自組織中心的，社会中心的，世界中心的，地球中心的，宇宙中心的レベルがある。意識が発達するということは，世界観や視点が拡大することであり，より包括的な段階に成長して，前の段階の思考方法，パターン，あるいは能力を包含し，より高度の思考方法，パターン，あるいは能力を加えることである。高次レベルの人は低次レベルの人より高いレベルのコンテクストの視点，より広いシステムの視点，より長期的観点から思考し行動することができるようになる。そこで，リーダーはできるだけより高い発達のレベルに向けて努力する必要がある。人は自己の発達レベルに応じた思考方法や行動パターンしかとれないからである。発達レベルの低い人は自分より高い人を管理することはできても，リーダーシップを発揮することはできない。それは自己中心レベルの人が世界中心レベルの人を指導できないことからも明らかである。発達レベルの高い人しか真のリーダーシップは発揮できないのである。地位に基づく影響力の行使と，人格や道徳性によって影響を及ぼす真のリーダーシップは異なるからである[32]。リーダーには部下よりも高いレベルの発達が求められるのである。

　それでは，どのようにすれば人はより高い発達を遂げることができるのであろうか。発達が一段高い変化を実現することであり，一段高い世界観，より包括的なメンタル・モデルに変化することであるならば，コーチングの考え方は参考になる。意識レベルを高くし，より高い発達をどのように実現するかは，

コーチング・モデルである程度示されている。例えば，ディルツのいうスピリチュアルないし覚醒者，ホールとデュヴァルのメタ・コーチング，ヴィルバーのインテグラル・ライフの実践[33]などは，より一段高い世界観への変容の仕方を示している。ここでは，ディルツ（2003）のアウェイクニング（覚醒）の手法の中の主要な考え方を紹介して高いレベルへ発達する方法を示そう[34]。

　アウェイクニング（awakening）は，クライアントにビジョン，目的，スピリットのレベルの面での成長，進化を促進することである。覚醒者はクライアントを支援し，その天命，潜在能力，「より大きいシステム」に関する意識の拡大を促すものである。これはクライアントが古い習慣を打ち破ることで達成される。ディルツによると，アウェイクニングを達成するためには，「知らない，わからない」状態に到達する能力が必要になる。またアップタイムの状態も必要である。これは，外部の世界にすべてのチャンネルを合わせて周囲の世界と完全につながる状態のことである。これによって，意識面の前提や干渉を超越し，明確なチャンネルを創出し，無意識の能力を引き出すことができる。また意識と無意識をつなぐアクティブ・ドリーミング，さらにベイトソンの学習レベルなどを活用することで，新たな成長を達成できる。

　第5章で述べたようにG. ベイトソン（Bateson）は学習レベルを五つに分類し，その特徴を明らかにしているが，この学習レベルにおいてはコンテクストが重要である。それは学習というものがコンテクストの違いないしその変化の識別あるいはコンテクストの対応にかかわるからである。ベイトソンによると，コンテクストの対応についての学習，あるいは低レベルから一段高いレベルへ飛躍することが，新たな学習を獲得すること，あるいは創造することである[35]。すなわち，それはより高い変化のレベルの実現である

　このように学習には変化のレベルがあり，より高い変化の実現は一層困難になる。そして変化のレベルの違いによってそれを実現する方法も異なる。そこで，人は自分に必要な学習レベルがどのレベルかを考え，現在の状態から望ましい状態へ移行できるようにしなければならない。ディルツによると，この学習レベルをコーチが的確に判断し，それぞれのレベルに適切に対処することがクライアントの目標実現の有効な手引きになる。これによってクライアントは現在の思考・行動パターンの箱から飛び出し，段階的な改善を重ね，革命的な

変化を起こせるようになる，としているのである．
　しかし，このようなコーチングの手法を活用するとしても，人が成長発達するためには，自分自身が絶えず高いレベルを求めて努力，精進しなければならない．発達するということがその人の価値観や世界観が，私的，個別的な考え方から普遍的，統合的な価値観や世界観へと深化拡大していくことであるならば，そのような価値を探求し，その実現のために努力し自己を鍛錬することである．それは，人生の意味や生きることの意味，あるいは働くことの意味，さらに自己の組織の存在意義を探求し，究極的な発達段階，すなわちスピリチュアルな段階に向けて絶えず努力することなのである．

V　結び

　以上，コーチング・モデルとそれらに共通するコーチングの特徴，およびコーチングとリーダーシップの関係を検討して，コーチングとしてのリーダーシップの特徴を明らかにしてきた．リーダーシップは，コーチングの手法を活用することで，その効果を高めることができる．コーチングがクライアントの潜在能力の開発とその目標達成の支援であるならば，(1)次世代のリーダーの育成と，(2)トップ自身の発達，を促進するためにはコーチングの手法を活用することが有効である．コーチの役割は，人（組織成員）の潜在能力を最大限に開発し，彼らや彼女らの自己実現ないし成長を支援することである．そこで，本章ではヴィルバーのAQALモデルの考え方に従って，リーダー自身が成長発達するための役割を明らかにしてきた．
　経営者ないしリーダーが成長発達するということは，自己中心的な思考や行動から他者，社会，世界，宇宙へと視点を拡大し，より広い，より高い，あるいは深い視点で思考し行動することである．それは，自己中心的レベルから自組織中心的，社会中心的，世界中心的，地球中心的，宇宙中心的レベルへと発達することであり，思考や行動の基礎になる価値観，あるいは世界を認識する上での重要な枠組みを与える世界観が，私的，個別的，地域限定的な考え方から普遍的，統合的な価値観や世界観へと深化拡大していくことである．それはまた，自己の世界観ないしメンタル・モデルを変えて，一段高い世界観，より

包括的なメンタル・モデルに変わることを意味している。しかし，人は，一般に自己のメンタル・モデルを変えることは困難である。そこで，本章では，リーダーがコーチング手法を活用することで，リーダー自身が高いレベルへ発達する方法を明らかにしてきた。

しかしながら，コーチングがリーダーシップの効果的な発揮のために有用な手法であるとしても，コーチングとリーダーシップは根本的に異なるものである。リーダーシップは環境の変化に対応して組織成員を目的達成の方向に統一的統合的に協働させたり，組織自体を絶えず変革したり創造する主体的な影響過程である。したがって，組織全体の理念や目的，組織の進むべき方向，あるいは組織成員間の統一的統合的協働の仕組み，組織自体の変革や組織創造などはコーチングの手法では対応できないのである。

本章では，仕事に必要なラインの中で，専ら意識のラインの発達について検討してきた。しかし，ラインには認知，感情，欲求，人間関係，運動感覚，倫理などがある。これらは人々の協働ないし組織活動にとって重要な領域である。これらの発達をどのように高めるか，あるいはそれらのラインをどのように開発するかは，リーダーシップの重要な課題である。そこで，この点については次章で検討しよう。

● 注
1 エグゼクティブ・コーチングについては，例えば，Fitzgerld and Berger（2002），邦訳，Goldsmith, et al.（2012），邦訳，Yukl（2010），pp443-444を参照。
2 コーチング・リーダーシップについては，伊藤・鈴木幸・金井（2010），鎌田史・渕上（2007），Goleman（2000）を参照。
3 O'Connor and Lages（2007），邦訳，16-17頁。
4 Flaherty（1999），邦訳，45頁。
5 Thorpe and Clifford（2003），邦訳，16頁。
6 Dilts（2003），18頁。
7 Whitmore（2002），邦訳，19頁を参照。
8 Gallwey（1997），邦訳。
9 Whitmore（2002）を参照。

10 狩俣（1989），46頁。
11 Whitmore（2002），邦訳，102頁。
12 Whitworth, et al.（2007），邦訳，24頁。
13 Whitworth, et al.（2007），邦訳，24-28頁。
14 Whitworth, et al.（2007），邦訳，28-31頁，161-211頁。
15 Whitworth, et al.（2007），邦訳，33-36頁，55-159頁。
16 NLPについては，Bandler（1985），Hall and Bodenhamer（2005）を参照。
17 Dilts（2003）を参照。
18 Dilts（2003），邦訳，23-36頁。
19 Hall and Duval（2004），pp.26-27, 邦訳，47-49頁。
20 Hall and Duval（2004），pp.46-48, 邦訳，70-74頁。
21 Hall and Duval（2004），pp.203-252, 邦訳，293-365頁。
22 O'Connor and Lages（2007），邦訳を参照。
23 O'Connor and Lages（2007），邦訳，204-205頁。
24 O'Connor and Lages（2007），邦訳，207-240頁。
25 メタ・コーチングモデルで，コーチングはコミュニケーションであると述べており，また他のモデルでもコーチとクライアントの間の会話やコミュニケーションがコーチングでは何よりも重視されている。
26 Berlo（1960），pp.106-131, 邦訳，134-167頁。
27 Gibb（1960）は，コミュニケーションの受け手が次のような支持的コミュニケーションを知覚すると信頼を形成することを明らかにした。①記述（非判断的であること），②問題志向（互いの問題を明確にし，その問題を解決する際に協力の要請を伝えること），③自然（偽りがなく，自然のまま純真であること，素直で正直であること），③感情移入，④平等，暫定（一時的態度をとる），がそれである（pp.141-148）。
28 O'Connor and Lages（2007），邦訳，266-267頁。
29 Worfford and Srinivasan（1983），pp.35-54.
30 Worfford and Srinivasan（1983），p.36.
31 この点については，狩俣（1989），147頁。
32 この点については，Covey（2004），狩俣（1989）を参照。
33 インテグラル・ライフ・プラクティス（IPL＝integral life practice）は，人の成長と発達を支援し，人が自らの能力を最大限に実現することを可能にするものであり，人の成長と覚醒を実現するために重要となる基礎的領域に作用する複合的で網羅的な実践法である。Wilber, et al.（2008），邦訳を参照。
34 Dilts（2003），邦訳，362-428頁を参照。

35 Bateson (1972), pp.279-308, 邦訳, 399-442頁を参照。

第7章 リーダー育成

I 序

　リーダーシップの研究では，有効なリーダーシップを発揮するリーダーを育成するリーダーシップ開発（leadership development）が重要な課題になっている。このリーダーシップ開発では，リーダーは生まれつきのもので育成はできないという考え方と，学習し経験することで開発できるという考え方がある[1]。前者は，リーダーシップ能力は天賦のものであるので，そのような資質を持っている人を探してリーダーに選抜することを求める適者生存的な考え方である。後者は，リーダーは育成可能で，リーダーに必要なスキルは経験の積み重ねで開発できると考え，成長を促す経験を与えて育成することになる。このようにリーダーシップ開発では，基本的な考え方の違いはあるものの，適者モデルにしろ，経験による開発モデルにしろ，リーダーシップを効果的に発揮するスキルを解明しようとする点では同じである。そして，どのようにスキルや能力を開発するか，どのようにリーダーを育成するか，という共通の課題があるのである。

　リーダーシップ開発は，リーダー自身の成長発達に関わっており，リーダーの役割遂行に必要なスキルや能力を高めることにある。これらのスキルや能力を効果的に開発するためには，組織目標や経営戦略，その達成に必要なスキル，現在の組織の状態，リーダーの意識レベル，組織の開発プログラムの状況などを含めて統合的視点に立って行われる必要がある。しかし，従来のリーダーシップ開発は，リーダー育成の全過程を統合する枠組みのもとで行われていな

い。例えば，リーダーシップ開発の研究は，修羅場の経験を積むことがリーダー育成では有効であることを示しているが[2]，それがリーダーの意識の発達や人生観の変化にどのように関係するのか，修羅場を経験した後の意識の発達がどのようにスキルの向上に関連しているか，スキル向上と組織学習風土がどのように関係しているかを十分に分析していないのである。リーダーシップ・スキルを伸ばすためにいくら精緻化した開発プログラムを実施しても，スキルはその人の意識レベル以上には向上するものではない。効果的に開発するためには，リーダーの意識の発達レベル，リーダーの役割行動，経営戦略や修羅場経験のプログラム，組織学習風土などを考慮した統合的視点に立って行うことが重要である。

　そこで，本章は，先ず，リーダーシップ・スキルはリーダーシップ理論やマネジメント理論でどのように捉えられているかを検討し，またそのスキルを伸ばす開発プログラムの特徴について検討する。そして，ヴィルバーのAQALモデルに基づいて，効果的なリーダー育成の方法を明らかにする。

Ⅱ　リーダーシップ・スキル

1　リーダーのスキル

　リーダーシップの研究においてリーダーに求められるスキルや能力が何かについては，多面的に論議されている。有効なリーダーシップ・スキルや能力を解明しようとするリーダーシップ理論は，第3章で論議した特性理論である。この理論は，前述したように有効なリーダーは，一般の人々や部下とは異なる優れた資質，あるいは独自の特徴を持っている，と考える。そこで，この理論は，有効なリーダーに共通する特性を持っている人をリーダーにすることによって効果的なリーダーシップが発揮され，その結果，そのリーダーの率いる組織は成功すると考えるのである。それでは，リーダーシップに必要なスキルや能力とは何であろうか。以下では第3章で示した特性以外の特性やスキルについて示そう。

　D. アンコナ達（Ancona, et al., 2007）は，リーダーシップは次の能力からな

るとしている[3]。①意味形成（sensemaking），②人間関係の形成，③ビジョン構築，④創意工夫である。①の意味形成は，自分の業界や会社のために企業環境の変化とその成り行きを絶えず理解し，解釈することである。リーダーは，自分が置かれている状況の理解に絶えず努力しており，他の人たちに単純明快な言葉で説明する。

②は信頼関係を構築し，自己主張と傾聴のバランスを図り，支持的な親友のネットワークを形成することである。

③は魅力的な将来イメージを創造することであり，組織の人々が一緒に創造したいと思う望ましい将来の信頼できる魅力的なイメージを創造することである。ビジョン策定の役割は，自分が従事している仕事に意味があることを人々に感覚的に理解させることである。

④はビジョンを実現するために，取り組んでいる課題の新たな方法を創造したり，あるいは表面的に克服できない問題を解決することである。創意工夫を促す方法としては，これまでの方法がベストと考えない，新しい課題や改革が必要なときには，創造的な方法を行うように奨励する，いろいろな方法で仕事を行うことを試みる，自分の現在の環境を理解しようとするとき他の選択肢があるかを自問自答する，ことである。

アンコナ達は，リーダーにはこれら四つの能力のバランスが必要であるが，しかし四つの能力のすべてに優れた完全なリーダーはいないので，リーダーは自分の欠けている点を補う仲間を探し協力することが重要である，としている。

W. ベニス（Bennis, 2003）は，リーダーシップの基本的要素として，①指針となるビジョン，②情熱，③誠実さ，④信頼，⑤好奇心と勇気，を挙げている[4]。そして，リーダーシップを発揮するために必要なリーダーの能力を四つ挙げている。第一は，他者が共感できる意義を見出し，周囲を巻き込む能力である。第二は，自分を明確に表現できることである。第三は，誠実さで，誠実な人は自分の中に明確な倫理基準を持っている。第四は，適応力で，適応力のあるリーダーは，絶え間ない変化にも素早く，理性的に対処できる。

J. W. ガードナー（Gardner, 1990）は，リーダーシップを発揮するのに必要な資質として次の点を挙げている[5]。①肉体的活力とスタミナ，②知力と実行判断力，③責任を引き受ける意欲，④任務遂行能力，⑤部下に対する理解，⑥

人を扱う技術，⑦偉業を達成する必要性，⑧動機づけ能力，⑨勇気，決意，着実性，⑩信頼を獲得し保持する能力，⑪管理し，決定し，優先順位を設定する能力，⑫自信，⑬主導権，支配，自己主張，⑭戦術の適応性と柔軟性，がそれである。

　G. ユークル（Yukl, 2010）は，リーダーや管理者の特性とリーダーシップの有効性とに関する従来の研究を検討し，次のような特性が有効性と有意の結果にあるとしている[6]。①エネルギーレベルとストレス耐性，②自信，③内的な運命の所在，④感情的成熟性，⑤誠実性，⑥社会的権力動機，⑦適度に高い達成志向，⑧親和欲求，である。

　①の肉体的活力や感情的再起力は，ストレスのある対人的状況を容易に処理させる。②の自信は，自尊や自己効力感のような概念と関係しているが，自信のあるリーダーは困難な課題により多く取り組み，挑戦的な目的をより多く設定する。③の内的な運命の所在（internal locus of control）の高いリーダーは，問題に対する反応でより弾力的，適応的，革新的であり，失敗したときも，それを運が悪かったと片づけるよりも失敗からより多く学習する。④の感情的成熟性の高い人は，自己中心性が少なく，自己統制がより多く，認知的道徳的発達レベルが高い。そのようなリーダーは部下，同僚，上司とより多くの協力関係を維持する。⑤の誠実な人は，正直で，倫理的で，信頼できることを意味している。誠実性のない人はキャリアで失敗し，成功した管理者は誠実性があることをほとんどの研究は示している。⑥の社会的権力志向（socialized power orientation）のリーダーは，私的権力志向（personalized power orientation）の人より，他者の利益のためにより多く権力を使い，人を操るために権力を使うことには躊躇し，組織を構築し成功させるために使う。⑦の適度に高い達成動機は，低い達成動機や極度に高い達成動機の管理者よりもより有効である。これは，弱い達成志向の管理者は挑戦的な目的や適度にリスクのある機会を求めず，また強い達成志向の管理者は，組織の業績よりも自己の業績や昇進のために努力するからである。⑧の親和欲求の強い人は，管理の有効性と負の関係にあり，また親和欲求の弱い管理者も望ましくない結果になることをほとんどの研究は明らかにしている。

　以上，リーダーシップ研究において，有効なリーダーシップを発揮するのに

必要な資質やスキルを示してきたが，それらは基本的にはリーダーが自己の役割を遂行するのに必要な能力ないしスキルに関係している。それでは，これらのスキルは管理スキルとは異なるのであろうか。次に，管理者や経営者に求められるスキルについて検討しよう。

2　管理スキル

　経営者にどのようなマネジメント能力が求められるかについては様々な研究が行われている。経営学でトップ・マネジメントの職能を最初に体系的に分析したのはH. ファヨール（Fayol, 1916）である。彼は，企業のトップレベルの経営管理を分析し，予測，組織，命令，調整，統制の五つの管理の要素があることを明らかにした[7]。彼の考え方は管理過程学派に受け継がれ，経営者は計画，組織化，調整，動機づけ，統制の職能を遂行すると考えられてきた。そのため，伝統的管理論では経営者にはこれらを実施するスキルが求められてきたのである。

　J. P. コッター（Kotter, 1982）は，15人のゼネラル・マネジャーについての調査から，ゼネラル・マネジメントの職能を明らかにした[8]。彼によると，ゼネラル・マネジャーの職務は責任と対人関係の観点から規定される。その責任には，①長期，②中期，③短期の責任がある。①の長期的責任は，組織の基本目標，方針，優先順位を設定することである。②は長期的目標を達成するために，いかにして事業ないし複数の事業に効果的に資源を配分するかの決定を行うことである。③はある事業ないし複数の事業に配分された人，物，金の能率的な使用である。対人関係には，上司との関係，横断的関係，部下との関係がある。

　ゼネラル・マネジャーは，これらの職務を果たすために，アジェンダーの設定とそのアジェンダーの実現に必要とされるネットワークを構築する役割を果たす[9]。アジェンダーは，長期・中期・短期の責任に関する緩やかに関係する目的や計画から成り，典型的には，財務，製品・市場，組織等についての幅広い事項に関わるものである。そしてネットワーク作りは，アジェンダーの実施のために直接の部下や上司だけではなく，同僚，供給業者，顧客，政府やマスコミ，株主などとの対人関係を形成することである。コッターは，これらの職務を果たすことがゼネラル・マネジャーであるとしている。

P. F. ドラッカー（Drucker, 2008）は，マネジメントの役割として次の三つを挙げている[10]。第一は，それぞれの組織に特有のミッション，社会的機能を果たす役割である。これは，経済的な成果を上げる役割である。第二は，仕事を生産的なものとし，働く人たちに成果を上げさせる役割である。第三は，自らの組織が社会に与える影響を処理し，それとともに社会の問題の解決に貢献する役割である。ドラッカーは，これらの役割を果たすために，マネジメントのスキルとして次の点を挙げている。意思決定，人事，コミュニケーション，管理，予算，情報，がそれである[11]。マネジメントは，効果的な決定を下し，組織の内外にわたってコミュニケーションを行い，管理手段と測定尺度を適切に使い，「経営科学」という分析用具を適切に使うスキルなどを必要とする，としている[12]。

R. L.カッツ（Katz, 1974）は，管理スキルとして，①専門技術的スキル，②概念的スキル，③対人的スキルを挙げている[13]。①のスキルは，職務遂行に必要な能力ないし仕事に必要な専門的知識や技能あるいはコンピタンシーのことである。これは管理者が自己の部署の専門的活動を遂行するための方法，過程，設備に関する知識，あるいは組織の規則，構造，マネジメントシステム，製品やサービスなどについての知識を含んでいる。②の概念的スキルは，組織の個々の活動を理解しながら，組織を全体的に捉える総合化する能力で，将来展望，構想力，直観力，創造性などが含まれる。③の対人的スキルは，他者の信条を理解し感情を共有し，他人の尊厳ないし人権を尊重する能力である。これには，人間行動や集団過程についての知識，あるいは他者の感情，態度，動機を理解する能力やコミュニケーション能力などが含まれる。このスキルは人々に影響を与えるためには基本的なことである。

ユークルは，カッツの言う①専門的，②概念的，③対人的スキルに加えて，リーダーの有効性に関係するスキルとして次の点を挙げている[14]。④感情的知能，⑤社会的知能，⑥システム思考，⑥学習能力である。④の感情的知能と⑤の社会的知能は，第4章で述べたようにD.ゴールマン（Goleman, 1995）が提唱した概念である[15]。④の知能は，リーダーが複雑な問題を解決し，より良い意思決定を行い，時間を有効に使う方法を計画し，自己の行動を状況に適応させ，そして危機管理をするのに役立つことができる。

⑤は，良好な人間関係を形成するために必要な能力で，他者の感情に寄り添う能力，全面的な受容性をもって傾聴する能力，他者の思考，感情，意図を理解する能力，社会的認知能力である。人は，これらの能力を高めることで，良好な人間関係を形成できる。

⑥のシステム思考は，パターンの全体を明らかにして，それを効果的に変える方法を見つけるための概念的枠組みである。P. M. センゲ（Senge, 2006）によると，システム思考は全体を見るためのディシプリンであり，物事ではなく，相互関係を見るため，そして生態的な「スナップショット」ではなく変化のパターンを見るための枠組みである[16]。このようなシステム思考は後述するようにシステム統合力と関係しているので，リーダーシップにとって重要である。

⑦の学習能力は，変化している環境でリーダーシップが成功するためには重要な能力である。激変する環境下ではリーダーは，失敗から学習し，自己の仮説や信条を変え，メンタル・モデルを洗練する必要がある。学習能力は，自分自身の認知過程を内省的に分析し，それらを改善する方法を発見する能力であり，また自己の強みや限界を理解する自己認識力である。

3　リーダーの役割に関わるスキル

以上，従来のリーダーシップ研究やマネジメント研究で論議されているリーダーシップ・スキルや管理スキルを検討してきたが，多種多様なスキルが表されている。このことは，組織階層のレベルの違い，すなわちトップレベル，中間管理者レベル，現場レベルの違いによって求められるスキルも違いがあるからである。またそれぞれの研究者がリーダーないし管理者の役割や職務の中でどの職能や役割を重要視するかによってリーダーに求められるスキルに違いがあるからである。このように多様なスキルがあり，また研究者の視点の違いによってリーダーに求められるスキルや能力も異なるならば，それを統合的に捉え，リーダーに必要なスキルを明らかにするためには，リーダーの基本的な役割が何かを分析する必要がある。リーダーが果たす役割の違いによって求められるスキルや能力も異なるからである。リーダーの役割については第3章で検討したように，対面的状況下での役割，集団や組織要因の形成の役割，新たな価値創造や意味創造の役割がある。リーダーは，これらの役割を遂行すること

で組織を有効に機能させ，組織の有効性を達成することができるのである。

　リーダーがこのような基本的な役割を果たすならば，これらの役割に求められるスキルや能力はどのようなものであろうか。前述のリーダーシップ・スキルや管理スキルの論議を踏まえ，またリーダーの基本的役割を考慮すると，少なくとも次のようなスキルないし能力が必要である。(1)目的やミッションの形成，(2)専門的知識・技能の指導，(3)動機づけ，(4)組織変革，(5)組織の意味創造や価値創造，(6)意味形成，(7)コミュニケーション，(8)システム統合，(9)次世代のリーダー育成，(10)自己学習と成長，である。

　これらのスキルについては，(8)を除いて前章までに論議しているので説明は省略し，(8)についてのみ述べよう。ユークルは，リーダーシップを有効にするスキルとしてシステム思考があることを示したが，これはシステムを全体として見る考え方である。システムとは，二つ以上の要素（部分）があってそれらが何らかの相互関係にある場合の全体のことである。システムは一つのまとまった全体ないし統一体を意味している。全体は部分の単なる合計ではない。システムそれ自体は全体性によってのみ説明できる。それはシステムを構成する部分，すなわち要素の性質によっては説明できない。システムは構成要素の単なる集合ではなく，その要素の関係で変化する。そこで，システムは，関係を組織化する全体過程として捉えられるのである[17]。

　組織も一つのシステムであり，オープン・システムとして環境の中で存続発展するためには，組織は自らを構成する個々の要素を統合化し全体として有効に機能しなければならない。組織は，欲求や目標，思考や感情，人生観や価値観の異なる多様な人々から構成されている。それぞれ異なる目標，思考，意味を持ち意思決定の自由を持っている人々を調整し，統合し，組織としての共通の意味や価値あるいは秩序を組織目的達成の方向に向けて形成し維持するような影響を及ぼす主体的影響過程がリーダーシップである。リーダーシップは，環境の変化に対応して組織成員を目的達成の方向に統一的統合的に協働させたり，組織自体を絶えず変革したり創造する主体的な影響過程である。そこで，このような人々を調整し統合する能力がリーダーには求められる。このような統合力は，組織成員を結集して組織を全体として統合する能力である。

　以上のような10のスキルないし能力をどのように開発するかということが，

リーダーシップ開発では重要である。それはリーダーがそれらのスキルを効果的に活用することがリーダーシップの有効性を高めるからである。それではリーダーシップ開発はどのように行われているのであろうか。次にこの点について検討しよう。

III リーダーシップ開発

E. V. ヴェルサ達（Velsor, et al., 1998）によると，リーダーシップ開発とは，リーダーの役割とそのプロセスを効果的なものにするために個人の能力を伸ばすことである[18]。この定義が意味しているのは，第一は，リーダーシップ開発が個人の持つ潜在的能力を開発するものであり，第二は，リーダーシップの有効性を高めるための個人の能力開発プロセスであり，第三は，リーダーシップ能力は伸ばすことができる，ということである。

ヴェルサ達によると，このリーダーシップ能力を伸ばすために重要なことは，成長を促す経験と学ぶ能力である。成長を促す経験にはアセスメント（評価・測定），チャレンジ（困難を伴う課題），サポート（支援）の三つの要素がある[19]。これらの要素は，人々の関心を学習，成長，変化，に集中させ，努力する気にさせ，また学ぶための生の素材，もしくは資源を提供するものである。スキル・トレーニングを効果的にするためには，この三つの要素を含めて，それを実施するタイミングと適合性が重要である。

このリーダーシップ開発では次のような能力が開発できる[20]。自己認識，自信，幅広く，ものごとの全体をとらえる能力，社会システムの中で効果的に働く能力，創造的に考える能力，経験から学ぶ能力である。リーダーシップ開発は，個人の学習，成長，変化の過程に介入することで，これらの能力を高めることができる。

D. G. マクドナルドマン（MacDonald-Mann, 1998）は，リーダーシップのスキルを開発するスキル・トレーニングを示している[21]。彼女によると，この訓練は，人々が現在持っているスキルに磨きをかけたり，新しいスキルを身につけたりするのに必要な知識を獲得し，実践する機会を与えるものである。そして，この訓練には，知識とスキルの学習が含まれる。効果的なスキル・トレー

ニングには，参加者が①特定の概念あるいは必要な行動を学習でき，②新しい情報や行動を使った実践ができ，③そのパフォーマンスについてフィードバックを得られる環境が必要である。彼女は，この訓練によって社交に関わる能力，創造性，体系的思考と批判的評価，エンパワーメントのスキルを開発できるとしている。

それでは，リーダーシップ開発プログラムには，どのようなものがあるのであろうか。ユークルは，リーダーシップは，公式研修，開発活動，自助活動の方法で開発されているとしている[22]。そこで，次に，これらのプログラムがどのようなものか検討しよう。

1 公式研修

公式研修プログラム（formal training programs）は，管理を有効にするための一般的なスキルや行動を高めるために行われるものである[23]。それは，2，3時間の短期の研修から，2，3年の長期の研修のものまであり，通常は研修の専門家によって管理者の直接の職場から離れて行われる。この研修ないし訓練には，①講義，②ケース・スタディ，③ロール・プレイ，④ロール・モデリング，⑤シミュレーションなどがある[24]。

①の講義は，開発したいスキルに関する情報を多くの人々に提供するものである。講義のメリットは受講者が短期間に知識を習得できることである。②のケース・スタディは，管理スキルを開発するためのコースでいろいろな方法で使用されており，このメリットは，管理者が直面する状況について理解を高めることである。ケース・スタディの最大の価値は，土台となる知識を獲得した後にスキルを使う機会を提供することである[25]。③のロール・プレイは，参加者がある状況や場面あるいは課題を想定して，それぞれ異なる役割を演じ，実際の場面や実際に問題が起こった時に対処する方法を学習することである[26]。④のロール・モデリングは，ロール・プレイの技法を入念に作り込んだもので，初めに参加者に適切な行動のモデルを示し，次にその行動のロール・プレイを行い，そしてそのパフォーマンスについてフィードバックを受けるものである[27]。⑤のシミュレーションは，現実の仕事の局面を何らかの方法で再現した演習である[28]。一般的に方針設定，価値観に基づく行動，対人関係構築，戦略

的行動などのリーダーシップの役割を現実的に描写するものである[29]。

2 開発活動

開発活動（developmental activities）は，通常は，業務課題に組み込まれたり，あるいはそれらの課題と結びついて行われる。開発活動は，コーチング，メンター，関連スキルを学習するために新しい挑戦や機会を与える特殊の課題など，多くの形態を取っている[30]。この中で，経験による学習は重要な開発活動である。

M. W. マッコール（McCall, 1998）は，リーダーシップは経験の積み重ねで開発できるとして，成長を促す経験を与えることの重要性を指摘している。そして，リーダーシップ能力を開発する理想モデルを示している。それは，次のような要素から成っている[31]。①戦略，②経験，③才能，④異動メカニズム，⑤触媒である。①は，経営者はリーダーシップ開発を戦略的必須事項にすることである。②は，リーダーシップ開発の核は経験であり，有能な人に適切な経験を与えて成果を上げるリーダーを育成することである。③の才能では，経験から学習する能力が重要ということである。④は，潜在能力とモチベーションを持った人を選抜し，適切な経験を積ませ，後継者を育成するメカニズムを組織が有することである。⑤の触媒は，ある人が経験から学習できるように促進させることである。マッコールは，このモデルを活用することでリーダーシップを開発できるとしている。

それでは経験を積ませるリーダーシップ開発の種類にはどのようなものがあるのであろうか。360度フィードバック，仕事の割り当て，職務ローテーション・プログラム，アクション・ラーニング，メントーリング，エグゼクティブ・コーチング，野外挑戦プログラム，個人成長プログラムなどである。この中で主要なプログラムについて眺めて見よう。

(1) 360度フィードバック

これは，広範囲な仕事仲間（例えば，同僚，部下，上司，上司の同僚，顧客など）からマネジャーのパフォーマンスについての意見を組織的に収集する方法である[32]。これによって個人は自己認知よりも広い視野が得られ，より正確

な自画像をつかめるようになる。

　360度フィードバックは自己の強みを知ることができるという利点もあるが，しかし，自己の気づかない欠点を知ることでショックを受け，苦しむ可能性もある。そこで，この手法が有効に機能するためには，それを使う目的を明確にし，評価者の匿名性を確保し，機密保持を保証し，データの内容を正しく理解するためにファシリテーターを活用でき，能力開発を組織的に支援する，などが必要である。

(2) 仕事の割り当て

　これは，リーダーに実践（実際の問題や難題に取り組むこと）から学ぶ機会を与え，有能なリーダーであるための能力を強化，拡大する実践的な知識やスキルを教えるものである[33]。P. J. オーロット（Ohlott, 1998）によると，成長を促す仕事には次の五つの挑戦的な源泉がある[34]。①異動，②変化を生み出す，③高レベルの責任，④権力外の影響力，⑤障害物，である。①の異動には，地位や職種，雇用主の変化，任務の範囲の大幅な拡大，ラインからスタッフへの異動などがある。②の変化は，組織で新しいことを始めたり，組織を再編成したり，前任者が起こした問題を解決したりすることである。③は，仕事の範囲の拡大，多様な利害関係者との関わりや交渉などである。④は自分の権限が直接行使できない人々と協働するのに必要な人間関係を構築し，コンフリクトを処理し，人々と交渉することである。⑤の障害物は，自分の仕事をするときの困難な状況で，非協力的な経営者，経済情勢の悪化などがある。以上のような要因によって，リーダーはその能力を開発し，組織を効果的にマネジメントできるのである。

(3) アクション・ラーニング

　アクション・ラーニングは，しばしば公式訓練と経験からの学習を組み合わせて使われるアプローチである[35]。K. ローソン（Lauson, 2008）によると，アクション・ラーニングは，①現実の経営課題を取扱い，②重要で難易度が高く，有用な学習経験によって個人の能力を開発する，という等しく重要な二つの目的を伴う実務におけるリアルタイムな学習経験である[36]。これは多様な部署や

職種あるいは背景を持った4人から8人の集団で構成され，参加者は現実の課題解決を試みることで学習し，取り組みの間に自分たちの意思決定や行動について内省する。これによって参加者は，自己認識と組織に必要なリーダーシップ・スキルを習得できるようになる。

(4) メンター

メンター (mentor) というのは，ギリシャ神話のオデッセウス王がわが子 (Telemakhos) の教育を任せた教師であるメントール (Mentor) に由来するといわれ，良き指導者，理解者，教師，後見人，支援者としての役割を果たす人を指す言葉として使用されている[37]。K. E. クラム (Kram, 1988) によると，メンターは，ヤングアダルトや青年たちが大人の世界や仕事の世界をわたっていく上での術を学ぶのを支援する，「より経験を積んだ年長者」を意味し，ヤングアダルトが重要な任務を遂行するのを支援し，導き，助言を与える存在である[38]。

このメンターの役割について，クラムは次のようなキャリア的機能と社会・心理的機能を挙げている[39]。キャリア的機能は，仕事のコツや組織の内部事情を学び，組織における昇進に備えるような関係性の一側面を指す。これには，スポンサーシップ，推薦と可視性，コーチング，保護，やりがいのある仕事の割り当てがある。社会・心理的機能は，人のコンピテンス，アイデンティティ，専門家としての役割の有効性を高める関係性の一側面を指す。これには役割モデル，受容と確認，カウンセリング，交友が含まれる。

ローソンによると，メンターは，次のような役割を果たすことで，リーダーシップ能力を高めることができる[40]。①模範を示す，良いロールモデルとして振る舞う，②組織の文化，方針，手順を理解できるように手助けする，③長期的，短期的キャリアゴールの設定を支援し，キャリア向上に関する知識を授ける，④障害を乗り越える方策を提供する，⑤自発的に仕事に取り組み，プロフェッショナルとしての能力を開発するように動機づける，⑥自信を高める，⑦建設的なフィードバックを与える，などである。

メントーリングは，より多くの経験を持った人があまり経験のない人を助ける関係であり，メンターが自己の経験や知識を伝えることで仕事に必要な知識

や技能を習得させるように手助けするのである。

(5) コーチング

コーチングについては，第6章で詳しく論じたので，ここでは経営者ないしリーダーに関わるエグゼクティブ・コーチングについて述べよう。C. D. マッコーレイとC. A. ダグラス（McCauley and Douglas, 1998）によると，エグゼクティブ・コーチングは，概して最高経営責任者，役員，上級マネジャーなどの上級経営幹部職に対して，改善が必要であるとみなされた特定のスキルの分野に用いられる[41]。

また，ユークルによると，エグゼクティブ・コーチングの主な目的は，関連スキルの学習を促進することである[42]。コーチは，主要な変化の実施，困難な上司の扱い，いろいろな文化の人々と一緒に仕事をするような特定の挑戦を扱う方法に助言を与える。これによって，経営者は，傾聴，対人関係の形成，チーム構築，葛藤処理，部下の育成などのスキルを獲得できるようになるのである。

3　自助活動

自助活動（self-help activities）は，リーダーシップに必要なスキルを身に付けてリーダーシップを改善するために自分自身で行うものである[43]。この自助活動は，基本的には自己の心理的成長を求めて，絶えず自己修練を積むことである。リーダーシップ開発の究極的目的はリーダーが人間として成長することであり，より高い段階へ発達することである。

成長を求めて努力するということは，自分が達成したい希望や目標があり，現在の状態とのギャップがあり，そのギャップを埋めて，現状から目標の実現へと変化することである。第6章で述べたように，人の変化には学習と成長がある[44]。学習は，水平的変化で，自分が持っているものが増え，すでにできることがうまくできるようになることである。成長は垂直的な変化で，より多くのことを学び，異なるやり方で学ぶことを意味している。それは不連続的な進歩で，自分のあり方を増やし，視野を広げることである。

人が学習し成長するためには，①新しい観点で，物事を捉える能力，②区別

をつける能力,③自分自身の限定的部分の同一視を止める能力,を習得することである[45]。①での観点というのは,物の見方のことである。従来とは異なる新しい観点から物事を捉えることは,これまで気づかなかった新しい可能性や選択肢に気づき,以前には見えなかったものも見ることができることである。②の区別とは他から切り離すことで,様々な区別を行うことで自分の世界を構築することである。多くの物事をいろいろな方法で区別することによって,世界は拡大し,豊かになり,きめ細やかな場所になる。③は,自分を制約している観念や信念あるいは思考習慣から離れ,自分と自分でないものを理解し,客観的に捉えるようになることである。このような学習能力の獲得は,ホロン階層的に成長することを意味している。

以上のような能力を高めることで,リーダーは成長し,組織の有効性を達成できるのである。

Ⅳ　リーダー育成の統合モデル

リーダーシップ・スキルとその開発プログラムについて検討してきたが,リーダーシップ開発プログラムはリーダー育成にある程度役立ってきたといえる。しかしながら,それらのプログラムは,経営戦略や人材育成戦略との関係でリーダー育成過程の全体を考慮した統合的枠組みの基で行われていない。リーダーシップ開発を統合的に捉え,分析するのに役立つのがヴィルバーのAQALモデルである。それではAQALモデルをリーダーシップ開発に応用するとどうなるのであろうか。次に,このモデルとリーダーシップ開発の関係について検討しよう。

1　リーダーシップ開発の四象限モデル

(1) 左上象限

左上象限は,リーダーの意識や思考,自己認識,価値観,あるいはリーダーのパーソナリティ・タイプなどである。リーダーシップ開発で最も重要なことは,リーダーの意識のレベルがどのレベルかを明確にすることである。それはその人の意識レベル以上にリーダー(人材)育成はできないからである。

意識の発達は，世界を認識する上での重要な枠組みを与える世界観が，何よりも自己の利益を優先する自己中心レベルから自組織中心へ，自組織よりも社会中心へ，また世界中心や地球中心，さらに宇宙中心へと拡充することである。そして宇宙中心段階はスピリチュアルな段階であり，この段階の経営者は，自己利益よりも自己超越的利益ないし他者や社会全体あるいは地球全体の利益を求めるようになる。

　リーダーの意識が高いレベルへ発達するということは，より包括的な思考方法，パターン，あるいは能力を加えながら発達することである。意識の発達が高次レベルにある経営者は，低レベルの人よりもより広いシステムの視点，より高いコンテクストの視点，より長期的な観点から行動することが可能になる。したがって，意識の発達レベルの高い経営者は，質の高いリーダーシップを発揮し，人々の相対立する問題や困難を解決し，組織を存続発展させることができるのである。

　このことから，リーダーシップを開発するためには，まず意識の発達段階がどこにあるかを知り，その意識を高め，成長発達するために，自己鍛錬などを行う必要がある。

(2)　左下象限

　左下象限は，成員間に共有された意味や価値，リーダーシップ開発文化，リーダー育成文化，組織風土，人間関係などである。これは，リーダーと部下ないし成員間の人間関係，組織の価値観，倫理などの見えないものであるが，組織成員の相互作用によって形成される。そして，それらは組織の発達段階を表し，個々の成員の発達の平均レベルを表すのである。

　この象限ではリーダーシップによる意味形成が重要になる。それは，リーダーシップがもはやリーダー単独の行動で生起するのではなく，協働する人々の互恵的な結びつき，互恵的相互作用から始まるからである。リーダーシップは，組織成員間の相互作用によって新たな意味を形成する過程である。このような組織の成員に共有された意味や価値，あるいは組織文化や経営倫理は成員間のコミュニケーションを通じて形成されるが，それが組織の機能を規定することになり，組織成員の行動を規定するようになる。したがって，リーダー育

成の組織文化,高い組織学習文化や風土があるかどうかがリーダーシップ開発の成否を決めるのである。

(3) 右上象限

右上象限は,リーダーシップ・スキルの発現やリーダーの役割行動,リーダーシップ・スタイルなどである。それは個々人の外面的に観察される行動であり,リーダーシップ開発以前のスキルや行動と開発後のスキルや行動の変化として現れる行動である。これが最終的には,組織の活動ないし組織業績を規定することになる。

リーダーシップ開発の目的は,リーダーがその役割を果たすために必要な知識,スキル,能力を獲得し,適切な役割を遂行できるようにすることであり,この象限の行動を変えることである。すなわち,リーダーシップ開発の最終的目的はこのスキルを高め,求められるリーダーシップの役割を遂行できるようにして,開発前のスキルや行動と開発後のスキルや行動の間に大きな変化を生み出すことである。これによって有効なリーダーシップに必要な能力やスキルが高まり,適切な役割を遂行し,組織の有効性を高めることができるのである。

(4) 右下象限

右下象限は,企業(組織)の経営戦略,リーダーシップ開発戦略,人材育成戦略,公式研修プログラム,メンター制度,コーチング制度などである。これは組織の外面的な側面であり,制度や仕組み,組織構造,職場環境,建築物などの外見的なシステムである。企業がリーダーシップ開発のために実施している施策であり,前述したリーダーシップ訓練プログラム,能力開発プログラムなどである。ここで,重要なことは,これらのリーダーシップ開発の諸施策が経営戦略や人事戦略と調和していることである。リーダーシップの良し悪しが企業の業績を規定する重要な要因であるとしても,その開発が企業目的やミッションあるいは戦略と適合しなければ,リーダーシップ開発の施策は有効に機能せず,組織の有効性は達成できないのである。

以上の関係を図示したのが図7－1である。AQALモデルの観点からすると,従来のリーダーシップ開発プログラムは右下象限の個別的な要素であり,それ

図7-1 リーダーシップ開発の四象限モデル

	内面	外面	
個	"I"空間 意識, 思考, 自己認識, 自信, 内省, 道徳, 瞑想状態, パーソナリティ・タイプ I	"It"空間 リーダーシップスキルの発現, リーダーの役割行動, リーダーの行動タイプ It	個
集合	We "We"空間 共有された意味, リーダー育成文化, 人間関係, 相互理解 組織学習風土 内面	Its "Its"空間 経営戦略, リーダーシップ開発戦略, 人材育成戦略, 公式研修, 360度フィードバック, メンター制度, コーチング制度 外面	集合

出所) Wilber, K., Patten, T., Leonard, A., and M. Morelli (2008) *Integral Life Practice*, Shambhala Publications. Inc., p.73 (鈴木規夫訳『実践 インテグラル・ライフ』春秋社, 2010年), 97頁を参考に筆者作成。

ぞれの象限の関連性や結びつきが明確ではなく, 統合的な開発プログラムでないことは明らかである。リーダーシップ開発が最終的には有効なリーダーシップを発揮するスキルの習得や行動の変化 (右上象限) を目的としているとしても, それは, リーダー個人の意識や自己認識, 内省, 道徳性などのレベル (左上象限) によって規定される。またそれに対応した開発プログラム (右下象限) が提供されているかどうか, さらにその個人の開発を支援する組織文化や風土, あるいは成員間に共有された意味 (左下象限) のレベルによって規定される。すなわち, リーダーシップは, 単にリーダー個人の能力やスキルのみで規定されるのではなく, 全象限のレベルや状態あるいはラインやタイプの相互

作用によって規定され，それらの複合的相互作用の結果として現れる。ここに，リーダーシップ開発は，四象限の各要素を統合して行うことが必要である。それでは，リーダーシップ開発の統合モデルはどのようなものであろうか。次にこの点について検討しよう。

2　リーダー育成の統合モデル

　統合モデルは，有効な開発実践の方向性を確立し，各象限の各要素のバランスを確保し，それを全体として統合するものである。しかし，従来のリーダーシップ開発の研究は，AQALの全象限・全レベル・全ライン・全状態・全タイプを考慮せず，統一的に分析していない。AQALモデルの考え方に従うと，リーダーシップ・スキルはラインを意味している。そして，それぞれのラインには発達段階ないしレベルがある。それらは，前述したようにミッションの形成，動機づけ，意味形成，コミュニケーションなど①から⑩までのラインであるが，そのラインにはそれぞれ発達レベルがある。また組織成員にもそれぞれのラインや状態があり，それにもそれぞれ発達レベルがある。さらにリーダーや組織成員にも，専制的，民主的，内向的，外交的，男性的，女性的などのタイプがある。

　このように見てくると，従来のリーダーシップ研究は，AQALモデルの各要素を分析しているといえる。特性理論は，リーダーに求められる技能などのスキル（ライン）や社交性，協調性，積極性といったパーソナリティ・タイプを分析しており，行動理論は，民主的，参加的といった行動タイプを中心に分析している。また，状況理論やコンティンジェンシー理論は，リーダーのラインやタイプと部下や状況とのタイプの適合関係を分析し，リーダーの個人的要因（左上象限や右上象限）と状況要因（左下象限や右下象限）との適合関係を示している。

　また，従来のリーダーシップ開発は，有効なリーダーシップ・スキルを向上させることを目的としているが，象限，状態，タイプまで考慮して行っていない。リーダーシップ・スキルや能力を向上させるという目的があっても，リーダーのどのライン（スキル）がどのレベルにあるのか，組織成員の個々のラインがどのレベルにあるのか，あるいは組織や集団のレベルはどの段階にあるの

か，については十分に分析せず，リーダー，部下，組織のレベル，ライン，状態，タイプを含む統合的な分析を行なっていないのである。

　リーダーを効果的に育成するためには，AQALモデルに基づいて，第一に，組織の現状（左下象限および右下象限）がどのような状態やレベル，あるいはタイプにあるかを分析し，さらに望ましい将来の状態やレベル，タイプ（すなわち，目標）を明確にすることである。

　第二に，それらの目標を達成するために必要なリーダーシップ・スキルが何かを明確にし，そのスキルを持っている人をリーダーとして選抜育成することである。しかし，もし組織にその目的達成に必要なスキルを有する人がいなければ，リーダーシップ開発を行い，リーダーとして育成しなければならない。

　そこで，第三は，将来のリーダーないしリーダー候補者ないし育成予定者のスキル（ライン）についての現在の状態，レベル，タイプ（右上象限）を把握することである。その際，その人のスキル（ライン）を規定している意識，思考，思想，価値観など（左上象限）がどのようなものか，どの段階ないしレベルにあるかを把握しなければならない。リーダーのこの象限を発達させることが，スキルを高め改善することになるからである。

　第四は，スキルや行動の望ましい状態，レベル，タイプ，すなわち目標が何かを明確にし，それに到達するための開発プログラムを提供することである。そのためには，開発文化や組織学習風土（左下象限）がどのようなものか，どの状態やレベルか，あるいはどのようなタイプかを把握することである。さらに現在の開発プログラム（右下象限）にどのようなものがあるかを把握し，望ましいスキル開発に必要なプログラムを選定し，それを実施することである。リーダーシップ開発を効果的に行うためには，以上のように全象限，全レベル，全ライン，全状態，あるいは全タイプを統合して実施することが重要である。

　AQALモデルで示されるように，組織における事象は，全体的視点で捉えてその本質的意味を理解でき，四象限全体を捉えることで事象の全体像を理解できる。このことからリーダーの役割としてのシステム統合が重要である。この統合力は，組織成員を結集して組織を全体として統合する能力である。それは，AQALモデルのすべての要素を統合する能力であり，全象限・全レベル・全ライン・全状態・全タイプを全体として捉え，それぞれの現状を変え目標を達成

する能力である。

　ところが，この統合力は基本的にはその人（リーダー）の発達レベルに依存している。一般に，人間は低いレベルからより高いレベルへの発達を求めて努力する。そして，人はそれぞれの発達段階にある課題や困難あるいは危機を解決してホロン階層的に発達する。発達がホロン階層として進展するということは，高次のホロンは低次のホロンを包含するものであり，高い発達レベルにある人は，低いレベルにある人より，より広くより高くあるいはより深い視野や視点を有し，より長期的観点から思考し行動できることを意味している。高次レベルにある人は，それより低いレベルや段階での様々な諸問題や困難を解決し，危機を乗り越えて人生観や価値観，あるいは世界観を拡大し意識を高めてきている。そこで，意識の発達が高いレベルにあるリーダーは，低レベルの人よりもより広いシステムの視点，より高いコンテクストの視点，より長期的な観点から行動することが可能になる。したがって，意識の発達レベルの高いリーダーは，質の高いリーダーシップを発揮し，人々の相対立する問題や困難を解決し，組織を存続発展させることができるのである。

　以上のことから，統合力を開発するためには，リーダー自身が絶えず高いレベルを求めて努力，精進するように自己学習と成長することが必要である。このことからリーダーのスキルとしての自己学習と成長が求められるのである。

V　結び

　以上，リーダーシップやマネジメント研究で分析されているリーダーシップ・スキルや管理スキルを検討し，有効なリーダーシップの発揮に必要なスキルを明らかにしてきた。本章ではリーダーの役割と関連して，(1)目的やミッションの形成，(2)専門的知識・技能の指導，(3)動機づけ，(4)組織変革，(5)組織の意味創造や価値創造，(6)意味形成，(7)コミュニケーション，(8)システム統合，(9)次世代のリーダー育成，(10)自己学習と成長，のスキルないし能力が必要であることを示した。そして，それらのスキルや能力を伸ばすリーダーシップ開発プログラムについても検討してきた。しかしながら，これまでのリーダーシップ開発は組織の経営戦略や人材開発戦略を含めたリーダー育成過程の全体を考

慮した統合的視点に立って行われていない。そのため，リーダーの育成方法としては不十分なのである。

　そこで，本章では，ウィルバーのAQALモデルに基づいてリーダー育成の統合モデルを提示した。統合モデルは，有効な開発実践の方向性を確立し，各象限の各要素のバランスを確保し，それを全体として統合するものである。従来のリーダーシップ開発の研究は，象限の問題，ラインの問題，レベルの問題，状態の問題，あるいはタイプの問題を明確に区別せず，個々の要素に限定し単一的に分析してきている。リーダー育成の目的がリーダーシップ・スキルや能力を伸ばすことにあるとしても，リーダーのライン（スキル）がどのレベルにあるのか，個々の成員のラインがどのレベルにあるのか，あるいは組織や集団全体の状態やライン，スタイルはどの段階ないしレベルにあるのかについては十分に分析せず，リーダー，部下，集団あるいは組織の内面および外面のレベル，ライン，状態，タイプを含む統合的な分析を行っていないのである。リーダーを効果的に育成するためには，それぞれのスキル（ライン）について現在の状態，レベル，タイプを的確に把握し，望ましい状態，レベル，タイプへ到達するプログラムを提供することである。

　リーダーシップのスキルというのは，AQALモデルではラインの領域の問題であり，それぞれのライン（スキル）には発達の段階があり，また状態やタイプがある。そして，そのスキルを規定しているのは，その人の意識，思考，価値観（左上象限）などの発達レベルであり，そこでの発達を高めることがスキルを向上させることになる。しかし，このスキルは，それを単独で高める努力をしても限界があり，組織成員間に共有された意味や価値，あるいは開発支援文化や風土（左下象限）がどのような状態やレベルか，さらにはスキル開発プログラム（右下象限）の内容がどのようなものか，という四象限の各要素の相互作用によって規定されるのである。

　リーダーシップ開発あるいはリーダーの育成は，望ましい状態やスキルへと変化（右上象限）を起こすために，個々人の意識や思考，価値観など（左上象限）を発達させ，それらの発達を支援する組織文化や風土など（左下象限）を構築し，スキル向上の開発プログラム（右下象限）を提供するという統合的取組みによって可能になる。すなわち，リーダーの育成を効果的に行うためには，

全象限，全レベル，全ライン，全状態，全タイプを統合して実施することである。これによって育成されたリーダーは有効なリーダーシップを発揮し組織の有効性を達成できるのである。

● 注
1 MaCall（1998），邦訳，20-45頁。
2 Moxley（1998），pp.194-213，邦訳，199-220頁。
3 Ancona, et.al.（2007），邦訳を参照。
4 Bennis（2003），邦訳を参照。
5 Gardner（1990），邦訳を参照。
6 Yukl（2010），pp.52-62.
7 Fayol（1916），邦訳を参照。
8 Kotter（1982），邦訳を参照。
9 Kotter（1982），邦訳，87-137頁。
10 Drucker（2008），pp.26-33，邦訳（上），58-66頁。
11 Drucker（2008），pp.295-355，邦訳（下），92-170頁。
12 Drucker（1974），pp.464-516，邦訳（下），143-233頁。
13 Katz（1974），pp.90-102.
14 Yukl（2010），pp.65-68.
15 Goleman（1995），邦訳，85-87頁。
16 Senge（2006），邦訳，39-40頁。
17 この点については，狩俣（2000），第3章を参照。
18 Velsor, et.al.（1998），pp.4-6，邦訳，4-6頁。
19 Velsor, et.al.（1998），pp.8-17，邦訳，8-17頁。
20 Velsor, et.al.（1998），pp.17-25，邦訳，18-26頁。
21 McDonald-Mann（1998），pp.106-126，邦訳，109-129頁。
22 Yukl（2010），pp.423-453.
23 Yukl（2010），pp.423-424.
24 これらのプログラムの説明は，Yukl（2010），pp.423-453とMcDonald-Mann（1998），pp.112-117，邦訳，116-120頁による。
25 McDonald-Mann（1998），p.115，邦訳，117頁。
26 McDonald-Mann（1998），p.115，邦訳，118頁。

27　McDonald-Mann（1998），pp. 115-116, 邦訳，118-119頁。
28　Guthrie and Kelly-Radford（1998），p.78, 邦訳，80頁。
29　McDonald-Mann（1998），p. 116, 邦訳，119頁。
30　Yukl（2010），p.424.
31　MaCall（1998），邦訳を参照。
32　Chappelow（1998），p.31, 邦訳，32頁。
33　Ohlott（1998），p.128, 邦訳，131頁。
34　Ohlott（1998），pp.129-139, 邦訳，132-142頁。
35　Yukl（2010），p.441.
36　Lauson（2008），邦訳，83頁。
37　渡辺・平田（2006），18頁。
38　Kram（1988），邦訳，2頁。
39　Kram（1988），邦訳，27-57頁。
40　Lauson（2008），邦訳，96頁。
41　MacCauley and Douglas（1998），pp.184-185, 邦訳，189頁。
42　Yukl（2010），pp.443-444.
43　Yukl（2010），pp.446-447.
44　O'Connor and Lages（2007），邦訳，266頁。
45　O'Connor and Lages（2007），邦訳，217-224頁。

第8章 経営倫理の発達

I 序

　人々は，ビジネスにおいて道徳ないし倫理の問題に直面し，どのように意思決定し行動するかという問題に悩むものである[1]。多様な行動準則がある中でどの準則に従い行動するかという問題を道徳性の問題としてマネジメント論で体系的に分析したのは，C. I. バーナード（Barnard, 1938）である。彼は，「人々の間の協働を維持しようとするたたかいは，ちょうど戦闘が人々を肉体的に殺傷するのと同じように，ある人々を道徳的に破滅させることは不可避だと思われる」[2]と述べ，協働の維持が人々の道徳を破壊するとしている。そして，その道徳的破壊を起こすのは経営者の能力不足にあり，この問題を解決するためには，経営者の道徳的創造が必要で，それが最終的にはリーダーシップの質に依存し，その質は道徳性の高さから生じるとしているのである。

　企業の不祥事等の倫理上の問題は，バーナードが言うように，一般に経営者の道徳性や倫理観，あるいはスピリチュアリティに対する意識の高低に関係している。しかし，それは，単に経営者の道徳性や倫理観だけに問題があるのではなく，最終的には企業全体としての経営倫理の発達レベルに依存している。経営者がいくら高い道徳意識を持っていても，高い倫理規範が企業全体に共有されていなければ，企業の不祥事は起こるからである。企業の方針や倫理規定や罰則規定といった企業のコンプライアンス（compliance）の仕組み，倫理研修等を含めて企業全体での倫理への取り組みが大きく規定するのである。

　しかし，従来の経営倫理に関する研究は，専ら不祥事等を防止するためのコ

ンプライアンスの問題を中心に行っており[3]，経営倫理の発達とスピリチュアリティがどのように関係するか，あるいは高い倫理意識やスピリチュアリティに基づく働きがいのある職場（組織）をどのように作るかという問題については十分に分析していないのである。

そこで，本章では，先ず，道徳ないし倫理の発達を検討して，経営者の意識の発達やスピリチュアリティがどのように経営倫理の発達と関係しているかを明らかにして，倫理規範の高い働きがいのある組織づくりの条件を解明することにしている。

II 道徳の発達

企業が経済的利益を求める組織体であり，市場経済体制の中で活動しているならば，なぜ企業は倫理的に行動する必要があるのであろうか。あるいは，企業が不祥事や道徳的破壊を避け，高い倫理観に基づいて働きやすい職場を作るためにはどうすればよいのであろうか。この問題を検討する前に，道徳とは何か，倫理とは何か，それがどのように発達するか，という問題を検討しよう。

道徳（morals）や倫理（ethics）が何かということについては多くの定義が表されている。バーナードによると，道徳とは，個人における人格的諸力，すなわち個人に内在する一般的，安定的な性向であって，かかる性向と一致しない直接的，特殊的な欲望，衝動，あるいは関心はこれを禁止，統制，あるいは修正し，それと一致するものはこれを強化する傾向をもつものである。それは積極的あるいは消極的な指示からなる私的な行動準則である[4]。R. T. ディジョージ（DeGeorege, 1989）は，道徳は人間行動のルールから構成され，ある行動が不正あるいは不道徳的であること，また，別の行動が正しく道徳的であることを規定する[5]，としている。E. V. ヘンダーソン（Henderson, 1992）は，道徳とは，宗教的教義またはそれに似た個人的確信と深く結びついていると思われる個人的信念であり，倫理とは，話し合いによる相互の期待感を公式表明したものである[6]，と定義している。K. ヴィルバー達（Wilber, et al., 2008）は，倫理は特定の集団が共有している価値観，および特定の集団に期待されていることであり，道徳は，個人のくだした判断を意味する[7]，としている。

以上のように，道徳や倫理は，一般には正しいこと，間違っていることに関して人々の行動を規定する価値や規範であるといえる。道徳も倫理も人々の行動を規定する基準ないし規範に関わっているが，本章では，道徳も倫理も互換的に使用し，道徳という場合は，個人の内面的な行動規範の意味で，倫理は集団や組織の行動規範の意味で用いる。

1　キリガンの道徳的発達

　それでは道徳や倫理はどのように発達するのであろうか。道徳を発達レベルの問題として分析したのは，第4章で論議したコールバーグである。前述したように，彼は，道徳の発達レベルを(1)前慣習，(2)慣習，(3)後慣習の三つに分類している[8]。C. キリガン（Gilligan, 1982）はコールバーグの発達段階に従いながらも，女性の視点から道徳発達の段階を分析しているので，以下ではAQALモデルのタイプの違いを示す意味でも彼女の考え方を検討しよう。

　キリガンによると，道徳については男性と女性では異なっているにもかかわらず，従来の研究は女性の声を無視し，男性中心に行われてきた。コールバーグの道徳発達の段階説は，少年たちの実証研究に基づいており，女性の視点がない。そのため，人を思いやるという特徴を持っている女性は，男性とは異なっているので道徳性の発達に欠陥があると見られてきた[9]。

　そこで，キリガンは，女性の観点からすると，発達の概念は男性とは異なって説明されなければならないという。道徳の問題は，男性の諸権利よりも，むしろ葛藤しあう諸責任から生じるのであり，その解決には人間関係の考え方が必要であり，ケア（care）の概念が必要である。ケアの行動にかかわる道徳の概念は，公正にかかわる道徳の概念が道徳性の発達を権利や規則の理解に結びつけているのと同様に，道徳性の発達を責任と人間関係を中心にするものである，としている[10]。

　キリガンによると，コールバーグの権利を重視する道徳は，結びつきよりも分離を強調する点において，また人間関係よりも個人を第一義的なものにする点において，責任に重きをおく道徳とは異なっている。道徳の概念は，人が社会的人間関係をどのように理解しているかを反映している[11]。そこで，男性は規則を守るために人間関係を簡単に取り替えられると考えるのに対して，女性

は人間関係を守るために規則を変えようとする。女性は道徳問題を権利や規則の問題としてではなく，むしろ人間関係におけるケアと責任の問題として考える。男性は，正義としての道徳概念の発達を，平等と相互関係の論理に結びつけているのに対して，女性は，道徳的発達を責任とケアに結びつけている。ケアの倫理の背後にある論理は，人間関係の心理的論理であるとしている。それでは，ケアとは何であろうか。

　M. メイヤロフ（Mayeroff, 1971）によると，ケアするとは，他者が成長すること，自己実現することを助けることである。そしてケアすることは，彼の他の諸価値と諸活動を位置づける働きをしており，他の人々に役立つことによって，その人は自身の生の真の意味を生きることになる。相手をケアすることは自分自身をケアすることになり，相手をケアすることで自分自身も成長することになる。人間はケアすることで，自己の生の意味を発見し創造していくとしているのである[12]。

　メイヤロフのケアの考え方では，ケアする人が優位の立場にあり，ケアを受ける人が劣位の立場にあるのではない。それは共に成長発展する関係を意味している。ケアは，ケアする相手の成長と自己実現を助けることである。しかし，ケアする人は，一方的に相手を支えるのではなく，ケアすることによって自分が生かされ，自己実現する。すなわち，ケアする相手の存在が自分の生きがいや働きがいを与えるのである。

　M. S. ローチ（Roach, 1992）もケアをすることが人間存在の本質であり，人類は，ケアにたずさわる人々が常に存在し，ケアリングを継続してきたが故に生き延びてきており，ケアすることによって，人は本来の姿になり，真の人間となり，自分自身になるとしている[13]。

　キリガンは，このようなケアする存在が，特に，女性の特徴であるとしている。そして，彼女は，中絶決定に関する研究から，ケアの倫理の発達にはコールバーグと同様に，三段階があるとしている[14]。

　最初の段階は，生存を確保するために自己をケアすることに焦点があてられ，自己中心的である。これはコールバーグの前慣習レベルである。

　第二段階は，善さは他人をケアすることである。この段階の人は，他人をケアする能力を持っている。そこでは他人への愛着，あるいは他人との結びつき

が問題である。子どもから大人へ成長することは，自分の関心が「自己中心」から「責任」という問題に移っていくことである。この段階では，道徳判断は市民が共有する規範と期待に沿って行われるべきものとして考えられる。この段階にある女性は，社会的価値を受け入れることによって，自分が社会の一員であることを主張し，また人を傷つけるという問題に関わって葛藤が生じる。そこで，自己主張は人を傷つける結果をもたらすために，潜在的に不道徳と考えられる。

第三段階では，ケアが自主的な判断の基本原理となる。この原理は，人間関係の対応に関しては心理的な問題を残しているが，自己中心的な利用や人を傷つけるという問題に関しては普遍的な原理になっていく。このようにして，人間関係の心理について適切にとらえることができるようになり，ケアの倫理が発達していくとしている。

キリガンは，道徳の発達に対して女性の立場からすると，男女共に生涯を通じて自己と他人との関係が極めて重要であること，また同情心やケアの要求が普遍的な要求であると考えている[15]。女性での道徳的命令は，ケアを示すという命令，世の中にある苦悩を見分け，それを緩和するという責任にかかわる命令である[16]。女性は，権利と責任の統合からなっており，それを人間関係の心理的な論理で理解したうえで統合させていく。女性の道徳的判断は，人間行動の心理的，社会的決定を意識して再構成される。そして，それと同時に，道徳に対する関心は，人間の苦痛と苦悩の現実の認識として再構成されるのである[17]。

以上のようにキリガンの道徳発達はケアの発達に基づいており，これに対してコールバーグの道徳の発達モデルは，権利や公正の概念に基づいている。ケアであれ，権利であれ，自己と他者が未分離で，何よりも自己の欲求の充足を求め，自己中心的に思考し行動する前慣習段階から，社会の法律や規則，あるいは他者に対してケアを示す慣習段階を経て，さらに人間に対して愛情と関心を向け，人権を尊重する後慣習段階への発達過程を，キリガンもコールバーグも示している。

しかし，これらは人間の最終的な発達段階までは明らかにしていない。これは，倫理というものが，社会の中で間主観的に形成されるものであり，われわ

れの社会の倫理や道徳の発達段階というものが，その社会や時代の平均的な価値規範を反映するので，その社会一般の理想的倫理観を超えた倫理が何かを明らかにできないからである。しかし，人間の発達では社会の平均的なレベルを超え，個人としての究極的発達段階に到達した人々がいる限り，それがどのようなものかを明らかにすることが必要なのである。

2 ハイトの道徳基盤

　J. ハイト（Haidt, 2012）は，進化心理学のアプローチに基づいて道徳基盤理論を提示している[18]。彼によると，道徳システムとは，一連の価値観，美徳，規範，実践，アイデンティティ，制度，テクノロジー，そして進化のプロセスを通して獲得された心理的メカニズムが連動し，利己主義を抑制，もしくは統制して，協力的な社会の構築を可能にするものである[19]。

　彼の道徳についての基本的な考え方は，(1)社会的直観モデル，(2)六つの道徳基盤，(3)マルチレベル選択，によって表される。(1)は直観が先に来て，戦略的な思考（理性）はその後に来る，というものである[20]。彼は，これを象と象の乗り手（象使い）の関係で説明している。象は，情動，直観，そしてあらゆる形態の「見ること」を含む自動プロセスのことである。乗り手は，「理由を考えること」などの意識によってコントロールされたプロセスのことである。すなわち，直観モデルは，先ず直観が生じ，思考は通常，判断が下された後で，他者に影響を及ぼすために働く。しかし，議論が進行するにつれて他者の提示する理由によって直感や判断に変化が生じる場合がある，ということである。

　(2)は，次の六つから成っている[21]。①ケア／危害，②公正／欺瞞，③自由／抑圧，④忠誠／背信，⑤権威／転覆，⑥神性／堕落である。①は，自ら身を守る方法を持たない子どもを保護しケアすべきということである。これは，他者が示す苦痛や必要性の兆候に容易に気づけるように，また残虐行為を非難し，苦痛を感じている人をケアするように私たちを導くものである。②は，他人につけ込まれないようにしつつ協力関係を結ぶべしというものである。これは協力関係を結ぶのにふさわしい人物を容易に見分けられるようにし，またペテン師を避けたい，あるいは罰したいと思わせることである。③は，暴君に抵抗し，その支配を倒すべしというものである。④は，結束の強い連合体を形成し維持

すべきというものである。これはチームプレイヤーを見分けるのに役立つ。⑤は，階層的な社会の中で有利な協力関係を形成すべき，というものである。これは，階級や地位に対して，あるいは人々が分相応に振る舞っているかどうかについて，人々を敏感にする。⑥は，汚染を避けるというものである。この適応課題は，身体の接触や接近によって伝染する病原菌や寄生虫，あるいはその他の脅威を避ける必要性から生じたものである。そして，それは，集団の結束を強化するのに必要な非合理的で神聖な価値を有する何かに人々の労力を投資させる。この神聖な心理は，互いに結束して道徳共同体を築く方向へ人々を導くものである。

　(3)は，道徳は人々を結びつけると同時に盲目にする，というもので，私たちはマルチレベルの選択の産物であり，それによって利己的でありながら集団を形成するホモ・デュプレックス（homoduplex）になったということである[22]。すなわち，集団間の争いの中で集団内の協力関係を可能にする道徳が適応的な優位性を与えたが，しかしそれは自集団中心の郷党(きょうとう)的なものになり，その結果，道徳は人々を結びつけると同時に盲目にする，ということである。ハイトは，人間の本性の90パーセントはチンパンジーで，10パーセントはミツバチであり，「人間は一定の条件のもとではミツバチのごとく振る舞う」というミツバチ仮説で説明している[23]。私たちは私欲を捨てて自分より大きな何ものかに没入する能力を持っており，ほとんどの時間を日常的な世俗世界で過ごしているものの，つかの間ではあれ神聖な世界へ移行し，そこで「全く全体の一部」になって至上の喜びを享受できる，としている。これはスピリチュアリティに関係している。

　以上のようにハイトは，人間は欲望や欲求，情動，直観などで行動する動物（象）的性質をその理性（道徳）がコントロールし，その道徳に六つの基盤があるとしている。そして，それは，チンパンジー的な個人的特性とミツバチ的な集団的特性を持つことで生存競争に勝ち残って人類の進化の適応過程で生じた，としている。このようにハイトは，コールバーグやキリガンが道徳についての個人の発達過程に焦点をあてているのに対して，道徳の進化論的な起源と集団特性に焦点をあてている。また，コールバーグやキリガンが道徳について垂直的な発達の段階ないしレベルを分析しているのに対して，ハイトのそれは

水平的な広がりであり，道徳の範囲を意味している。この垂直的発達と水平的広がりを同時に考慮し，道徳発達をスピリチュアリティとの関係で分析しているのがヴィルバー達（2008）である。そこで，次に，彼らの道徳の発達について検討しよう。

3　ヴィルバー達の道徳発達

　ヴィルバー達の道徳発達の問題を考慮する場合に重要なことは，価値を三つの種類で捉えていることである[24]。①基礎的価値，②内在的価値，③相対的価値がそれである。①の基礎的価値（ground value）とは，すべてが平等に絶対的なスピリット，空(くう)の，真如の，神の，顕現であるという事実を示す概念である。この基礎的な意味では，すべての存在とすべての自然は―とりわけすべての人間は―無限のかけがいのないものであり，また，平等に倫理的に尊重されるべきものとみなされる。ヴィルバー達によると，深さとスパンを検討するときには基礎的価値の存在を認識する必要がある。

　②の内在的価値（intrinsic value）とは，構造的な深さを示す概念である。深さが深く大きいほど，そこには大きな内在的価値が存在する。ヴィルバー達は，深さを検討するとき，それが多様な側面を有するものであることを認識し，それらのすべてを意識するように心がける必要がある，としている。

　③の相対的価値（relative value）とは，具体的な文脈のなかでの有用性を示す概念である。ヴィルバー達は，内在的価値の点からは劣るとしても，状況によっては相対的価値が重視されることもある，としている。

　ヴィルバー達は，このように価値を捉えることで，統合的道徳の考え方を表している。統合的道徳は，最大多数の視点を尊重し包含しようとしながら（スパン），最も深い高次の視点に対してそれにふさわしい尊敬を払うことである（深さ）。このように倫理や道徳を捉えると，これは，コールバーグとハイトの概念を包含することになる。コールバーグは垂直的な発達（深さ）を問題にしており，ハイトは水平的な広がり（スパン）を意味しているからである。

　ヴィルバー達は，コールバーグの道徳の発達段階に，後・後慣習レベルを追加している[25]。これは，発達というものが自己中心性を克服して，より広く深い視点を確立し，さらに高いレベルへと発達すると考えているからである。(1)

前慣習レベルは，幼児の意識の段階で，自己中心的レベルである。これは，他者の視点を把握することができず，他者の存在を尊重する意識がない段階である。(2)慣習レベルは，自己の所属する集団・部族・国家の価値観を中心として考えるために，他の共同体に対して同様の愛情を向けることを拒絶するので，自集団（組織）中心の段階である。(3)後慣習（世界中心的）レベルは，個人のアイデンティティが拡張し，民族，人種，性，信仰に関係なく，あらゆる人間に対して愛情と関心を向ける世界中心の段階である。(4)後・後慣習レベルは，自己のアイデンティティをあらゆる生命体に拡張し，愛情を向ける宇宙中心的レベルである。ヴィルバーは，このレベルをスピリチュアルレベルとしている。このレベルでは，自己超越性，自己超越的利益を求める。このレベルは地球や人類全体あるいは次世代の利益を考えて行動する。この段階では主体と客体の分離を超克し，「個」であることに対する執着を放棄し，その「個」が内包する緊張とストレスを開放することになる。

　それではこのような道徳の発達は経営倫理の発達とどのように関係するのであろうか。次にこの点について検討しよう。

III　経営倫理の発達

　経営倫理は，基本的には企業が正しいこと，正当なこと，公平なことを行う義務である。それは四象限モデルの左下象限の領域であり，企業ないし組織の人々の平均の道徳的発達レベルで，企業としての価値観，世界観を表すもので，道徳や倫理についての企業ないし組織の文化や風土を示すものである。したがって，これは組織ないし人々の間に共有された行動規範や価値規範であり，集団ないし組織の成員の平均レベルの価値観や規範である。いくら経営者ないしリーダーが高い道徳や倫理意識を持っていても，組織の多くの人々が低い道徳観や倫理観しか持っていなければ，それらの道徳観や倫理観の平均的なレベルがその組織の倫理レベルを示す。このような企業ないし組織の倫理レベルは，ヴィルバー達の倫理の発達段階に基づくと，経済的，法的，人道的，スピリチュアルの四つのレベルとして捉えられる。

1　経済的レベル

　経済的レベルは，何よりも自社（自組織）中心で，自社の利益を極大化することを目的に行動することである。経済的利益の追求こそがすべての企業行動の基本であり，企業はあらゆる手段を使って利益を追求すべきと考える。

　この段階はヴィルバーのいう力の世界観であり，自らの欲求や欲望を満たすことを求める。世界（市場）はジャングルであり，そこでは勝者と敗者が存在し，世界で勝利するためには力と叡智が必要で，力を持つ人こそ世界を支配し，力や才能がない人は世界（市場）から排除されるのは当然と考える。この段階の経営者は，企業で働く従業員を私的利潤追求の道具と捉え，また企業も自己の利益や欲望を満たす手段であると考え，すべての企業行動は経済的利益中心に行われる。またこの段階の倫理規範では，社会の規範や規則も企業に利益があれば従うが，利益がなければそれに反してでも利益極大化を求めることになる。

　経済的レベルの考え方は，新古典派経済学ないし新自由主義の人々の典型的な考え方である。新自由主義は，人間の福利は強い私的財産権，自由市場，および自由な取引によって特徴づけられる制度的枠組みの中で個人の企業家的自由や技術をはたらかせることで最大に促進されると考える。個人的効用や個人の福利は自己利益の追求によって最大限に達成される。そこで，新自由主義的観点からの人間行動の究極の目的は，自己利益を追求することである。それは他者の利益に配慮しなくても，自己利益を追求することが社会全体の利益（福祉）につながると考える。

　このような新自由主義的自己利益の追求は，経営者の行動を指揮し監視する単一目的を採用することになる。そこでは従業員はコストと見做され，株主価値を高めるために彼らは解雇され，リストラされる[26]。さらに自己利益の追求は，その利益追求活動に付随する社会問題や環境問題を解決することをコストと考えるので，それらの問題は法に抵触しない限り解決されることはない。そこでは，従業員に対する人権への配慮や人間の尊厳の尊重の考え方はなく，社会問題や環境問題も企業の利益に役立たない限り考慮することはない。

　企業が経済的利益を求める組織体であり，市場経済体制の中で行動している

ならば，利益追求こそが企業の役割と考えている経営者は，このレベルにあるといえる。そして，このレベルの倫理規範を有している企業は，利益極大化志向企業として表され，企業として利益追求行動に専念することになる。

しかし，市場経済の中で個人利益の自由な追求が社会全体の効用を大きくするという新古典派経済学の考え方は，一人勝ちの社会，あるいは勝ち組みと負け組みの拡大という大きな格差社会を生み出し，さらに地球環境問題を悪化させてきている。経営倫理での経済中心の考え方は，経済的利益中心に行動することになり，企業における社会的連帯感を希薄化させ，人々の信頼関係を無くし，相互に助け合い支え合う仕組みを崩壊させてきているのである。

2　法的レベル

法的レベルは，法令順守の規範に基づいて行動することである。このレベルでは，企業は社会の下位組織であるので社会の規則や規範に従い，それに違反しない限りで自社の利益を追求する。これは，企業が利潤追求の経済組織体であるとしても，社会の法律や規則の中で経済活動を展開するならば，法律の範囲内でその活動が認められるのであり，法の枠内で利益を追求すべきとなる。この段階にある経営者は，一般には自社の利益を超えて業界全体あるいは社会全体の利益を考慮する立場にあると言える。これはヴィルバーの言う合理的段階であり，特定の組織を超えて，平等や自由，正義といった社会の規則や規範に従いながらも，自由主義的市場競争での勝利を求めて行動する。これは，法的制約の中で効率的能率的に行動することが競争に勝利し，その結果として社会の発展につながると考えるからである。

社会の法律や規則は社会の秩序を維持するために人々が最低限守るべき規範である。S. B. シマノフ（Shimanoff, 1980）によると，規則とは，コンテクストの中でどのような行動が義務づけられれ，好まれ，禁止されるかを示す遵守可能な規定である。それは次のような特徴を持っている[27]。すなわち，規則は，①守ることができる，②規定である，③コンテクスト的である，④人間行動に関係している。①は，規則は守られるだけではなく，破られるかもしれない，ということを意味している。これは，科学的法則とは違って，規則には人々がそれに従うかどうかの選択の余地があるからである。②は，規定は何事かが起

こるべきこと，そしてこの行動からの逸脱は評価に従うことを意味している。③は，規則はすべて同様な状況では適用されるが，異なる条件では適用できないかもしれないということである。④は，規則の適当な領域は行動であり，規則そのものは何を考えるべきか，あるいは何を考えるべきでないかという精神的心理的なことは規定しないということである。規則は適当な行動を明確にするのである。

　このような規則は社会的習慣として生じたり，法律のように社会的に制定されたり，職場の職務規定，役割規定，地位や権限のように生じたりする。規則は基本的に社会の人々の合意の結果として生じるのである。しかし，合意の結果として法や規則があっても，人々はそれから逸脱する行動もするものである。人々は規則に支配されるというよりも，規則に従いながらも自主的主体的に行動するからである。人々は自己の利益を優先して，規則や法律を守ることが自己の利益に反すると思えば，それに従わず，規則に違反することもするのである。このことが企業の不祥事の原因ともなるのである。

　しかし，法律や規則が社会の秩序を維持するために存在するならば，人々はそれらを守る必要がある。人々が法律や規則に従わず，それを順守しなければ，社会的秩序は維持できないからである。そこで社会はそれに違反しそれを犯す人々を批判したり罰したり，制裁を科すことで，法律や規則を守るように人々を制限，制約するのである。

　近年，多くの企業が倫理規範の問題として捉えているのはこの法的レベルであり，経営倫理とはコンプライアンスを重視することと考えている。これは，法令に違反するような不祥事を起こすことで社会的制裁を科され，時には企業倒産の危機に直面したりするからである。しかしながら，コンプライアンスは法令順守であり，法的レベルは社会の最低限の規範であり，人間に求められる高い行動規範ではないのである。

3　人道的レベル

　人道的レベルは，法的レベルを超えて，人間としての尊厳を尊重し，正義の普遍的原理に基づいて行動することである。この段階は，自分のいる社会を超えて，世界全体の視点から自己の存在を捉え，世界そのものの繁栄と平和を求

め，すべての人々の福利を中心に考え行動する段階である。世界は様々な国や文化から成り，多様な価値観，思想，宗教，文化が存在している。この段階は，ヴィルバーの言う相対主義的世界観の段階であり，すべての存在の神聖性を認識することができ，すべては平等であるという相対主義と平等主義の考え方に立ち，多様な視点を平等に尊重しようとする。したがって，この段階ではすべての国の人々が満足する解決策を求め，またすべての人々の人権に配慮し，世界の繁栄を求めて思考し行動する。すなわち，世界中のすべての人間を大切にする生き方である。

　それではなぜ，本来，経済活動をする企業にこのような人道的レベルの倫理を求めるのであろうか。ビジネスと経営倫理について論述しているディジョージ（1989）によると，倫理と道徳には，ビジネスで担うべき重要な役割があり，ビジネスの中心的な道徳的責務は，その行動の影響を受ける人に被害を及ぼす原因を作ってはならないということである[28]。しかし，企業活動によって引き起こされる被害等の負の結果を防止するためにすべて法律によって規制することはできない。D. スチュアート（Stewart, 1996）によると，規則によって行動を統御することは，与件において適用できる規則がない場合にどうしたらよいかという問題を生み出す。また，それは，最低限求められることのみを行い，規則の基本的な考えを充足するようにはならず，さらに規則が防止することを意図した事柄を行っても，規則の解釈上の要件を充たすような抜け道を探すよう人々を誘惑するようになる[29]。

　人々が社会の中で活動する限り，人々の行動を規定する法や規則以上に，人間として守るべき最低限の行動規範や義務が存在する。これらの道徳や倫理があることで社会は秩序を維持している。経済活動ないしビジネスは，本来，人間の幸福や生活の利便性に役立てるために行うものである。ディジョージは，ビジネスと倫理の関係を次のように述べている。「ビジネスは，人々が相互の利益を目指して財とサービスを交換するために交際する活動である。ビジネスは，それ自身が目的ではない。ビジネスは，自己および愛する人のための良き生活を達成する目的で用いる手段である。……企業は利潤のために設立されるかもしれないが，得られた利潤は，ある目的のための手段であり，それ自身が目的ではないのである。この事実が曖昧になり，利潤が目的となるとき，ビジ

ネスの過程で人間は忘れ去られ無視されることになり，ビジネスは，人間にほとんど奉仕しなくなる」[30]。ディジョージは，「ビジネス非道徳性の神話」を克服するためには，ビジネスのあらゆる局面に関係する人々の道徳意識の向上が必要であるとしている。すなわち，経営者をはじめ従業員，株主，消費者などの道徳意識の発達を必要とするということである。

　人道的レベル以上が本来の経営倫理レベルである。このレベルを実践している企業が有徳企業ないし倫理的企業である。これは，たとえ企業が経済的主体であり利益追求活動をしていても，法令違反をしないことは当然のこととして，人道ないし倫理に反する経済活動を禁止する倫理規範を持たなければならないことを意味している。企業が社会の中で活動する限り，企業も企業市民として社会規範ないし倫理観を持って活動するのは当然のことであり，企業市民として企業活動に責任を負っている。企業市民（corporate citizen）とは，企業は単に経済的生産組織体としての存在ではなく，地域社会で活動する市民と同様に地域社会の一員として行動し，社会に貢献することである[31]。今日，企業は，単に利益追求活動にのみ専念し，地域社会の問題や環境問題は政府や公共団体あるいはNPOにその解決を委ねれば良いと考えていては，存続できない。企業も一般市民と同様に，その倫理観や社会規範に基づく活動が求められている。企業といえども，経済的利益を追求する以上に倫理意識を持って事業を展開することが求められているのである。

4　スピリチュアルレベル

　スピリチュアルレベルは，超時空間的段階あるいは非二元の段階で，個を超える意識の段階で，人類全体の持続的発展，地球環境の保全を考慮し，地球や宇宙を大切にして行動する段階である。これは，自己における心と身体を統合する意識であり，個を超える意識が始まり，スピリットを意識し始める段階である。組織成員が自己超越的に行動する段階であり，利他主義的愛に基づき，経済的利益よりも他者や社会全体の利益を求めて行動する段階である。このレベルは，スピリチュアル経営を実践する企業であり，スピリチュアル企業として表される。

　以上の経営者の意識の発達レベルと経営倫理のレベルを四象限モデルで表し

図8-1　経営倫理発達の四象限モデル

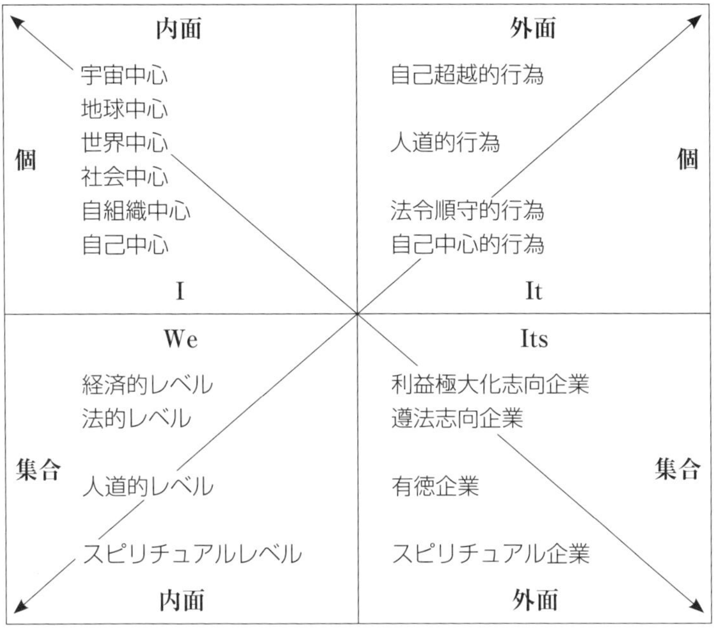

```
          内面                          外面
     宇宙中心                    自己超越的行為
     地球中心
個    世界中心                    人道的行為              個
     社会中心
     自組織中心                  法令順守的行為
     自己中心                    自己中心的行為
          I                            It
          We                          Its
     経済的レベル                利益極大化志向企業
     法的レベル                  遵法志向企業
集合                                                    集合
     人道的レベル                有徳企業

     スピリチュアルレベル        スピリチュアル企業
          内面                          外面
```

出所）Wilberの四象限モデルに基づいて筆者作成。

たのが図8-1である。これは，それぞれの象限についての発達段階を示している。左上象限は人々の意識の発達レベルであるが，ここでは経営者の意識の発達レベルを示している。左下象限は経営倫理レベルである。右上象限は，左上象限に対応して六つのレベルが考えられるが，ここでは自己中心的，法令順守的，人道的，自己超越的行為の四つのレベルを示している。右下象限は，経営倫理レベルに対応して，利益極大化志向企業，遵法志向企業，有徳企業，スピリチュアル企業を示している。現代の資本主義社会では，利益極大化志向企業や遵法志向企業が大多数であり，有徳企業は少数であり，スピリチュアル企業は極めて少数である。

　企業行動は，これらの四象限の相互作用の結果として生じることになる。すなわち，企業がどのような行動をとるかは，各象限の発達レベルに依存しており，特に，企業の不祥事は倫理の発達レベルがどの程度かによって規定される。

M. H. ベイザーマンとA. E. テンブランセル（Bazerman and Tenbrunsel, 2011）によると，エンロンの社内倫理要綱は厳しい倫理基準（右下象限）を持っていた[32]。しかし，「職業倫理基準部」に所属する人たちは，社内で小ばかにされ，ないがしろにされ，倫理基準が骨抜きされるような非公式の組織文化（左下象限）に圧倒され，公式のコンプライアンス・システムの影響力はかき消されていた。それは，元CEOのケネス・レイ（Kenneth Lay）が非公式のルールを公式の倫理要綱より優先していた（左上象限）からである。その結果，エンロンは不祥事を起こし（右上象限），倒産したというのである。このように企業がいくら高い倫理要綱を持っていても，経営倫理のレベルが低ければ不祥事を起こす可能性が大きくなるのである。

　それでは，なぜこのような高い倫理規範あるいはスピリチュアリティに基づいて経営する必要があるのであろうか。企業が経済的利益を求める組織体であり，市場経済体制の中で行動しているならば，なぜ企業は高い倫理的観点から行動する必要があるのであろうか。従来のように，企業が市場経済万能主義で自組織中心的に利益極大化を志向して行動するとどうなるのであろうか。ここでは，企業の内外の二つの点から検討しよう。

　E.ラズロ（Laszlo, 2006）によると，現在，人類は，対立や不調和に満ちた持続不可能な破滅（breakdown）への道と，人と人の間も，人と自然の間も調和に満ちた持続可能な躍進（breakthrough）への道の分岐点にいる[33]。現在のまま文明が進展すると，地球は次のような持続不可能性となる[34]。①生態系の持続不可能性（地球環境の悪化，生態系の破壊など），②経済の持続不可能性（富の分布の不平等，資源の枯渇など），③金融システムの持続不可能性，④社会の持続不可能性（貧富の格差拡大，貧困層の増大，家族崩壊の増加など），である。これまでわれわれの社会では，①自然は無尽蔵である，②世界は一つの巨大な機械である，③人生は適者生存の闘争である，④市場は利益を合理的に分配する，⑤消費すればするほどよい人間になる，⑥お金を持てば持つほど幸福になる，⑦経済的な目的は軍事的手段を正当化する，という考え方が支配的であった[35]。しかし，このような考え方が地球を持続不可能にしてきている。そこで，ラズロは，持続可能にするためには，次のような考え方に変化する必要があるとしている。それは，①競争から，和解と協調への変化，②物欲と欠

乏から，充足と思いやりへの変化，③外的な権威に頼った安定感から，内的なもの（知恵）を根拠とした安定感への変化，④機械的システムから生きたシステムへの変化，⑤分断から全一性（ホロス）への変化である[36]。

　ホロスというのは次のような集約的発展の考え方である[37]。①結びつき（connection），②コミュニケーション（communication），③意識（consciousness）である。①は，すべての生命体は生態系のなかで他のすべての生命体とつながっている，ということである。従来の考え方では，個々の人間は別個の物質的な塊であり，人と人，人と環境との関係は外的なものにすぎず，人間は自己の利益を追求する利己的な経済主体であるということであった。②は，コミュニケーションをより深いものにし，コミュニケーションの意識をより高めるということである。③は，コミュニティ，生態系，そして地球を中心に据えた意識をもつということである。ホロスの基本にある考えは，人間として完成された全一的になりたい，自分の周囲と地球的レベルの両方で健全で全一的なコミュニティを作りたい，どの要素も次元もないがしろにせず十分に配慮したい，自分も存在の全一的な意味と神秘の一部なのだという感覚のなかで他者と結びつきたい，ということである。

　ラズロは，このような考え方に立つことがわれわれの文明を破滅から守り，飛躍の道に導くとしている。このホロスの考え方は，経営倫理のレベルでいえば，人道的レベル，あるいはスピリチュアルレベルである。現代社会で最も影響力の大きい企業が，従来の価値観や世界観を変えて，ホロス的経営をすることが持続的に発展するためには必要ということである。

　しかし，このような人類の持続的発展のためにのみ，企業に高い倫理意識ないしスピリチュアリティに基づく経営が求められるのではない。それは，企業内部の働く人々の基本的要求に関わっており，働く人々が仕事に肉体と心を持ち込むように，スピリチュアリティを持ち込むことから起こっている。今日，先進国では多くの人々が物質的満足よりも精神ないしスピリチュアリティの満足を求めており，働くことや生きることの意味を求め，働きやすい職場環境を求め，さらに他者や社会との繋がりないし社会貢献や地球環境への貢献を求めている[38]。

　前述のように，人間は知的，言語的，情緒的，道徳的等の様々な領域（ライ

ン)での発達を求めるものであり,人間として究極的に成長発達したいと思っている。今日の社会で長く受け入れられてきた考えの一つは,個人として自立し成長することであり,最終的に自己実現することを人間の究極の成長としてきたことである。確かに,自立し自己実現することは重要なことではあるが,しかし,人間の成長過程で自己実現することを理想的発達モデルとすることには問題がある。人は生きる過程に様々な困難に直面し,それを乗り越えることで成長する。そして,それらの苦難や困難にどのような態度をとり,どのように意味を見つけるかによって自己の人生を生きていく。第9章で述べるV.E.フランクル(Frankl)が言うように,人間にとっては自己実現よりも意味実現が重要である。自己実現は人生における一側面しか捉えていない。意味実現は創造的,体験的,態度的価値の実現で達成される。人間は苦悩に対してどのような態度をとるかによって意味を実現できる。人間は,苦悩や苦難あるいは失敗を経験し,それを乗り越えることで成長するのである[39]。

　さらに,人間は自己中心性をいかに克服し,他者のために捧げるか,ということもその成長にとっては重要である。人間の究極的成長は自己中心性を克服し,自己超越し,他者との調和を図り,他者を支援し,自己犠牲を伴う愛を捧げることで達成される。これを可能にする精神の自由と責任性を持つことが人間としての成長である。人間は意味的存在であり,精神的存在である。人間はスピリチュアリティの発達を求める存在なのである。

　人間がこのように精神的存在ないしスピリチュアルな存在であるならば,仕事や職場でもそれを取り入れる必要がある。しかし,多くの企業においては働く人々のスピリチュアリティは十分に考慮されていない。それは,市場経済の中で効率性や能率性が重要視され,効率的に仕事を行い,利益を上げることが高く評価されてきているからである。しかし仕事での評価が過度に重視され,人もその業績によって評価されるとき,仕事に意味を見出せない人は実存的虚無に陥り,仕事で虚脱感や脱力感に陥るのである。

　人間がスピリチュアリティないし精神的存在であるならば,企業や組織で精神の欲求を満たすように仕事を作ることが必要である。働く人々は誰でも意義のある仕事を求めているからである。意義のある仕事は,人々に働きがいを与え,生きがいを与える。人々がそのような仕事に就き,積極的に働くことは,

個人にとっても，組織にとっても，また社会にとっても望ましいことである。そして，それはスピリチュアル経営を実践することで達成されるのである[40]。すなわち高度の倫理観に基づくスピリチュアル経営が求められているのである。

Ⅳ 倫理規範の高い組織づくりの条件

　職場における働きがいや意味充実を図るスピリチュアル経営を構築するためには，何よりも職場の倫理規範が高くなければできない。それは，働く人々の人間としての尊厳が尊重されなければならないからである。前述のように，経営倫理の経済的レベル，法的レベルの企業では，働く人々がやる気を持って仕事ができるような職場はなかなかできない。それは，現在の市場経済体制下では何よりも従業員の尊厳よりも企業の利益を求めるからである。最高の職場や充実した組織を形成するためには，少なくとも人道的レベル以上の経営倫理が求められるのである。しかし，本書は，さらに一段高いスピリチュアルレベルの職場づくりを求め，スピリチュアリティに基づいて経営を行うことが，働く人々が真に充実し，意味実現する最高の職場を構築すると考えている。近年頻発している不祥事や過労死など企業を取り巻く厳しい社会的状況の中で，社会から真に信頼され，従業員が働きがいや生きがいを持てる組織を構築するためには，経営者はスピリチュアリティに基づいて経営する必要がある。人々がスピリチュアルな価値を求め，働くことの意味や人生の意味を求めるにつれて，スピリチュアル経営が必要になる。そして，人間としての究極的発達がスピリチュアリティであるならば，人間はスピリチュアル経営を求めるのである。

　しかしながら，多くの人々がヴィルバーの意識の発達段階での神話（自組織中心）レベルであり，せいぜい合理的（社会中心）レベルにあるならば，相対的（世界中心）レベル以上の組織を構築することは困難である。しかし，困難であるとしても働く人々にとって最高の職場，多くの利害関係者にとって良い組織が持続可能な組織であるならば，組織が長期的に存続発展するためには，そのような組織を構築する必要がある。

　それでは高い倫理意識を持った組織を構築するためには何が求められるのであろうか。その条件とは何であろうか。第一の条件は，経営者ないしリーダー

が高いレベルへ成長発達することである。そして，そのために自ら高い発達段階を求めて研鑽し，成長を続ける努力をすることである。少なくとも，世界中心レベルから，地球中心，宇宙中心レベルへ，すなわちスピリチュアルを求めて努力研鑽することである。しかし，いくら経営者が高いレベルにあっても，企業としての経営倫理レベルは企業全体の従業員の平均レベルを表すので，経営倫理レベルを高めるためには企業全体として道徳ないし倫理意識を高める教育研修をすることである。

　そのためには経営者は次の役割を果たすことが重要である。一つ目の役割は，経営者が自己や役員の発達レベルがどの段階にあるかを把握することである。これは意識，思考，道徳，世界観や人生観などの左上象限でのレベルを把握することである。二つ目は，自社の経営倫理のレベルがどの段階にあるかを診断し，把握することである。これは集団や組織全体の平均レベルの倫理観，世界観，価値観，あるいは組織文化や倫理風土などの左下象限である。三つ目は，倫理規範，組織構造，報酬体系，罰則規定などの企業の外的システム，すなわち右下象限がどのようなものかを把握することである。四つ目は，従業員の職務行動や倫理的行動などがどのようなものか把握することである。企業活動は，最終的には個々の成員の行動で現れるものであり，個々人が倫理的行為ないし法令順守的行為をするか，あるいは法令に反する不祥事を起こすかで現れる。これらの役割は，四象限モデルに基づいてそれぞれの象限の現在の状態，レベル，ライン，タイプを把握することを意味している。

　そこで，倫理意識の高い組織づくりの第二の条件は，組織の現状やタイプなどを把握した後で，その望ましい状態やレベル，すなわち目標を設定することである。そして，四象限モデルに沿ってそれぞれの象限での目標達成に必要な施策を実施することである。目標達成のための発達レベル（左上象限），目標とする経営倫理レベルや組織文化の構築（左下象限），目標とする倫理規範や罰則規定，報酬規程の制定（右下象限），理想とする倫理的行動ないし模範的行動（右上象限）を奨励するのである。

　第三の条件は，経営者の意識の発達が高いレベルにない場合の課題である。これは，経営者の発達がたとえスピリチュアリティの段階でなくても，少なくともラインとしてのスピリチュアリティの存在を認めることである。人間には

多様なラインがあるが，第4章で述べたように，近年，マネジメントでもSQ（スピリチュアル知能）の存在が認められ，SQの重要性が認識されてきている。そして，SQが阻害されると，人々は職場で働くことの意味を失い，組織目的を達成しようとするモチベーションを低下させることが示されている。これは，今日のマネジメントでは，知性，感情，身体，スピリットが重要であるからであり，特に，スピリットは人間の身体に宿っている生命力であり，エネルギーの源であり，知性，感情，身体の三つの基礎にあるからである。このことは発達の最高レベルのスピリチュアリティではなくとも，ラインとしてのスピリチュアリティが企業経営にとっては重要な要因であることを意味している。

　従業員が働く意味や働きがいを求め，精神的な充足を求めているならば，スピリチュアリティはマネジメントでも重要な問題である。もし経営者が従業員をスピリチュアルな存在として捉え，スピリチュアリティの欲求を満たすように仕事を工夫するならば，従業員の態度は変化し，結果として生産性や業績も向上する。J. B. キウーラ（Ciulla, 2000）がいうように，人間は敬意をもって扱われ，意味のある仕事を通じてまっとうな暮らしができれば満足するからである[41]。経営者は，少なくとも従業員をスピリチュアルな存在として捉え，尊敬と敬意を持って扱うことが必要なのである。

　第四は，利害関係者から信頼される組織を構築することである。倫理に基づく有徳企業であれ，スピリチュアル企業であれ，その最低限の条件は企業に関わる人々から信頼されることである。企業がどのように崇高な理念を掲げ，高い道徳ないし倫理規範を掲げても，日々の活動で人々の期待を裏切り，信頼されなければ，有徳経営やスピリチュアル経営は実現できない。それは，経営者と従業員との間に，あるいは組織成員間に絶対的信頼がなければ行われないからである。

　信頼については再三述べているように[42]，信頼は，自分で解決できない問題を抱えた人（信頼者）が，その問題解決において他者に依存するという脆弱な状況で，他者（被信頼者）がその脆弱性や弱点を攻撃するどころか，逆にその問題解決を図るという期待である。それではなぜ信頼者は脆弱な立場にありながらも被信頼者を信頼するのであろうか。それは，被信頼者が言行一致，配慮，平等，自己開示，一体化，などの特徴を持っているからである。しかし，これ

は人間関係一般での信頼であり，対人的信頼である。さらに仕事において信頼を得るためには，能力とロゴスが必要である。これらの特徴は，道徳性を表す指標であり，これらの特徴を有する人は人徳のある人間と呼ばれるのである。

信頼は，一般には対人的な問題が中心になるが，しかし，信頼が組織の問題になる場合には，組織はさらにシステム的信頼とコンテクスト的信頼を形成する必要がある。システム的信頼は，システムそのものが全体として持つ信頼のことである。これはシステムを構成する個々の要素の相互関係によって生み出される信頼である。例えば，飛行機についていえば，パイロットが優れた能力や技能を持っていても，飛行機が整備不良であれば，飛行機に搭乗することは危険であり，それは飛行機，パイロット，整備士などシステム全体としての信頼性に欠け，システム的信頼がないことになる。

コンテクスト的信頼は組織自体の信頼である。この信頼は，組織が利害関係者の期待に応え，彼らや彼女らからどのように評価されるかという組織の有効性の問題である。これは，組織参加者の動機の満足ないし意味充足，組織目的の達成，社会貢献，組織自体の変革や自己創造，を行うことで達成される。すなわち，組織がこれらを達成すると多くの利害関係者から信頼され，コンテクスト的信頼を得られるのである。

以上のように信頼に対人的信頼，システム的信頼，コンテクスト的信頼があるならば，これら三つを形成することが多くの利害関係者から高く信頼される組織を構築することになる。このような信頼性の高い組織は，次章で述べるように意味充足ないし意味実現する組織なのである。

V 結び

以上，倫理の発達とスピリチュアリティの関係，および経営倫理のレベルについて検討してきた。道徳ないし倫理の発達段階として，(1)自己中心的，(2)自集団中心的，(3)世界中心的，(4)宇宙中心的レベルがあり，宇宙中心レベルがスピリチュアルレベルであることを示してきた。

経営倫理は，基本的には企業が正しいこと，正当なこと，公平なことを行う義務であるが，経営倫理は企業全体の平均の道徳的発達レベルであり，これに

は，道徳の発達レベルに対応して(1)経済的，(2)法的，(3)人道的，(4)スピリチュアルレベルがあることを示してきた。現代の資本主義社会では，経済的レベルや法的レベルの企業が大多数であり，有徳企業は少数であり，スピリチュアル企業は極めて少数である。

　それでは，なぜこのような社会的状況の中で，倫理意識の高い組織を構築する必要があるのであろうか。あるいは企業が経済的利益を求める組織体であり，市場経済体制の中で行動しているならば，なぜ企業は高い倫理的観点から行動する必要があるのであろうか。それは企業が市場万能主義的に経済的レベルで活動し続ければ，ラズロがいうように，生態系，経済，金融，社会を含め世界そのものが持続不可能になるからである。持続可能な組織や社会を作るためには，われわれの意識，価値観，世界観を変え，より高い倫理観あるいはスピリチュアリティに基づいて経営することが必要である。さらに，人間の究極的発達段階がスピリチュアリティであり，また人間がスピリチュアリティないし精神的存在であるならば，企業や組織でスピリチュアルな欲求を満たすように仕事や職場を作る必要があるからである。

　そこで，本章は，そのような倫理規範の高い組織を形成するための条件を示してきた。第一の条件は，経営者自身が高いレベルへ成長することである。そして，そのために自ら高い発達段階を求めて研鑽し，成長を続ける努力をすることである。第二の条件は，組織の現状やレベルなどを把握し，組織の望ましい状態やレベル（目標）を設定し，その達成のために努力することである。第三の条件は，経営者が少なくともラインとしてのスピリチュアリティの存在を認め，従業員をスピリチュアルな存在として扱うことである。第四は，利害関係者から信頼される組織を構築することである。有徳企業であれ，スピリチュアル企業であれ，その最低限の条件は企業に関わる人々から信頼されることにあるからである。このような条件が整うことで，倫理意識の高いスピリチュアリティに基づく最高の職場や充実した組織を形成できるのである。

　それでは，このような最高の職場あるいは充実した組織はどのようにして形成されるのであろうか。あるいはスピリチュアル経営を構築するためには，どのようにすればよいのであろうか。次章でこの問題について検討しよう。

●注
1 Badaracco（1997）は，人々がビジネスの意思決定で汚れた手としての道徳的困難に直面するとし，これを「決定的瞬間」の問題として論議している。
2 Barnard（1938），p.278, 邦訳，290頁。
3 髙とドナルドソン（1999）は，倫理法令順守マニュアルを計画・実施することについて論議している。
4 Barnard（1938），pp.261-262, 邦訳，272-273頁。
5 DeGeorge（1989），邦訳，27頁。
6 Henderson（1992），邦訳，54頁。
7 Wilber, et.al.（2008），pp.263-264, 邦訳，345頁。
8 Kohlberg et al.（1983），Kohlberg and Higgins（1985），邦訳を参照。
9 Gilligan（1982），p.18, 邦訳，25頁。
10 Gilligan（1982），p.19, 邦訳，26頁。
11 Gilligan（1982），p.38, 邦訳，65頁。
12 Mayeroff（1971），邦訳を参照。
13 Roch（1992），邦訳を参照。
14 Gilligan（1982），pp.72-91, 邦訳，126-160頁。
15 Gilligan（1982），p.98, 邦訳，172頁。
16 Gilligan（1982），p.100, 邦訳，176頁。
17 Gilligan（1982），pp.102-103, 邦訳，181頁。
18 Haidt（2012），邦訳を参照。
19 Haidt（2012），邦訳，416-417頁。
20 Haidt（2012），邦訳，24-160頁。
21 Haidt（2012），邦訳，162-293頁。
22 Haidt（2012），邦訳，296-420頁。ハイトは，デュルケーム（Durkheim）のいうホモ・デュプレックス，すなわち人間は個人とより大きな社会の一部という二つのレベルで存在する生き物であるとの考え方から，人間は世俗の世界と神性の世界を志向する二重の本性があるとしている。
23 Haidt（2012），邦訳，342頁。
24 Wilber, et.al.（2008），pp.262-263, 邦訳，343-344頁。
25 Wilber, et.al.（2008），pp.79-80, 邦訳，103-105頁。
26 Lips-Wiersam and Nilakant（2008），pp.52-54.
27 Shimanoff（1980），pp.37-88.
28 Degeorege（1989），邦訳，703頁。

29 Stewart (1996), 邦訳, 19-20頁。
30 DeGeorege (1989), 邦訳, 703頁。
31 この点については, 狩俣 (2000), 186-187頁, 狩俣 (2009), 90-91頁, 松岡 (1992), 158-162頁を参照。
32 Bazerman and Tenbrunsel (2011), 邦訳, 169-184頁。
33 Laszlo (2006), (2008), 邦訳を参照。
34 Laszlo (2006), 邦訳, 41-70頁, (2008), 邦訳, 61-72頁。
35 Laszlo (2006), 邦訳, 125-135頁, (2008), 邦訳, 86-91頁。
36 Laszlo (2006), 邦訳, 103頁, (2008), 邦訳, 119頁。
37 Laszlo (2006), 邦訳, 82-87頁, (2008), 邦訳, 75-77頁。
38 Smith (2006), pp.6-8, Aburdene (2005), 邦訳, 169-171頁, 狩俣 (2009), 173頁を参照。
39 Frankl (1947), (1952), (1962), (2005), 邦訳を参照。
40 この点については, 狩俣 (2009) を参照。
41 Ciulla (2000), p.227, 邦訳, 400頁。
42 狩俣 (2004) の第3章, (2009), 38-51頁を参照。

第9章 最高の組織づくりと意味実現のリーダーシップ

I 序

　今日，職場で長時間労働，過労死，過度のストレス，鬱などの問題が生じ，これに伴い働く人々の労働意欲の低下，組織への忠誠心やコミットメントの低下，離職者の増大，組織競争力の低下などの問題が起こり，これらの問題をどのように解決するかが企業経営の重要な課題になってきている。他方で，このような問題のある組織とは逆に，働く人々にとって最高の職場，充実した組織，意識の高い会社など，働きやすい職場や組織，あるいは働きがいのある仕事に関する研究も現れてきている。例えば，後述するようにD. ウルリッチとW. ウルリッチ（Ulrich and Ulrich, 2010）は，今日，組織が直面している危機として，精神的な健康と幸福感の減退，仕事の複雑性や孤立感の増大，従業員の勤労意欲の低下，使い捨て傾向や敵意と憎しみの増大などを挙げ，これらの問題を解決して充実した組織を作り出すことがリーダーの役割であり，それは意味形成や意味充実に関係している[1]，としている。

　このような職場における働きがい，あるいは最高の職場作りの問題への関心が高まるにつれて，リーダーシップの研究でも，社会から真に信頼され，従業員が働きがいや生きがいを持てる職場を構築するために必要なリーダーシップが求められ，それがサーバント・リーダーシップやスピリチュアル・リーダーシップとして現れてきている。それらに共通する考え方は，働く人々の意味の問題であり，意味充足ないし意味実現に関係していることである。しかし，それらの理論やモデルは，職場での働きがいや仕事の意味の重要性を指摘しても，

意味実現がどのように行われるかについては十分に分析していないのである。

そこで，本章では，働きがいのある最高の組織や有効な組織，および意味実現とは何かを検討して，最高の職場や充実した組織づくりのリーダーシップの条件を明らかにする。

II 働きがいのある最高の組織

1 働きがいのある職場づくり

近年，新しい企業経営のあり方，あるいは最高の職場，充実した組織に関する研究が行われてきている。例えば，J. マッキーとR. シソーディア（Mackey and Sisodia, 2014）は，これからの社会ではコンシャス・カンパニー（conscious company，意識の高い会社）が必要であるとして，そのような企業に必要な経営者ないしリーダーの役割を明らかにしている[2]。彼らによると，コンシャス・カンパニーとは，①主要ステークホルダー全員と同じ立場に立ち，全員の利益のために奉仕するという高い志に駆り立てられ，②自社の目的，関わる人々，そして地球に奉仕するために存在する意識の高いリーダーを頂き，③そこで働くことが大きな喜びや達成感の源となるような活発で思いやりのある文化の根ざしている会社である。そのような会社は，社員が学び，成長する意欲をかき立てられるような，目的の明確な職場環境を作り出し，また存在目的や愛情といった内的動機づけによって成立し，社員が人として自己実現を図りながら活躍できる職場環境を作り出す。そして，なるべく多くの人々が天職と感じられる仕事に就くことを目指している。

マッキーとシソーディアによると，意識の高い会社を作るためにはコンシャス・リーダーが必要である。そのようなリーダーは，何かとてつもない方法で世界を良くしたいという情熱を持ち，自分たちの組織を通じて世界に良い影響を及ぼしたいと努める。また最も優れたコンシャス・リーダーは仲間に希望や自信を与える希望の人であり，意味を生み出す人である。コンシャス・リーダーは，共有の目的を心の奥底に刻みつけ，社員が仕事から意味を得られるような環境を作る。また，組織の中での立場や役割とは関係なく，どんな人にも

尊敬の念を持って接し，各個人に備わっている適性や天賦の才能を高く評価し，人の強みに働きかけて，成長と進化を後押しする。

　M.バーチェルとJ.ロビン（Burchell and Robin, 2011）は，働きがいのある会社研究所（The Great Place to Work Institute）での調査結果から最高の職場（great workplace）の特徴を明らかにしている[3]。それは，従業員が会社や経営者を信頼し，自分の仕事や商品・サービスに誇りを持ち，同僚と連帯感を持てる会社であり，信頼（信用，尊敬，公正から成る），誇り，連帯感を持っている。

　バーチェルとロビンによると，良い会社と最高の会社との決定的な相違を生むのは人であり，リーダーは従業員と組織の強い絆を築くことに深く関与しており，職場における信頼・誇り・連帯感の強化こそ，今日の組織における効果的なリーダーシップのまさに中心的課題である。そこで，彼らは，これを形成するためのリーダーの役割を示している。

　ウルリッチ夫妻（2010）は，仕事や職場における意味の重要性を指摘し，充実した組織作りに必要なリーダーシップを明らかにしている[4]。彼らによると，充実した組織（abundant organization）とは，「個々の従業員が自分自身に対する意味を生み，ステークホルダーに対する価値を創造し，人間社会全体に希望を生み出すために，自らの意欲と行動を注ぎ込む職場である」[5]。このような充実した組織を作り出すことがリーダーの役割であり，それは意味実現（充実）に関係している。

　この役割を果たすためにリーダーは次の課題に取り組む必要がある[6]。①アイデンティティ，②目的と方向性，③良好な人間関係の形成，④充実した職場の構築，⑤働きがいのある仕事，⑥成長，学習，再起力，⑦礼節と幸福感，がそれである。①はアイデンティティの確立で，個人の強み（アイデンティティ）と組織の強み（アイデンティティ）を顧客からの期待に合致させることである。②は，組織の目的や進む方向が何かを明確にすることであり，従業員を動機づける要因を明確にすることである。③は，良好な人間関係を形成することで，そのためには，関心を向け，関心に応え，傾聴し，自己を開示し，距離感を調整し，対立を解消し，修正を施すことである。④については，謙虚さ，明確な価値観，他者へのサービスの優先，他者のアイデアの受容，人間的な結

びつき，頻繁なコミュニケーションなどが前向きな職場環境を形成する。⑤は，従業員の参加意識を高め，コンピテンシーを向上させ，コミットメントを高め，貢献へと導くことである。⑥は，環境変化に対して学習と再起力で対応する組織が成功するチャンスをつかむことである。再起力（resilience）とは，変化に直面したときに，反発し，再び挑戦する能力である。⑦は，喜びを生み出すことである。充実は喜びに基づいて形成される。

　R. フリードマン（Friedman, 2014）は，幸福な最高の職場は従業員が最高な仕事をできるような環境を整えることであるとして，最高の職場づくりのための管理者やリーダーの役割を明らかにしている[7]。最高の職場づくりに共通する要素は次の三つである。

　一つは，従業員エンゲージメントを高めるために，従業員に自主性，自信，つながりを実感する機会を与えることである。それは，従業員エンゲージメントの中心に心理的欲求があるからである。二つ目は，組織は心身の限界に取り組むことで最も成功することである。それは，従業員が身体の限界を無視して働くのではなく，彼らや彼女らが精神力を維持できるような職場を作ることである。三つ目は，仕事と家庭生活の調和が双方の質を高めることである。それは，多くの企業がワーク・ライフ・バランスの重要性を主張しても，現実には行われていないからである。

　R. ゴフィーとG. ジョーンズ（Goffee and Jones, 2013）は，最高の職場づくりの六つの原則を示している[8]。彼らによると，理想的な組織は，社員に最高の仕事をさせることで，自社の持てる力を最大限に発揮する組織である。そのような組織には次の原則がある。①個人個人のさまざまな違いを尊重して活用する。②情報を抑制したり，操作しない。③社員から価値を搾り取ることを考えるのではなく，社員の価値を高める。④何か有意義なことを支持している。⑤業務自体が本質的にやりがいのあるものである。⑥愚かしいルールがない。

　①は，性別や人種，年齢などの違いだけではなく，観点の違い，思考習慣の違い，行動や判断の基になる前提の違いなどを尊重し，積極的に活かすことである。②は，情報の流れを解き放つことであり，組織は自社の意見を人々に聞いてもらい，信用してもらうために，現状を包み隠さず伝えるように一生懸命努力しなければならないことである。③は，社員の長所を伸ばすために，社員

にどれだけ価値を注ぎ込むことができるかを考えることである。④は，人は自分自身より大きなもの，何か自分で信じられるものの一部でありたいと望むので，組織は共有すべき存在意義を持つ必要があり，それは個人の価値観と組織の価値観との間に強力な結びつきを生む，ということである。⑤は，存在意義の共有以外にも，日常業務にどんな意味があるかを見出すことである。⑥は社員が信じられるルールを持つことである。

　K. ブランチャード（Blanchard, 2007）は，ハイ・パフォーマンス組織（High Performance Organization，高業績組織）を，最高レベルの顧客・従業員満足と成功への熱意により，長期にわたって傑出した業績をあげつづける企業と定義し，その特徴を示している[9]。それは，①情報開示と開かれたコミュニケーション，②説得力あるビジョン，③継続的学習，④顧客結果への徹底したフォーカス，⑤活力を与えるシステムと構造，⑥権限委譲と高関与，である。

　ブランチャードは，このような組織では，リーダーシップのあり方は従来の組織と根本的に異なり，サーバント・リーダーシップである，としている。そして，リーダーシップは，リーダーと名がつく人だけの仕事ではなく，必要に応じて専門知識を持つ人が先頭に立つので，あらゆる場所でリーダーシップが発揮されるとしている。第3章で述べたように，サーバント・リーダーシップは，基本的には，部下に奉仕し，部下のニーズや目標の達成を助け支えることで組織目的を達成する過程である。サーバント・リーダーシップは，働く人々の意味を重視し，意味充足ないし意味実現に関係している。それは，近年，頻発している不祥事や過労死など企業を取り巻く厳しい状況の中で，社会から真に信頼され，従業員が働きがいや生きがいを持てる職場を構築することに関わっているのである。

2　有効な組織

　以上，最高の職場，充実した組織，あるいは理想的な組織に関する代表的な研究を示してきたが，これらの研究は，基本的には，有効な組織とは何かという組織の有効性の問題に関連している。しかし，最高の職場ないし充実した組織の議論と組織の有効性に関する議論の違いは，前者が人々の働きがいや意味

充足に関連していることである。それは,近年,頻発している過度のストレスや過労死あるいは鬱などの問題が深刻になり,従業員が働きがいや生きがいを持てる職場をどのように構築するかということが大きな課題になっているからである。しかし,それらの問題は基本的に理想的な有効な組織とは何かという問題である。それでは働く人々にとって理想的な組織とは何であろうか,あるいは有効な組織とは何であろうか。この問題についてはすでに論述したので[10],要約して示そう。

有効な組織とは,
(1) 組織に参加する人々の活動が彼らの動機を満足させ,彼らの人間的成長を実現し,
(2) それが組織目的の達成に貢献し,
(3) その組織活動が社会全体の発展に寄与し,
(4) 環境の変化に対応してそれ自体を絶えず創造する,
組織である。

これは,参加者個々人の利益を犠牲にした他の人(人々)の利益の増加,あるいは個々人の利益を犠牲にした組織全体の利益の増加を有効として捉えるのではなく,個々人の相対立する要求や選好を調整し,統合するような新たな組織の活動領域を創造することによって,その活動が彼らの動機の満足と人間的成長を促進し,同時にそれが組織全体の発展につながり,さらに社会全体の発展に貢献することを意味している。

このような有効性の考え方は,組織を意味システムとして捉えることから生じている。組織は意味を探求する人々から構成された意味システムである。組織はその存在の意味によって形成され,活動し,存続する。組織は存在意義がなければ消滅する。組織は人々にその存在意義を認められ,人々に共有される意味や価値を形成しなければならないのである。

それでは組織の有効性はどのように捉えられ,その評価基準はどのようなものであろうか。あるいは組織はどのように行動すれば多くの利害関係者から評価されるのであろうか。有効な組織を前述のように捉えると,企業(組織)は次の基準に基づいて行動することになる。
(1) 参加者の動機の満足,ないし意味の充足,

(2)　企業目的の達成，
　(3)　社会貢献，
　(4)　企業自体の自己変革ないし創造，
がそれである。
　(1)については，人間は意味の探求者である，という考えから出ている。人間は自己の欲求を充足し，目標を達成するために行動する。そして，その欲求の中で意味を充足することは重要である。人間は自己の人生を有意義にしようと努力し，人生の意味を求め，独自の意味を発見しようとする意味の探求者である。もし人間が意味の探求者であれば，組織も基本的には参加者の欲求ないし意味を満たさなければならない。
　人々は基本的に自己の欲求や動機を充たすために組織を形成したり，組織に参加する。しかし，人々の欲求や目標あるいは価値は多様であり，それらは人々の間で必ずしも一致しているとは限らず，対立葛藤している。このように互いに相対立している価値や意味，思考や感情，欲求や選好などを持っている人々が組織を形成し組織活動をするためには，それらが調整され，彼（女）らに共通の価値や意味あるいは目的が形成されなければならない。これは，本来，個人的主観的な意味を持っている人々がどのように彼らの間に共有される意味あるいは客観的意味を形成するかという問題である。
　この客観的意味あるいは共通の目的を形成することで，組織はその目的達成活動を遂行できる。そして，その目的を達成することが多様な参加者を結びつけることになる。それは目的の達成が彼（女）らの個人的目標や欲求を充足させる誘因の原資となるからである。したがって，彼（女）らの欲求を満足させるためにはその原資の生産活動をしなければならないのである。
　そこで，(2)の組織目的の達成が組織の有効性にとって重要となる。それはその目的を達成しなければ組織は存続できないからである。従業員に賃金を与え，雇用を保障し，さらに株主に配当するためには，企業は利益を上げなければならない。これが企業では生産性重視の経営として表され，企業は収益性ないし営利性の原理に基づいて行動するのである。
　(3)については，企業が社会の中で活動しているならば，企業は単に利益を上げるだけではなく，社会貢献も必要ということである。今日，企業がグローバ

ルな経済活動を展開し，いろいろな国で経済活動をするとき，その国の経済発展や住民の生活向上に貢献することはもちろんのこと，地球環境の保護や改善まで含めて社会貢献活動をし，その国や地域社会で企業市民として共生することが必要である。

(4)は，企業が環境の変化に対応して存続発展するためには，企業は絶えず自己革新を行い，自己創造しなければならないことである。特に，今日のように技術革新の進展が激しく，人々の価値観も多様化し，多義的で混沌とした環境の中では，企業は絶えず自己変革し，新しい価値や意味を創造し，それ自体を創造することが必要である。

以上の関係を図示すると，図9－1のようになる。有効性にとって重要な次元は，個人と組織の次元である。それは組織の有効性を組織の観点から評価するか，組織の人々の観点から評価するかという問題であり，個（人）と全体（組織）の関係として論議されている問題である。前者は参加者の発展や福利あるいは自己実現や意味実現を強調することであり，後者は組織そのものの存続発展を強調することである。これが図では個人と組織の次元として水平の軸で表される。

次に，組織の有効性にとっては，柔軟性と安定性が重要である。組織が環境の中で存続するためには，その現状維持志向的な安定性と環境適応志向的な柔軟性の均衡を図らなければならない。これが垂直の軸で表される。

以上の個人と組織の次元，および安定性と柔軟性の次元を組み合わせると，評価基準として四つの基準が形成される。さらに有効性の評価で重要な次元は時間である。有効性は，長期的視点で捉えるか，短期的視点で捉えるか，によって評価基準が異なる。これが長期的視点と短期的視点で表される。そこで，評価基準は，先の四つの基準に長期，短期の時間次元が加えられて，8つに分類される。

安定性と個人の軸で捉えられるのは，(1)参加者の動機の満足ないし意味充足で，短期的には参加者の欲求の充足ないし個人的目標の達成であり，長期的には個人的成長や人間的完成である。

安定性と組織の軸で捉えられるのは，(2)組織目的の達成で，短期的には組織目標の達成ないし課業の遂行であり，長期的には組織理念の実現である。

図9-1 有効性の評価基準

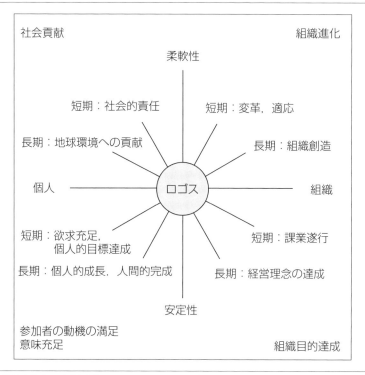

出所）狩俣正雄（1996）『変革期のリーダーシップ』中央経済社，166頁を一部修正。

　柔軟性と個人の軸で捉えられるのは，(3)社会貢献で，短期的には社会的責任であり，長期的には地域社会への貢献や地球環境の保護，改善といった積極的な社会貢献である。
　柔軟性と組織の軸で捉えられるのは，(4)組織進化で，短期的には変革・適応であり，長期的には組織自体の創造である。組織が環境の変化に応じて絶えずイノベーションを創造し，多元的な構成者の選好を満足させるように新たな組織の活動領域を創造することである。
　そしてこれの中心にロゴスがあり，企業の存在意義に関わる問題がある。ロゴス（logos）というのは，後述するV. E. フランクル（Frankl）のいう意味のことである。これは人間存在や生きることの意味，あるは企業の存在意義や事

業活動をすることの意味に関わる基本原理であり，企業行動の基本原理となるものである。このロゴスは，前述の基準の中核にあり，扇の要に相当するものである。これは，最終的には経営理念や企業の行動規範を基礎づけるものであり，スピリチュアリティに関わっている。

以上，最高の職場ないし充実した組織，あるいは有効な組織の問題を検討してきたが，それでは意味実現とは何であろうか，あるいは意味実現を図るためにリーダーにはどのような役割が求められるのであろうか。次に，この点について検討しよう。

Ⅲ 意味実現

A. H. マズロー（Maslow, 1954）は，人間の基本的欲求として生理的，安全，所属と愛，承認，自己実現の欲求があり，人間の最高の価値は自己実現することにあるとしている[11]。しかし，フランクルは，人間にとって重要なことは自己実現にあるのではなく，意味実現にある，としている。彼によると，自己実現を究極の動機として考えることの大きな誤りは，世界とその目的を，目的に対する単なる手段とし，その価値を低下させてしまうことにある。自己実現は結果の問題であり，自己超越こそが人間存在の一つの姿である。彼は，人間にとって人間存在の意味が重要であり，意味への探求が人間の第一の生命力であるとして，ロゴセラピー（Logotherapy）を提唱している[12]。ロゴス（logos）とはギリシャ語の「意味」のことである。ロゴセラピーとは，人間存在の意味，人間の意味探求に焦点をあてる意味による療法である。それは(1)意志の自由（Freedom of Will），(2)意味への意志（Will to Meaning），(3)人生の意味（Meaning of Life），から成っている。

(1)は，人間はある状態に対してどのような態度をとるかという自由である。人間は生物的，心理的，社会的に状況に縛られ制約されているが，その状況に立ち向かう自由を持ち，どのような態度をとるかという選択の自由を持っている。(2)は，人間は意味を探求し自分の人生の意味を充足しようとする意志を持っていることである。(3)は，人生は創造によって世界に何を与えるか，体験によって世界から何を受け取るか，世界に対してわれわれがとるべき態度，す

なわち苦しみに対処してわれわれが選びとる態度によって意味あるものになることである。

　人生には創造的，体験的，態度的価値がある。創造的価値は，創造的な行為，例えば，仕事や趣味，あるいは他の人のためにする行為，によって実現される。体験的価値は，真善美の体験，自然や芸術の体験，愛の体験などによって実現される。態度的価値は，苦悩あるいは避けることのできない宿命（不治の病など）に対していかなる態度をとるか，ということによって人生を意味あるものにすることである。人々は，一般に，苦しみにはたして意味があるかどうか疑うものである。しかし，人間は，苦しみの運命に対して正面から立ち向かい苦しみを受け入れるその方法と態度によって，人生に意味を与えることができる。人間は，苦悩に直面するとき，人生にもう何も期待できない，と考えてしまう。しかし，フランクルは，「私は人生にまだ何を期待できるか」と問うことではなく，「人生は私に何を期待しているか」を問うことが重要であり，人生の問いのコペルニクス的転換を行うことが重要である[13]，としている。

　それでは意味実現とは何であろうか。それは，それぞれの人生の意味を充足することである。人生には，創造的，体験的，態度的価値の三つの価値がある。フランクルは，この価値を実現することを意味の実現と捉えている。特に，人間は絶望的な状況に置かれてもそれに対してどのような態度をとるかによって生きる意味を見いだすことができる。その態度をとる能力が人を人間たらしめることになる。このことは人間が精神的存在であることを意味している。人間には自由があり，責任があり，これが人間の精神性を示している。人間は意味を認識し実現する主体であり，生物的，社会的，心理的，精神的存在である。そこから様々な人間の欲求が現れる。

　これまでは生理的，社会的，心理的欲求についてはその重要性が認識されても，精神的欲求については十分に認識されてこなかった。それは人間を精神的存在として捉えていないからである。しかし，人間は，精神的存在，スピリチュアルな存在であり，生理的，心理的次元だけでは捉えられない精神的欲求ないしスピリチュアルな欲求を持っている。人間は，意味探求人であり，意味の実現（充実）を求めるのである。

　このようにスピリチュアルな存在として人間を捉えると，これは企業経営や

リーダーシップにおいても重要な視点を与える。それは経営者あるいはリーダーの観点からすれば，人間を企業の利益追求の手段ないし用具として捉えるのではなく，精神的存在として捉えなければならないということである。人間は意味を実現する存在であり，仕事でも意味を求める存在である。人間が意味の探求者であるならば，人間は意味実現ないし意味充足するような職場環境，あるいは生きがいや働きがいのある仕事を求めるのである。それではこのような充実した組織，あるいは意義のある仕事はどのようにして作られるのであろうか。そのためにはどのようなリーダーシップが求められるのであろうか。以下でこの点について検討しよう。

Ⅳ 意味実現のリーダーシップ

　人生には，創造的，体験的，態度的価値があり，これらの価値を実現し，人生の意味を充足することが意味実現である。したがって，意味実現のリーダーシップとは，組織成員が創造的，体験的，態度的価値を実現するように支援する過程である。それではそれらは職場や仕事でどのように実現されるのであろうか。創造的価値が創造的行為に関わっているならば，それは職場では基本的に仕事を通じて実現される。また体験的価値が真善美の体験，愛の体験などに関わっているならば，それは職場では人間関係や信頼関係，あるいは人々のケアや援助などを通じて体験されるものである。すなわち，体験的価値は基本的には仕事での体験や職場環境での体験によって実現される。また，態度的価値がいかなる態度をとるかということであるならば，それぞれの仕事や職場に対する態度あるいは経営者ないしリーダーに対する態度として表される。

　それではこれらの価値は仕事や職場でどのように実現されるのであろうか。意味実現のためにはリーダーにはどのような役割が求められるのであろうか。組織成員の創造的，体験的，態度的価値の実現を図るリーダーシップの条件は何であろうか。先ず，体験的価値の実現，すなわち働きやすい最高の職場環境を形成するリーダーの役割について検討しよう。

1　体験的価値の実現

　職場環境は，物理的職場環境と社会的職場環境に分けられる。前者は物的作業条件やバリアフリーないしユニバーシャル・デザインの職場か，あるいは組織成員が物理的に働きやすい職場かどうかということである。社会的環境は，職場における良好な人間関係，信頼関係，支援関係などのあるなしである。そこで，体験的価値は，(1)快適な物的作業環境，(2)良好な人間関係，(3)信頼関係，(4)支援関係に関わって実現されるといえる。

　(1)の快適な物的作業環境は，バリアフリーで快適な物理的職場空間だけではなく，安全，衛生，設備，工具といった作業条件，さらに労働時間，休日日数などワーク・ライフ・バランスを含む職場環境のことである。基本的には，職場で働く人々の健康を害する原因を除去し，彼らや彼女らの健康を維持するような職場環境を整備することであり，具体的には冷房や暖房，湿度などの温熱，色彩，採光などの照明，音響や騒音などの仕事に快適な作業環境を作ることである。また長時間労働や過重労働がなく，適正な労働時間が図られ，ワーク・ライフ・バランスがとれた職場である。そこで，リーダーの役割は，これらの快適な物的作業環境を整備して，働く人々の満足を高め，意味を充足させることである。

　(2)の人間関係には，経営者と従業員の関係，あるいは上司と部下の関係，同僚間の関係など様々な関係がある。人間は自己とは異なるいろいろな人々とコミュニケーションを行い，様々な関係を形成する。そして，その関係の良し悪しが職場環境の良否を規定することになる。

　P. H. ブレドリーとJ. E. ベアード（Bradley and Baird, 1983）によると，関係の発展段階には六段階がある[14]。第一段階は知覚である。これは人々がお互いの存在を知覚していることである。第二は，人々が挨拶を行う程度の挨拶の段階である。第三はもんきり型の段階である。この段階では，人々は単なる挨拶を行う以上に彼らの共通の話題（例えば，天気やスポーツなど）を話し合う。第四はコミットメント（commitments）の段階である。この段階では，人々はコミットし始め，一緒にものごとを行い，ある場所で会い，一緒に時間を過ごすことに同意する。第五の段階は相違（divergence）である。この段階は人々

がいろいろな議論を行うことで人々の間で違いが明確になり，次の段階に進むか，第四段階に逆戻りするかの分岐点である。第六の段階は親密な段階である。この段階では，人々は相手の感情を受け入れ，互いに尊敬しながら何の不安もなく真の感情を表現する。彼らや彼女らは互いに信頼し，支持し，それぞれの成長に貢献する。それではこのような親密な良好な関係の形成には何が必要であろうか。

　前述したようにゴールマン（Goleman, 1995）は，EQの概念を示し，IQ（知能指数）の高い人が必ずしも職業で成功しているとは限らず，むしろEQがIQよりも人生での成功に大きく寄与するとしている[15]。それは，自分の感情を認識する能力，感情を適切な状態に制御する能力，自分を動機づける能力，共感する能力，人間関係処理能力である。また，彼（(2006)は，良好な人間関係を形成するために必要な社会的知性も示している[16]。それらは原共感，情動チューニング，共感的正確性，社会的認知能力，同調性，自己表現力，影響力，関心である。人は，これらの能力を高めることで，良好な人間関係を形成できるのである。

　(3)の信頼関係は，リーダーと従業員の間，従業員間，組織とその利害関係者との間で信頼関係を形成することである。

　(4)の支援関係は，職場の人々が相互に助け支え合う関係があるかどうかということである。職場で共に助け支え合う支援関係があるかどうかは，体験的価値の実現では重要である。人間は社会の中で生きる限り互いに助け合い支え合って生きている。援助や救いを求めている人を助け支えることは人間として当然の務めである。K.エリクセン（Eriksen, 1977）によると，他人のために役立つことが人間の重要な一面である。人間は誰でもいつかは他人の世話をうけるが，それ以外は他人を助ける。人間が相互扶助したことが人類の進歩を促進し，今日のような生活水準の向上につながった[17]，としている。共に助け支え合うことが人間の本質なのである。

　一人ではできないことでも協働することで組織が形成されるならば，相互に助け支え合うことが組織の本質であり，そのような助け支え合う支援関係を形成することがリーダーの役割である。そしてリーダーは部下を助け支える支援者としての役割を果すことが重要である。これはサーバント・リーダーとして

の役割である。リーダーは他者の欲求を満たすことに奉仕する人、すなわち他者の欲求や目標の達成を支える支援者として模範を示すことで、組織成員はそれぞれ助け支え合う関係を形成できるのである。

以上のように体験的価値が(1)、(2)、(3)、(4)を形成することで実現されるならば、リーダーは、快適な物理的作業環境を整備し、従業員との間に良好な人間関係を構築し、その基礎にある信頼関係、および相互に助け支え合う支援関係を形成する必要がある。リーダーがこれらを形成することで、組織成員は職場で意味を実現できるのである。

2　創造的価値の実現

創造的価値は仕事を通じた創造的行為に関係している。この問題を検討する場合に重要なことは、仕事の次元を考慮することである。仕事の次元についてはすでに論述したように、①手段性、②社会性、③評価性、④精神性、の次元がある[18]。

①の仕事の手段性は、人は何のために仕事をするかということであり、仕事に何を求めるかということに関係している。人は生きていくために、先ず基本的欲求を満たさなければならない。そこで、手段性とはこの欲求を満たすために仕事をすることである。人は生物的な存在であり、生理的欲求や安全の欲求を満たさなければ生きられない。しかし、生活の手段として仕事があるとしても、個人的欲求充足の活動だけでは一般的意味での仕事とはいえない。仕事というのは、②の社会性、すなわち他者の存在あるいは社会の存在を前提としているからである。人間が社会の中で相互関係して生きているならば、人は社会的な役割を果たさなければならない。仕事は、基本的にこの社会的役割を遂行することであり、他者や社会と繋がることである。

③の評価性は、社会的役割（仕事）の評価である。これは、仕事に対する評価の問題であり、仕事が社会的に価値を認められ、成果や報酬を生み出すかどうかということである。この価値や報酬は、他者や組織あるいは社会が仕事をどのように組織的、社会的に重みづけ、評価するか、ということによって異なる。社会や組織が仕事を高く価値づけるならば、仕事は高い報酬や経済的価値を与えられ、その仕事を行う人の報酬は高くなる。

仕事は，本来，他者や組織あるいは社会に貢献するために行われる。仕事は，組織や社会の目的を達成するために行われ，その目的を効率的能率的に達成できるように細分化して人々に割り当てた役割である。ところが，その目的達成過程でこの役割の重要性が異なる。ある役割（仕事）は他の役割より組織目的達成において大きく貢献するように，その内容，質，困難さ，複雑さ，辛さなどで異なり，その相対的な重要性は異なる。そこで，目的達成過程において重要性や貢献度の大きい役割（仕事）は高く評価され，そうでない役割は低く評価される。しかし，この評価性の次元の過度の重視は，働く人々に過度のストレスや鬱あるいは過労死などの問題を生み出しているのである。

　④の次元は，人間が精神を有していることから生じる。人間は意味を認識し実現する主体であり，精神的存在ないしスピリチュアルな存在である。これが仕事における意味や人生の意味と密接に関わり，人がどのように生きるか，どのような態度で仕事を行うか，という問題を生み出す。このような精神性は，人が自己中心性を克服し，他者や社会に捧げる行為によって満たされる。

　仕事は組織や社会の目的達成のために行われるのであり，組織全体あるいは社会全体の中でその役割を果たすために行われる。組織や社会に貢献することが仕事の第一義的な役割である。そして人間が他者や社会との関わり合いの中で生き，自己超越し他者との結合や融合を求めるならば，自己を超越する目的や大義を達成する仕事の次元は重要である。

　仕事に以上のような次元があるとすると，創造的行為あるいは仕事に関わる意味実現は，少なくとも(5)仕事に見合う十分な報酬，(6)天職感によって達成されると思われる。

　(5)は，仕事が少なくとも生活の手段として行われるならば，その仕事に見合う，そして生活をしていく上で十分な報酬が必要ということである。働く人々にとって報酬体系は大きな関心事であり，また組織にとっても報酬体系はモチベーションを規定するので重要である。

　バーナード（Barnard, 1938）によると，組織の本質的要素は，人々が快くそれぞれの努力を協働体系へ貢献しようとする意欲であり，協働の力はこの貢献意欲に依存している。そして組織のエネルギーを形づくる個人的努力の貢献は，組織が与える誘因によって人々が提供するものである[19]。この誘因が報酬体系

として表される。組織は人々から貢献を確保するためには，その貢献に応じた報酬（誘因）を与えなければならないのである。

報酬体系が有効に機能するためには，次のような基本的条件を満たすことが必要である[20]。第一に，組織の報酬体系は，個々の成員に食物，保護，安全および防衛という基本的欲求を満たすのに十分な報酬を与えるものでなければならない。第二に，組織成員に利用できる報酬は，他の組織と比べてひけをとってはならない。第三に，組織内の報酬の配分は，公平で平等に行われていると知覚されなければならない。第四に，報酬体系は，人々の欲求，要求水準が異なるので，成員を別個の個々人として扱わなければならない。組織はこのような報酬体系を確立することによって，有能な人々を組織に参加させ，組織目標を積極的に達成するように動機づけるのである。

このように報酬は組織成員の動機づけや行動に影響を与えるので，手段としての仕事の次元に対応して，リーダーは，公正，公平な報酬体系を構築することが必要である。

(6)の天職とは，神や天から与えられた仕事という意味である。仕事における意味の発見は自己の仕事に意味や価値を見つけることである。自己の仕事を天職と捉えることができるかどうかは，仕事に働きがいや生きがいを見つけ，充実感を得られるかどうかにある。それは，仕事そのものが社会に役立ち，自己の成長に寄与しているという思いから生じるものであり，精神的欲求を充足させるものである。それではそのよう天職感に結びつく有意義な良い仕事とは何であろうか。

E. F. シュマッハー（Schumacher, 1979）は，人生の使命や目的との関係で意義のある仕事とは何か，を明らかにしている。彼によると，健全な人間が行うべき三つの基準がある[21]。第一は，精神的な存在として行動することである。それは自分の道徳につき動かされて行動することであり，宗教的な存在としての人間を示している。第二は，隣人として行動することである。人間は社会的存在であり，ひとりでは生きられず，社会的な文脈において生きている。第三は，人間とは不完全な存在であり，自己を完成するためにこの世に生を享けたということである。それはわれわれに与えられた才能を利用し伸ばしながら，創造的な仕事をすることである。

シュマッハーによると、これら三つの要請に応じて仕事には三つの機能がある[22]。①自分の能力を活用し開発する機会を与える、②他人と同じ仕事に参加して、人間が生来もっている自己中心の傾向を克服できる、③人間すべてがそれなりの生活をするために必要としている財とサービスを創出する、がそれである。

このことから意義のある仕事というのは、仕事を通じて自己の完成を目指すことであり、自己中心性を克服することである。それはまた、他者や社会へ貢献することである。すなわち、意義のある良い仕事とは、他者に捧げることであり、精神的欲求を充足する仕事である。

以上の仕事の特徴から、組織成員が創造的価値を実現するためには、リーダーは、仕事に見合う十分な報酬を与え、また人生には意味や目的があり、仕事には意味があるという天職感を与えることが必要である。

3　態度的価値の実現

態度的価値は、苦悩あるいは避けることのできない宿命に対する態度のとり方によって人生を意味あるものにすることである。これは、前述の職場環境や仕事が満足でない場合にどのような態度をとるかということでもある。

今日、経済のグローバル化によって激しい市場競争をしている企業で、一般に、働く人々が意味実現することは困難である。人間は、スピリチュアリティの発達を求める精神的存在とされるよりも、企業の利益追求の手段として働かされ、長時間労働、過労死、バーンアウト（burnout）、鬱などの問題を抱えているからである。人々は、そのような職場で働くことに意味があるかどうか、あるいは苦役のような仕事に果たして意味があるかどうか疑うものであり、意味を見出すことは困難である。しかし、フランクルは、「人間がどんな職業に就いているかが重要ではなく、むしろその人間がいかにそれを為しているかが重要であり、具体的な職業そのものが問題なのではなく、人間的実存の唯一性の本質をなす人格的なものと独自なものを労働において発揮し、そのことによって人生を意味あるものにしているかどうかが問題なのである」[23]、としている。M. チクセントミハイ（Csikszentmihalyi, 1990）も、ほとんどの人が退屈で無意味と考える仕事の中に挑戦目標を見出すことができるとし、ある職業に

多様性があるかどうかは究極的には，実際の仕事の条件よりも，その人の仕事に対する立ち向かい方に関わっている[24]，と述べている。人間は自分自身の人生や仕事についての意味実現に責任があるということである。

しかし，自己の置かれた状況に対して個人的に責任があり，また仕事の意味に対して個人に責任があるとしても，企業で従業員にのみ責任を転嫁することは問題である。経営者は職場作りや職務編成で重要な役割を果たすからである。B. D. ロソ達（Rosso, et al., 2010）によると，リーダーは，仕事の意味を形成したり，その意味に影響を与える重要な役割を果たす[25]。リーダーは，従業員の仕事の意味についての知覚に影響を与える方法で従業員のために組織のミッション，目標，目的，およびアイデンティティを形成する。またリーダーは幅広いミッションや目的と結びついたもののために，従業員の個人的要求や目標を越えるように彼らを鼓舞して仕事に意味を吹き込むことができる。

このように経営者ないしリーダーが，職場の状況ないし仕事の意味に関して大きな役割を果たすならば，職場の意味実現では，経営者の考え方が重要になる。それは，経営者が職場や仕事についてどのように考え，どのような意味を形成するかによって，従業員の態度も異なるからである。経営者が従業員をスピリチュアルな欲求を持つ精神的存在として認めるかどうか，仕事に精神的次元を認め，それらの欲求を満たすように職務編成を行うかどうかは，従業員の態度のとり方に影響を与える。もし経営者が職場作りや職務編成に責任を持たず，また従業員自身も仕事に対して責任を持たなければ，彼らや彼女らの間で意味実現に結びつく新たな意味形成はできない。態度的価値の実現は，経営者と従業員がそれぞれの職場や仕事に対してどのような態度をとり，どのような意味を形成するかという問題である。

態度的価値を実現する意味形成が行われるためには，フランクルのいうロゴス的関係の形成が必要であるように思われる。ロゴス的関係のない人間関係では，一般に，人々は自己利益を求めて自己中心的に行動し，人生の真の意味や目的あるいは仕事の意味に対して回答を与えることはしないからである。それではロゴス的関係とは何であろうか。フランクル（1978）によると，人と人の出会いや関係においてもロゴスが重要である[26]。出会いというのは，我と汝の関係として捉えられる[27]。本当の出会いとは自己超越に基づいている。それは，

ロゴスに向かって開かれた共同存在の一つの様式であり，相手の人が自分自身を超越してロゴスに向かうことを認め，さらに自分も相手も共に，相互に自己超越していくことを促すものである。人々が自己超越的関係を形成することで，彼らや彼女らの間にはロゴスが形成され，またロゴスに基づく関係を形成するとき，人々は相互に自己超越していくことができる。このようなロゴスに基づく関係の形成，あるいは自己超越的関係の形成こそ人間関係の理想である。それは人と人の間を一体化させ，それぞれの意味を実現するからである。

　このロゴス的関係に基づいて行うコミュニケーションは，C. O. シャーマー（Scharmer, 2009）のいう交感（communion）のレベルの会話であるように思われる。第5章で述べたように，会話（コミュニケーション）には，ダウンローディング，討論，ダイアログ，プレゼンシングがある[28]。この中でプレゼンシングは，会話の中で真の自分自身につながることができ，自分を包む存在とつながり始める。人々は自分自身と周りの存在との間で流れるもの，今ここにある力から機能し始める。そして交感のレベルに達する。そこでは，人々の間を隔てていた壁が薄くなり，人々は異なる考え方を認め合う状態から，一時の間，全体を集合的な真の私を感じる状態になる。交感のレベルに達すると，人々は共通の土台を認識し，自分たちが何のためにそこにいるかを深く感じ取る。そしてあらゆる相互作用と会話が，これまでとは異なる場所から現れてくるのである。

　ロゴス的関係，あるいは交感レベルのコミュニケーションは自己超越的なコミュニケーションと呼ぶことができる。このようなコミュニケーションは，自己を越えた存在，スピリット（魂）とスピリット（魂）のつながりであり，自己を超越した人間の究極的なコミュニケーションである。そこには真の自己，未来のあるべき自己，スピリチュアルな存在としての自己と他者との間に真の絆が形成され，自己と他者の間に融合化が起こるのである。

　このようなコミュニケーションを行うことで，人々は人生で求める真の意味を発見し，態度的価値を実現できるように思われる。すなわち，態度的価値の実現のためには，(7)自己超越的コミュニケーションによる意味形成が必要なのである。それでは自己超越的コミュニケーションによる意味形成はどのようにして行われるのであろうか。それは，ロゴス的関係や交感レベルの特徴からし

て，人々が①利他性，②尊敬，③傾聴，④一体化，を行うことである。

①利他性は，自己の利益を越えて他者の利益を考慮し，他者に捧げることである。自己超越性が利他的愛に基づき他者や社会の利益を求めることであるならば，利他性が自己超越的コミュニケーションの条件である。利他性は自己中心性ないし自己利益の追求とは全く異なり，他者の利益，他者の福利，他者の目的達成や欲求の充足を助け支えることである。態度的価値を実現するためには，人々が，先ず何よりも他者のニーズや目的の達成を助け支え，他者に奉仕する利他性がなければならない。相手が自己利益のためにコミュニケーションを行っていると思われる限り，彼らの間に魂と魂の結びつきは生まれないからである。

②の尊敬は，すべての人間は尊厳において違いはないということであり，人間に才能や能力，地位，権力，出自，性別の違いがあっても，それを重要視せず，人間として尊重することである。一般には，自分とは異なる思想や思考，価値観などを持っている人を尊敬することは困難であるが，しかし相手の尊厳を尊重し，他者の人権を尊重してコミュニケーションを行えば，それぞれが真に求める意味が形成され，態度的価値が実現される可能性は高くなるのである。

③の傾聴は，真のコミュニケーションが成立するための基本である。コミュニケーションでは，一般には，自己の考えや意図，思想，価値観などを効果的に発信することに関心が置かれるが，しかし他者と良好なコミュニケーションを行うためには，他者の考えや意図を注意深く正確に聴くことが重要である。

④の一体化は，相手の内部状態に自己を投影し，相手の抱える問題を自己の問題とし，共にそれを解決しようとすることであり，相手と感情移入して共苦共感することである。感情移入は他者の気持を理解し，感情を共有することである。リーダーと部下はどうしても上下関係，ないし強者と弱者の関係になりがちであるが，他者が困った問題に直面したとき，他者の立場に立ってその問題を理解し，感情を共有し，問題の解決を共に考えていくことが彼らや彼女らの関係を強化するようになる。感情移入し，一体化することで，他者の真の欲求や問題が何かを理解できるのである。

リーダーと従業員が自己超越的なコミュニケーションを行うならば，新たな意味が形成され，働く人々は自己の職場や仕事に対して意味を発見することが

できる。すなわち，リーダーと従業員が，自己超越的に他者に接し，他者を尊重し，他者の真の声を聴き，他者の問題と一体化するようにコミュニケーションを行うことで，意味形成が行われ，新たな意味が発見されるのである。それは，彼らや彼女らが生きるとは何か，人生の意味や目的は何か，仕事の意味は何か，という問いへの回答を求める過程で発見するものであり，それによってスピリチュアルな存在を認識した自己が他者と一体化ないし融合化することで意味は発見されるのである。

V 結び

　以上，働きがいのある充実した組織と有効な組織の関係を検討し，最高の職場や充実した組織が従来の組織の有効性の問題に密接に関連していることを明らかにした。そして，それが，特に，有効性評価基準の意味充足の問題に関連していることを明らかにした。

　人間は多様な目標や欲求を持っている。人間は自己の欲求を充足し，目標を達成するために行動する。そしてその欲求の中で意味を充足することは重要なことである。人間は自己の人生を有意義にしようと努力し，人生の意味を求め，独自の意味を発見しようとする意味の探求者である。もし人間が意味の探求者であれば，組織も基本的には参加者の欲求ないし意味を満たさなければならない。そこで，人間にとっては意味実現が重要であり，リーダーは組織成員の意味実現を図るようにしなければならないのである。

　意味実現というのは，フランクルのいう創造的価値，体験的価値，態度的価値を実現することである。したがって，意味実現のリーダーシップとは，組織成員がこれらの価値を実現するように支援する過程である。本章は，体験的価値の実現の条件として，(1)快適な物的作業環境，(2)良好な人間関係，(3)信頼関係，(4)支援関係を形成すること，また創造的価値の実現の条件として，(5)仕事に見合う十分な報酬，(6)天職感を与えること，さらに態度的価値の実現のためには，(7)自己超越的コミュニケーションが必要であることを示してきた。

　このような意味実現は，基本的には個々人がどのように意味を発見するかに依存している。フランクルが言うように，人間は自分の人生について意味を発

見することに責任があるからである。しかし，意味実現に対して個人に責任があるとしても，経営者は職場作りや職務編成に大きな責任がある。経営者が従業員を精神的存在として捉え，精神的欲求を満たせるように職務編成を行うかどうかは，従業員の意味実現に影響を与える。そこで，経営者（リーダー）と組織成員は，仕事の意味や働きがいのある職場に関して相互作用して彼らの間に共有される意味を形成し，意味実現する必要がある。経営者と組織成員が，自己超越的に行動し，相互に尊重し，真の声を聴き，一体化するようにコミュニケーションを行うならば，新たな意味を発見し，意味実現できるのである。

● 注

1 Ulrich and Ulrich（2010），pp.1-26，邦訳，21-43頁。
2 Mackey and Sisodia（2014），邦訳を参照。
3 Burchell and Robin（2011），邦訳を参照。
4 Ulrich and Ulrich（2010），邦訳を参照。
5 Ulrich and Ulrich（2010），p.24，邦訳，41頁。
6 Ulrich and Ulrich（2010），pp.36-52，邦訳，52-67頁。
7 Friedman（2014），邦訳。
8 Goffee and Jones（2013），pp.98-106，邦訳，28-43。
9 Blanchard（2007），邦訳，2-25頁。
10 狩俣（2000），184-194頁。
11 Maslow（1954）を参照。
12 Frankl（1947），（1952），（1962），（1967），（1969），（1978），（2005），邦訳を参照。
13 Frankl（2005），邦訳，131頁。
14 Bradley and Baied（1983），pp.112-116.
15 Goleman（1995），邦訳，85-87頁。
16 Goleman（2006），邦訳，第6章を参照。
17 Eriksen（1977），邦訳，116頁。
18 狩俣（2009），第7章を参照。
19 Barnard（1938），p139，邦訳，145頁。
20 Feldoman and Arnold（1983），pp.165-166.
21 Schumacher（1979），邦訳，142頁，172頁。

22　Schumacher（1973），邦訳，144頁。
23　Frankl（2005），邦訳，209頁。
24　Csikszentmihalyi（1990），pp.143-163，邦訳，179-204頁。
25　Rosso, et al.（2010），p.101.
26　Frankl（1978），邦訳101-129頁。
27　我と汝については，Buber（1923），邦訳を参照。
28　Scharmer（2009），pp.271-299，邦訳，342-379頁。

第10章 スピリチュアル経営のリーダーシップ

I 序

　これまでインテグラル・アプローチの考え方に基づいて最高の職場ないし充実した組織がどのように形成されるか，スピリチュアル経営の構築の条件は何か，そのために必要なリーダーシップは何かについて論議してきた。そして最高の職場づくりあるいは充実した組織づくりのためには，四象限のすべての領域だけではなく，発達レベル，ライン，状態，タイプを考慮する必要があることを明らかにしてきた。

　しかし，働きがいのある充実した理想的な組織を作るためには何よりも経営者ないしリーダーの意識のレベルが高くなければならない。人は意識の発達レベル以上の思考や行動をとることはできないからである。第2章で述べたように，特定の指示対象（実物）は，特定の発達論的に秩序づけられた世界空間の中にしか存在しないし，見ることもできない。すなわち，社会で起こる事象はその人の発達レベルによってしか見られないし，理解できないのであり，事象は特定の発達レベルにしか存在しないのである。そこで，リーダーがどのような経営を行うか，あるいはどのようなリーダーシップをとるかはその発達レベルに依存し，発達レベルに対応した経営やリーダーシップしか採れないのである。そして，リーダーがより高いレベルの経営スタイルを構築するためには成員の発達レベルも高くなければならないのである。

　リーダーがいくら高い発達レベルにあっても，組織成員の発達の平均レベルが低ければ，高いレベルのリーダーシップを採ってもそれは有効に機能しない。

リーダーシップが有効に機能するためには，組織成員の発達レベルに対応したリーダーシップが必要なのである。このようなことから統合モデルは，象限，レベル，ライン，状態，タイプを正確に診断し，それに適する思考や行動をとることを求めるのである。

それでは経営のスタイルや類型にはどのようなものがあるのであろうか。それは意識の発達とどのように関係するのであろうか。本章では，経営の類型を示し，また意識の発達レベルとリーダーシップの関係を検討して，スピリチュアル経営のリーダーシップの特徴を明らかにすることを意図している。

II 経営の類型

経営とは，一般に組織活動を営む主体のことである。その経営の類型は企業の種類と密接に関連しているが，それは組織ないし企業の管理運営する方法やスタイルの違いを表す。経営の類型についてはすでに論述したので[1]，以下ではスピリチュアル経営のリーダーシップの特徴を明らかにするために，先ず経営の類型の特徴を要約して示そう。

1 コントロール型経営

コントロール型経営は，伝統的管理論に基づく経営のことで，特に管理過程学派の計画，組織化，動機づけ，調整，統制（control）という一連のプロセスの中で，コントロールを重視する考え方から出ている。

組織はその目的を達成するために形成されるが，その目的を有効に達成するためには計画を立て，それを実行し，評価点検し，改善する過程が必要である。そのために，組織はその成員に影響を与える組織構造，規則体系，報酬体系，業績評価体系などの様々な仕組みを作り，秩序を維持している。A. S. タンネンバウム（Tannenbaum, 1968）によると，このような秩序が組織の本質であり，組織行動は秩序づけられた行動である。そしてコントロールがこの役割を担う。組織はコントロールを意味しており，コントロール・システムのない組織は考えられないのである[2]。

タンネンバウムは，コントロールとは，ある人あるいは集団ないし組織が他

の人，集団ないし組織の行動を決定すること，すなわち意図的に影響を与えるあらゆる過程である，と定義している[3]。コントロールは，影響を及ぼそうとする人ないし組織がその意図（目的）したとおりに影響を受け容れる人ないし組織に影響を及ぼす過程である。

組織は組織成員に影響を及ぼす様々な機構を形成して，組織活動をコントロールしている。しかし，組織活動には意図せざる他の結果も起こる[4]。このことは，組織のコントロールには，行動のコントロールと結果のコントロールがあることを意味している。そこで，組織はその活動が意図（目的）に従って行動しているかどうか，その結果をチェックし，評価し，その要請した（意図）とおりに行動していなければ，その行動を修正し，さらにその目的そのものを変更することも必要になる。

そこで，コントロールするためには，①目標ないし標準の存在，②目標達成過程の評価ないし監視，③目標ないし標準からの逸脱が起こるときの修正行動の存在を必要とする。これがマネジメント・コントロールと言われるものである。C. G. ショーダベック達（Schoderbek, et al., 1980）は，コントロール・システムは次の四つの基本的要素から構成されているとしている[5]。①コントロールの対象ないしコントロールされる変数，②検出機構ないしスキャニング（scanning）システム，③比較機構，④活動機構がそれである。①は，監視とコントロールのために選ばれたシステム行動に関する変数である。希望する成果（標準）と実際の結果とは完全に一致することはないので変量が存在し，コントロールが必要になる。②はアウトプットを監視するものである。これによってコントロール対象についての必要な情報を得る。③は，事前に決定された標準ないし基準とコントロール対象の大きさを比較するものである。④は，比較機構から伝達された偏差の意味に照らして修正行動の代替コースを評価するものである。組織のコントロール・システムは，このような機構によって，組織成員をその目的達成のために活動させ，その活動が目標（標準）とおり行われているかどうかチェックし，目標と実績との間に差が生じれば，それを修正し，目標に向けた秩序正しい活動をして，組織を安定的に維持している。

このようにコントロールは，ある目的（目標値）を定め，それを達成するために上位の者が下位の者をその目的に従って行動しているかどうかをチェック

し，評価し，目標値と実績の間に差があれば，それを修正する過程である。したがって，そこにはコントロールするもの（上位の者）とされる者（下位の者）という上下関係がある。また目的はコントロールする側が設定するので，彼らの意図したとおりに下位の者を動かすことが重要なのである。

2　協働型経営

　協働型経営は，C. I. バーナード（Barnard, 1938）の協働の考え方に基づく経営で，参加者が共通の目的を達成するために平等で対等な関係で組織を管理運営することである。バーナードによると，協働体系（cooperatve system）とは，少なくとも一つの明確な目的のために二人以上の人々が協働することによって，特殊の体系的関係にある物的，生物的，個人的，社会的構成要素の複合体である[6]。この協働体系は多種多様であり，例えば，企業，学校，政府，軍隊，教会，家庭，あるいはNPOなどがある。このように多様な協働体系の中から，物的環境，社会的環境，個人，その他の変数を捨象すると，すべての協働体系に共通する要因がある。バーナードはこの共通要因を公式組織（formal organization）と捉え，「二人以上の人々の意識的に調整された活動や諸力の体系」[7]と定義している。

　この組織は，①コミュニケーション，②貢献意欲，③共通目的の三要素によって成立するが，しかしその存続は困難である。組織の環境は絶えず変化しているからである。そこで，組織をどのように存続発展させるかということが経営の重要な課題となる。

　その組織の存続は，①有効性と②能率に依存する。有効性（effectiveness）は組織目的の達成に関連し，能率（efficiency）は個人的動機の満足に関連している[8]。人々は組織が与える誘因を得るために組織に参加する。そこで組織の存立基盤は参加者の動機を満足させることにある。しかし，組織が参加者に満足を与えるためには，彼らから貢献を引き出して誘因の原資を生産しなければならない。それは参加者の組織的努力（組織への貢献）によって産出される。参加者の満足は貢献と誘因の分配に依存し，誘因が貢献より大きければ満足する。

　ところが，組織存続の問題は，能率と有効性の均衡の問題にとどまるもので

はない。組織は人間の対立する思考や感情の具体的統合物であるからである。そこで，組織が存続発展するためには，組織はそれらの対立，葛藤を調整し，道徳的創造によって道徳的制度として確立されなければならない。バーナードは，「組織道徳の創造こそ，個人的な関心あるいは動機の離反力を克服する精神である。この最高の意味でのリーダーシップがなければ，組織に内在する諸困難はしばらくといえども克服できない」[9]と述べている。すなわち，人々の対立や個人と組織の対立，組織と組織の対立，あるいは組織と社会の対立は，それを解決する経営者の道徳的創造性に依存し，それが道徳的広さやその水準の高さに依存するのである。

このようなことから組織の存続，発展の問題は，①参加者の動機の満足（能率），②組織目的の達成（有効性），③道徳性の均衡をいかに図るかということにある。ここに経営管理の問題があり，この役割を担うのが経営者や管理者であり，それが彼らのリーダーシップの質に依存するということなのである。

人間には能力の限界があり，その限界を克服する手段として組織を形成する。人間は基本的に意思決定の自由を持っており，組織に参加するかどうかは組織が与える誘因と組織への貢献を比較考慮して決定する。その際，バーナードは，組織参加者は対等で平等の関係であると考えている。それは，権限の源泉として権限受容説を採っていることからも明らかである。権限の源泉は上位者にあるのではなく，部下が上位者の指示や命令を受け容れて初めて成立するからである[10]。

また，組織目的を組織成員間の共通目的と捉えていることは，参加する人々がコミュニケーションによって合意して初めて成立するという考え方である。異なる目的や動機を持っている人々が，コミュニケーションを行って彼らや彼女らの間に共通の目的を形成すると考えている。そこには対等な関係にある人々が，自己の目的や動機を充たす手段として組織目的が形成され，組織活動が遂行されると考えている。それは組織中心よりも個人中心の考え方なのである。

人々はそれぞれ別個の独立した人格を持っており，彼らや彼女らの欲求，態度，感情，目標，思想，価値観などは異なり，多様である。このような欲求や目標，思考や感情，意味や価値などの異なる人々が組織を形成し協働しようと

するとき,それらは調整されなければならない。ここにコミュニケーションが必要になる。人々はコミュニケーションによってアイデアを表し,他の人はそれに賛成ないし反対,そのアイデアの拡充ないし修正という形で反応する。人々は合意に達成するまで,累積的,漸進的にアイデアを受容したり,拒否したり,修正したり,改善したりして,いろいろなアイデアを統合して合意し,共通目的を形成して,それぞれの動機を満たすために組織活動を遂行するのである[11]。

このように協働型経営は人々の平等関係,合意,調整などに基づいて運営されるのである。

3 支援型経営

支援型経営は,他者の目標達成を助け支えることを目的として活動する経営のことである。それは経営者が組織成員の自己実現や意味実現を支援する経営である。この経営は今後ますます重要になると予想されている。21世紀は知識社会であり,知識社会では組織成員を管理するよりも,彼らの知識創造を支援することが重要になるからである。また21世紀の日本は超高齢社会であり,ケアや介護などの支援を必要とする人々が多くなり,それらの人々を助け支える支援者が多くなるからである。

支援は,個々人の主体性,自発性,独自性に基づいて,互いに最も必要としているところを助け合い,足りない点を補い合い,相互に成長発展する過程である。その支援は,①信頼的コミュニケーション,②被支援者の目標やニーズ,③支援者の意欲,④支援行為,から成っている[12]。

対人支援は,少なくとも被支援者と支援者の二人の関係で行われる。支援は,一般に自分自身で解決できない課題を抱えた人がその解決を他者に委ね,他者がその課題を解決する過程である。すなわち,自分ひとりでは達成できない目標の達成やニーズを満たすことを支える過程である。そのためには支援者と被支援者の間に信頼関係がなければならない。信頼関係のない支援は,支援といいながら被支援者を苦悩させ,支援そのものを負担に感じさせ,安楽や癒しに結びつかないからである。人々の間に信頼関係があることが支援には必要であり,そのためには①の信頼のコミュニケーションが必要である。

②達成すべき目標は、被支援者には自身では充足できないニーズや目標があるということである。支援が役立つのは、それが被支援者のニーズを満たす場合である。そこで、支援のニーズや目標は、第一に、被支援者を取り巻く環境を改善することである。第二は、環境を改善しても被支援者のニーズや目標を達成できない場合、その目標の達成を助けることである。第三は、他者の支援が不可欠の場合である。これは他者の助けがなければ生きられず、支援者の支えや助けが被支援者の生存の条件となるものである。

③の支援への意欲は、被支援者のニーズや目標を達成しようとする支援者の意欲である。支援は被支援者のニーズを充足し、目標を達成するために行われる。被支援者の利益を高めることを主目標として行われる。それは被支援者のためにその人を助けようとする意欲によって生まれる。

④の支援行為は、支援をする人の実際の活動のことである。これは物質的金銭的な提供から精神的な支えまである。しかし、支援はそれがどのようなものであれ心的エネルギーの支出を伴うものであり、支援する人にとっては負担となる。ここに人々が支援や援助を行うことは望ましいと考え、支援しようとする意欲を持っていても、実際に支援することは困難である。そこで、支援は実際の支援行為によって初めて成立するのである。

この支援は次のような特徴を持っている[13]。第一の特徴は、支援のインプット（支援行為）とアウトプット（支援の結果）とそれへの変換プロセスが同時に生起することである。第二の特徴は、支援の結果が三つに分類されることである。その一つは、被支援者の欲求充足や満足、その目標の実現、被支援者と支援者の間の相互信頼である。それは支援において望ましい成果であり、支援目的の達成である。二つ目は、支援者の満足で、支援することで得られる満足感や喜びである。しかし、支援には意図しない支援に付随する結果もある。それは支援者のバーンアウト、被支援者への虐待、被支援者の恥辱感、支援者と被支援者の間の相互不信などである。支援においてはこの負の結果を避け、本来の目標をどのように達成するかということが課題である。

第三の特徴は、支援はロゴス（logos）の存在によって生起することである。ロゴスは支援の資源の源泉となる愛や感情移入あるいは他者への思いやりないし配慮を反映したものである。これがなければ支援は行われない。支援システ

ムには権利擁護ないしはオンブズ・パーソン・システムも必要である。これは支援が負の結果も生み出すからである。この権利擁護システムがあることで，支援の負の結果を避け，支援本来の結果を生み出すことができるようになる。支援システムでは資源開発システムも必要である。これによって人々を継続的に支援させることが可能となる。

このように支援型経営は，人々（被支援者）の目標やニーズを満たし，彼らや彼女らの意味実現を助け支えることを目的に運営されるのである。

4　スピリチュアル経営

支援型経営の理想的な究極モデルはスピリチュアル経営である。スピリチュアル経営は，働く人々をスピリチュアルな存在として捉え，相互信頼に基づいて自己超越的利益の達成を求める経営である。それではスピリチュアル経営の特徴は何であろうか。この点についてはすでに論述したように，組織成員が(1)自己超越性，(2)信頼，(3)支援，(4)憐情，(5)献身，(6)天職，に基づいて行動することである[14]。この中で信頼，支援，天職については前章までに論述したので，ここでは自己超越性，憐情，献身について述べよう。

(1)の自己超越性は，自我や自己利益を越えて他者や社会あるいは地球全体の利益を考慮することである。人間の意識の発達が，自己から自集団，社会，世界，地球，そして宇宙を志向し拡大することであるならば，自己超越性がスピリチュアリティの基本的特質である。それは，一般には利他的愛に基づき他者や社会の利益を求めることである。これは従来の経営が自己の利益極大化を志向することとは逆の考え方である。

(4)の憐情（れんじょう）（compassion）は，他者を深く配慮し思いやることである。それは他者の存在に関心を払い，他者の問題や悩みと一体化し，それらの問題を一緒に考え，解決することを目指すことである。これは利他的愛の行為として現れるものであり，スピリチュアル行為である。

(5)献身（commitment）は，他者や組織に自己を捧げることであり，組織目的達成に専念し自己のエネルギーを投入することである。すなわち，献身は組織成員が自己の仕事や組織目的にエネルギーを集中し，積極的に職務を遂行し組織目的達成に貢献することである。自己と仕事ないし組織との一体感，ある

表10-1 各モデルの比較

特徴＼各モデル	コントロール・モデル	協働モデル	支援モデル	スピリチュアル・モデル
目的	上位者の目的達成	共通目的達成	被支援者の目的達成	組織構成者の意味実現
志向性	上位者中心（志向）	平等，対等	当事者中心，パーソン・センタード	宇宙志向
意思決定の型	上位者の決定と命令	合意	同意，インフォームド・コンセント	対話
リーダーのスタイル	専制型	調整（調和）型	参加型，部下中心型	奉仕
パワーの源泉	権威（強制）	正当性(合理性)	信頼，尊敬	スピリット
理念	パトス	エートス	ロゴス	ロゴス
対人関係の動機（愛の形態）	エロス	フィリア	アガペー	アガペー
組織活動の動機	自己利益	啓発された自己利益	自己超越的利益 利他主義的利益	自己超越的利益

出所）狩俣正雄（2000）『共生社会の支援システム』中央経済社，15頁にスピリチュアル・モデルを追加。

いは自己の問題と組織問題との一体化が生じることで，組織に献身するのである。

　これらの特徴の他に，スピリチュアル経営の重要な特徴がある。それは働く人々がスピリチュアリティの価値に基づいて生きがいや働きがいを持っていることである。人々がスピリチュアリティの価値を求め，天職感を持って働かない限り，スピリチュアル経営は行われない。スピリチュアル経営は，働く人々に絶対的信頼感，希望，安心・安らぎ感，天職感を与え，働く喜びを与えることを目的として運営されるのである。

　以上，経営の類型の基本にある考え方を示してきた。以上の関係を比較し要約すると**表10-1**のように表される。第一に，各モデルの目的については，コントロール・モデルでは上位者の利益の達成，上位者の目的の達成である。協働モデルでは共通目的の達成である。支援モデルでは被支援者の目的の達成であり，その欲求の充足である。スピリチュアル・モデルは，組織構成者の意味実現であり，欲求の充足である。

第二に，モデルの志向性については，コントロール型は上位者中心で，協働モデルは参加者の間の対等ないし平等である。支援モデルは被支援者中心である。そこでは当事者主体であり，当事者の選択決定が中心になる。スピリチュアル・モデルは人類志向ないし宇宙志向である。

　第三に，意思決定スタイルについては，コントロール型では管理者が行い，それを下位の人々に命令する。協働型は合意による意思決定である。彼らは対等であるので，それぞれが納得し合意に到達するまで試行錯誤を繰り返して意思決定に到達する。支援型はインフォームド・コンセントである。支援者は被支援者の同意を得なければならない。それは当事者中心が第一の価値だからである。スピリチュアル型は組織構成者間のダイアログに基づく意思決定である。

　第四に，リーダーのタイプについては，コントロール型は専制型のリーダーで，すべてはリーダーが決定する。協働型は調整ないし調和型のリーダーである。これは多様な意見やアイデア，思考や感情，価値や意味を調整して一つにまとめ上げ，人々の対立を調整することが重要だからである。支援型は従業員中心，部下中心のリーダーで，部下の意見を聞き，部下を決定に参加させ，民主的参加的に運営するタイプである。スピリチュアル型は組織構成者への奉仕であり，サーバント・リーダーシップである。

　第五に，リーダーのパワーの源泉は，コントロール型では権威で，報酬や罰に基づく支配である。協働型は正当性ないし合理性である。そこではリーダーは多様な人々の利害対立を調整するために必要な専門的知識や技能あるいは情報を有することで，人々に影響を与える。支援型は相互信頼と尊敬で，信頼に基づく内面化あるいは一体化，感情移入による影響力である。それは相互信頼と尊敬から生じる。スピリチュアル型はリーダーのスピリットから生じ，リーダーと組織構成者との間のスピリット（魂）とスピリット（魂）の響きないし共鳴から生じるものである。

　第六に，理念ないし対人関係の動機は，コントロール型ではパトス的であり，エロス的関係である。それは，人々は感情的，情熱的な関わりで関係し，それぞれが自己の目的達成の手段として関係を求める。エロスは価値あるものへの愛であり，それは自己にとって価値があるので関わる愛である[15]。協働型は，エートス的関係あるいはフィリア的な関係である。エートスというのは人間

の理性を意味しており，合理的合目的存在あるいは思考する存在として行動する人間を意味している。彼らは意思決定の合理性に基づいて，ギブ・アンド・テークの関係を結び，等価交換で関係を結ぶ。フィリアというのは友情の愛を意味し，男性と男性の愛情，女性と女性の愛情に基づく関係であり，それぞれが相互に理解し合い，励まし合い，助け合うことでできる愛情である。支援型の理念ないし動機は，ロゴスであり，アガペー的愛である。ロゴスは，前述したように人間の生きる意味に関わり，人間生命の第一の力となるものである。アガペーは他者に捧げる愛，自己犠牲の愛である。それは功績や社会的業績の高さや地位の高さとは無関係に与える愛である。それは自己中心性を克服し，他者のために自己を捧げる愛である。スピリチュアル型の動機は，スピリチュアリティにあり，究極的なアガペーである。

　最後に，組織活動の動機は，コントロール型は自己利益の追求であり，利益極大化である。それは経営者の自己利益の極大化を求めて組織活動を遂行することになる。協働型は啓発された自己利益である。支援型は，利他主義的自己利益あるいは自己超越的利益であり，これは自己の利益の追求よりも他者の利益を求めて活動することである。スピリチュアル型は自己超越的利益であり，他者の利益の達成を第一の課題として活動することである。

　それでは，意識の発達レベルと経営の類型およびリーダーシップはどのように関係するのであろうか。以下でこの関係について検討しよう。

Ⅲ　意識の発達レベルとリーダーシップ

　有効なリーダーシップを発揮するためには，AQALモデルの全象限，全レベル，全ライン，全状態，全タイプを考慮する必要があるが，その中で，特に，意識の発達レベルを考慮することが重要である。リーダーないし組織成員の意識レベルがどの段階にあるかによってリーダーシップのとり方が異なるからである。参加的，民主的リーダーシップを行使するか，あるいはサーバント・リーダーシップを発揮するかは，人の意識の発達レベル，特にリーダーの意識レベルに依存している。

　近年，AQALモデルに基づくリーダーシップ研究も行われてきている。例え

ば，J. P. フォーマンとL. A. ロス（Forman and Ross, 2013）は，四象限を考慮し，意識の達発レベルと関係づけて，意味形成の問題を分析している[16]。また，J. リームス（Reams, 2005）は，四象限を考慮し，発達レベルごとのリーダーシップの長点と弱点を分析している[17]。さらに，S. ライト（Wright, 2008）も四象限を考慮に入れ，各ラインと発達レベルの問題を分析している[18]。しかし，それらのモデルは，スピリチュアルレベルでのそれぞれの象限のタイプや状態がどのようなものかについては分析していない。そこで，次に発達レベルとの関係でリーダーシップのあり方を検討しよう。

1　自組織中心的レベルの特徴

　AQALモデルに基づくリーダーシップは，リーダーがすべての象限，レベル，ライン，状態，タイプを考慮して，組織の有効性を達成する過程である。しかし，リーダーがそれらをすべて考慮したからといって，理想的リーダーシップになるとは限らない。それは，図10-1で示されるように，基本的には，それぞれの発達レベルによってタイプや状態が異なるからである。ここでは自組織中心的レベルの特徴と最高の発達段階である宇宙中心的，すなわちスピリチュアルレベルの特徴について検討しよう。

　人の発達については，自己中心的レベルもあるが，このレベルの人がリーダーになると，組織を有効に運営する可能性はほとんどないので，自組織中心的レベルの特徴から検討する。自組織中心的レベルは，自集団，自民族，自宗教の利益を中心に考えて行動する段階である。これを企業組織に適用すると，リーダーが自己の所属する企業の利益の最大化を求め，自企業の利益やその発展を中心に行動する段階である。自己を尊重し，自己利益を重視する自己中心的段階から，自己を超えて自組織に対する愛情と関心を確立し，自組織の利益を重視する段階である。この段階では，リーダーは自己の利益より組織の利益を重要視し，組織の成長発展を中心に行動する。これはリーダーが組織と一体化し，さらに組織のトップとしてのリーダーの地位と一体化することで自己の利益が組織の利益と一体化するからである。この段階では，リーダーは自組織にとって有利か不利か，あるいは自組織の利益になるかどうかを判断基準にする。したがって，この段階のリーダーは，組織にとって良いことは自己にとっ

図10−1　意識の発達レベルと経営の類型とリーダーシップの関係

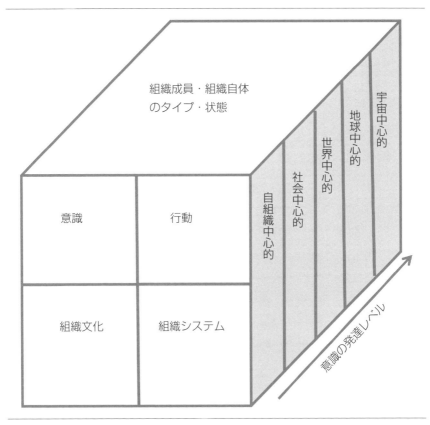

出所）筆者作成。

ても良く，組織の利益は自己の利益でもあると考え，社会の法律や規則も組織に利益があれば従うが，利益がなければそれに反してでも自組織の利益極大化を求めることになる。

　このような意識レベルのリーダーはどのように行動するのであろうか。あるいはそのレベルの組織はどのような組織文化や倫理規範を有し，どのような規則体系や組織構造を有し，またどのように活動するのであろうか。この段階のリーダーは，働く従業員を私的利潤追求の手段と考え，自社利益中心に行動させることになる。左下象限は組織成員の平均的な価値観や行動規範を表し，成

員間に共有された価値あるいは倫理観を表す。それが組織文化であり，組織倫理，組織における人間関係として表される。そこで，この段階の企業は利益極大化の組織文化，利益第一主義の価値や倫理規範を有することになる。

また，右下象限は，成果主義に基づく報酬体系や規則体系であり，業績評価体系，罰則規定，組織構造等の具体的な組織システムであり，物理的環境である。このレベルの組織では物理的職場環境も利益追求に役立つ限りで整備され，組織成員にとって快適かどうかよりも利益極大化に役立つかどうかが重要になる。利益に貢献しない職場環境はコストと見なされるので，働く人々にとっては最低限の状態となる。

右上象限は，個々人の行動を表すが，このレベルでは，組織成員は利益極大化行動を強制されることになる。自社利益中心あるいは利益極大化が個々の成員の行動基準であり，成員は利潤追求のために働かされ，その利潤達成の手段ないし歯車として仕事をさせられる。

したがって，このレベルの企業は，利益極大化志向企業として表され，企業として利益追求行動に専念する。そこでは，組織成員に対する人権への配慮や人間の尊厳の尊重の考え方はなく，社会問題や環境問題も企業の利益に役立たない限り考慮することはない。このレベルの企業では，結果として長時間労働，過労死，過度のストレス，鬱などの問題が生じ，働く人々の労働意欲の低下，組織への忠誠心やコミットメントの低下，離職者の増大等の問題を引き起こすことになる。

このような自組織中心的レベルの経営モデルやスタイルとしては，コントロール型の経営である。それは，D. マクレガー（McGregor, 1960）のX理論に基づく権限行使による命令，統制の原則による管理方式である[19]。また，R. リカート（Likert, 1961, 1967）の独善的・専制的管理システムである[20]。後者はシステム1型と呼ばれ，参加型のシステム4型とは逆の管理方法である。そこでは，リーダーは部下を全く信頼せず，部下は自由を感ぜず，恐怖，脅迫，懲罰による動機づけで，リーダーと部下の間でコミュニケーションは全くない管理方式である。

さらに自組織中心的レベルの経営モデルは，S. R. コヴィー（Covey, 2004）の「第8の習慣」とは逆の「凡庸さ」で慢性的な組織問題を抱える管理システ

ムである[21]。第1章で述べたように人間は全人格（肉体，知性，情緒，精神）として生きている。それは，人間がPQ, IQ, EQ, SQを有しているからである。

　しかし，コヴィーによると，今日の組織が直面する慢性的問題は，スピリチュアリティ（精神）が軽んじられ，その結果，低い信頼となり，内輪もめ，中傷，保身，情報の独占が起こり，知性（ビジョン）がおろそかにされ，ビジョンも価値観も共有されず，肉体（組織構造，システム）で規律が軽視され，情緒面がおろそかにされていることである。その結果，陰口，内輪もめ，中傷，政治ゲーム，偽善，部門間競争，依存体質，社員の無力化，無関心，倦怠，逃避，怒り，不安などが起こっている[22]。これらの問題は，人々の意識のレベルが低い自己中心的レベル，あるいは経営者が自組織中心的レベルにあることで起こっているといえる。コヴィーは，これらの問題を解決するために人間の内面の真の声を発見する第8の習慣を提唱している。「第8の習慣」とは，自分のボイス（内面の声）を自らが発見し，それぞれが自分のボイスを発見するよう人を奮起させることである。ボイスを発見して生きることは，全人格，すなわち肉体，知性，情緒，精神として生きることである。それは，意識のレベルを高めることで実現できるとしている[23]。

　以上が自組織中心的レベルの特徴であるが，このレベル以上の社会中心的レベルは，自組織を超越して，社会の法律や制度的な市場経済法則に従って行動するレベルである。これは，一般には自社の利益を超えて業界全体あるいは社会全体の利益を考慮する立場である。これは，合理的世界観を持ち，経営倫理の発達段階としては法的レベルである。このレベルの経営者は取引型のリーダーシップを行い，また協働型経営を行い，マクレガーのY理論に基づく参加的経営やリカートのシステム4の支持的管理を行うと考えられる。

　世界中心的レベルは，社会を超えて，世界全体の視点から自己の存在を捉え，世界そのものの繁栄と平和を求め，すべての人々の福利を中心に考え行動する段階である。さらに地球中心的レベルは，人類全体の持続的発展，地球環境の保全を考慮し，地球を大切にして行動する段階である。これらは経営倫理のレベルとしては人道レベルであり，この段階の経営者は支援型の経営を行い，サーバントないし支援型のリーダーシップを採ると考えられる。そこではリーダーは，崇高な理想や志を持って，組織成員のロゴスを喚起し，支援文化や信

頼関係を形成することで，支援型経営を行うのである。

　本章は，スピリチュアル経営のリーダーシップの特徴を明らかにすることを目的にしているので，社会中心や地球中心レベルのリーダーシップの特徴の検討は割愛し，以下では，スピリチュアルレベルの特徴について検討しよう。

2　スピリチュアルレベルの特徴

　宇宙中心的レベルはスピリチュアルレベルである。このレベルは個を超える意識の段階で，人類全体の持続的発展，地球環境の保全を考慮し，地球や宇宙を大切にして行動する段階である。この段階は，自己における心と身体を統合する意識であり，個を超える意識が始まり，スピリットを意識し始める段階である。したがって，左上象限は意識の最高段階であるスピリチュアルレベルとなる。そこで，このレベルの組織成員は自己超越的に行動し，利他主義的愛に基づき，経済的利益よりも他者や社会全体の利益を求めて行動するようになる。

　このレベルでの左下象限は，利他主義的組織文化，高い価値規範，高い経営倫理を有し，良好な人間関係，高い信頼関係，相互支援関係を示す。そこでは自己超越的なコミュニケーションを行う関係が形成される。リーダーと従業員が自己超越的に接し，他者を尊重し，他者の真の声を聴き，他者の問題と一体化することで自己超越的なコミュニケーションはできる。

　右下象限は，快適な物的作業環境や仕事に見合う十分な報酬体系，規則体系，逆ピラミッド型の組織構造などを示す。快適な物的作業環境は，バリアフリーで快適な物理的職場空間だけではなく，安全，衛生，設備，工具といった作業条件，さらに労働時間，休日日数などワーク・ライフ・バランスを含む職場環境のことである。また仕事に見合った生活をする上で十分な報酬や，従業員が天職感を得られるような仕事がある。これによって，従業員は働きがいや生きがいを見つけ，充実感を得られることになる。

　スピリチュアルレベルのリーダーは，快適な物的作業環境，仕事に見合う十分な報酬，組織構造などを整備して，天職感をもたらすように仕事を編成して働く人々の満足を高め，意味を充足させる役割を果たすのである。

　右上象限は，自己超越的行動，憐情的行動，利他的行動を示す。自己超越性は，自己利益を越えて他者や社会あるいは地球全体の利益を考慮することであ

図10-2　スピリチュアルレベルのリーダーシップ

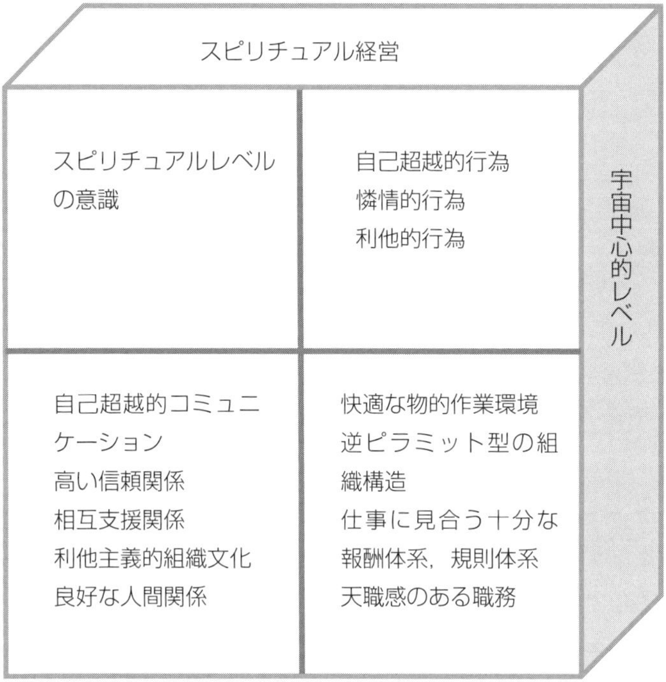

スピリチュアル経営	
スピリチュアルレベルの意識	自己超越的行為 憐情的行為 利他的行為
自己超越的コミュニケーション 高い信頼関係 相互支援関係 利他主義的組織文化 良好な人間関係	快適な物的作業環境 逆ピラミット型の組織構造 仕事に見合う十分な報酬体系，規則体系 天職感のある職務

宇宙中心的レベル

出所）筆者作成。

る。自己超越性は，利他的愛に基づき他者や社会の利益を求めることである。そして，憐情的行動は利他的愛の行為として現れるものであり，スピリチュアル行為である。

図10-2は，以上のようなスピリチュアルレベルの各象限の特徴を示している。このレベルは，スピリチュアル経営を実践する企業であり，スピリチュアル企業として表される。スピリチュアル経営は，リーダーが職場におけるスピリチュアルな欲求や価値の重要性を認識し，人々（従業員）を単に物質的，肉体的，心理的存在としてのみ捉えるのではなく，スピリチュアルな存在として捉え，組織の使命やそのスピリチュアルな価値を成員と共有し，彼（女）らの意味実現を支援し，自己超越的に行動するように運営する。この意味で，組織

成員の意識をいかに高めるかが，ここでのリーダーシップの課題である。

以上，意識の発達レベルとリーダーシップの関係を示してきたが，それは発達レベルの違いがリーダーシップのあり方に大きな影響を与えているといえる。そのためには発達レベルに従って，適切な方法を採ることである。意識の発達レベルと経営の類型との関係で言えば，自組織中心的レベルは，コントロール型経営となり，社会中心的ないし合理的レベルは協働型経営となり，世界中心的ないし地球中心的レベルは支援型経営であり，宇宙中心的レベルがスピリチュアル経営である。

それではスピリチュアルレベルのリーダーシップはどのようなものであろうか。次に，この点について検討しよう。

Ⅳ　スピリチュアル経営のリーダーシップ

スピリチュアル経営におけるリーダーシップは，基本的にスピリチュアル・リーダーシップとなる。このリーダーシップの特徴についてはすでに論述したので[24]，要約して述べよう。

スピリチュアル・リーダーシップとは，リーダーのスピリチュアリティによって組織成員に天職感や使命感を与え，成員の意味実現（福利）を支援して組織の有効性を達成する過程である。それは，職場におけるスピリチュアルな欲求や価値の重要性を認識し，従業員を単に物質的，肉体的，心理的存在としてのみ捉えるのではなく，スピリチュアリティの存在として捉え，組織の使命やそのスピリチュアルな価値を成員と共有し，彼（女）らの意味発見を支援し，自己超越的に行動するように働きかける過程である。

スピリチュアル・リーダーは，人をスピリチュアルな存在として捉え，スピリチュアリティに基づいて行動するので，次のような特徴を持っている。①自己超越性，②自己超越的価値の具現性，③意味実現性，④模範性，⑤信頼性，⑥支援性である。①，③，⑤，⑥については前述したので，ここでは②と④について述べよう。

②の自己超越的価値の具現性は，その価値を実際に実現することであり，自己超越的価値や普遍的価値を実現するために行動することである。人は，高い

理想や価値を持つことはできても，それを実際に行うことは困難である。なぜなら自己超越的価値を実践することは自己を超越して他者や社会のために行動することだからである。しかし，スピリチュアル経営のリーダーはそれを日々の生活の中で実践し，その価値観に従って行動している。

④の模範性は，人々の模範になることであり，人々の価値や行為の指針のモデルとして行動することである。スピリチュアル経営のリーダーは，自己の価値や信念を行動で示すことで，人々や部下の模範者となる。いくら高い目標や組織の使命を語っても，リーダー自ら率先してその理想や価値を実践しない限り，それは人を動かす力にはならない。

このようにスピリチュアル・リーダーは，自己の経済的利益よりも社会全体あるいは地球全体の利益を求めるものであり，スピリチュアリティに基づいて組織の有効性を達成する。それはリーダーの意識が最高段階に達成することで可能である。しかし，いくらリーダーが高いレベルにあっても，多くの組織成員の意識が高いレベルまで発達しない限り，スピリチュアル・リーダーシップを実践することは困難である。そのためには，組織成員の意識のレベルを高めることが必要である。それは，リーダー自らがより高いレベルへと努力精進し，スピリチュアルな価値を実践して模範を示すことで可能となるのである。

それではスピリチュアル経営の成員はどのような特徴を持っているのであろうか。リーダーがスピリチュアリティに基づいて組織成員と一緒に仕事をすると，成員ないし部下は次の特徴を持つようになる。①希望，②信頼感，③安心・安らぎ，④天職感，⑤献身，がそれである。④と⑤についてはすでに論述したので，①，②，③について説明しよう。

①の希望は，組織成員が自己の将来や組織の将来について明るい展望を持ち，自己の夢や理想あるいは組織の目的ないしはビジョンが実現されるという期待である。スピリチュアル・リーダーはそのスピリチュアリティによって組織成員に希望を与え，また彼らや彼女らもリーダーのスピリチュアルな価値に基づく行動から自己の将来の夢や目標が実現できる可能性を見出す。

②の信頼感は，部下がリーダーや組織に対して持つ絶対的な信頼である。スピリチュアル・リーダーの特徴が自己超越性にあるとすれば，リーダーは他者や社会全体の利益のために行動するので，部下はリーダーが部下自身（の利

益）のために行動すると思うようになり，リーダーを全面的に信頼する。

　③の安心・安らぎは，自己の生活において不安や恐れがなく，心が穏やかで癒されることである。人々が職場で過度のストレスや不安を感じることなく，安心や安らぎ感を得られることで仕事の能率性や創造性も高くなるのである。

　スピリチュアリティに基づく安心・安らぎ感は，最終的には心の救済感に結びつく。救済感はリーダーと一緒に仕事をすることが自己の心や魂の救いになり，人間的な成長につながるということである。スピリチュアルな価値や使命を遂行する行為の大きな特徴は他者を助け支えることが自己の救いになるということである。

　スピリチュアル・リーダーシップの結果は，第一には，前述の成員の心理的変化ないし福利の状態であり，最終的には組織の有効性を達成することである。すなわち，スピリチュアル経営のリーダーシップは，組織参加者の福祉の向上や生活の質の充実を含む組織の有効性を達成することを目的としている。

　これを実践するために，リーダーは，組織成員にスピリチュアルな価値ないし自己超越的利益を提示し，天職感を与えて動機づける。そして何よりも重要なことは，リーダーが憐情(れんじょう)的に行動することである。またリーダーはスピリチュアル文化を形成することである。さらにスピリチュアリティに基づく意味や価値を創造することである。このようなことからスピリチュアル・リーダーシップとは，スピリチュアリティに基づいて組織成員に自己超越的価値を示して天職感や使命感を与え，その成員の意味実現（福利）を支援して組織の有効性を達成する過程である。これをモデルとして示したのが図10－3である。

　スピリチュアル・リーダー行動の次元は，①スピリチュアルな価値や使命の提示，②天職感の喚起，③憐情的行動である。①は，組織が追求する理想や価値あるいは使命で，自己利益を越えた他者利益や社会全体の利益を求めるものである。②は組織成員の仕事が他者への貢献ないし社会への貢献のために存在し，その仕事に意味や価値があることを示し，仕事に働きがいや生きがいを与えることである。天職感を喚起し，部下が生きがいや働きがいを得られるように職場づくりをすることがスピリチュアル・リーダーの役割である。③は利他的愛の行為あるいは自己超越行為として発現するものであり，スピリチュアリティの基本的行為である。リーダーが憐情を示すことで，組織成員はリーダー

図10-3 スピリチュアル・リーダーシップ・モデル

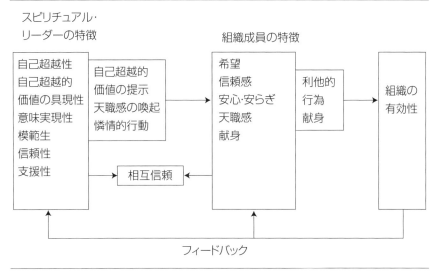

出所）狩俣正雄（2009）『信頼の経営―スピリチュアル経営の構築に向けて―』中央経済社，189頁。

を信頼し受け容れるようになる。

　組織成員の行動は，特に，④自己超越的行為ないし利他的行為と⑤献身である。これは組織の有効性にとって重要な要因である。④は天職意識に基づいて利他的に行動することである。⑤は他者や組織に自己を捧げることである。組織のピリチュアリティに惹き付けられ，自己の仕事を天職と考える人は，組織へ忠誠心を持ち，組織に一身を捧げるのである。

　このようなスピリチュアリティに基づくリーダーと部下の関係は⑥相互信頼である。彼（女）らの間に信頼関係がなければ，スピリチュアルな職場や組織文化は形成されないし，天職感や献身，憐情的行為等も行われない。信頼はすべての組織活動や社会活動の前提であり，スピリチュアル経営やスピリチュアル・リーダーシップの必要不可欠の条件なのである。

V 結び

 以上，スピリチュアル経営のリーダーシップについて検討してきた。スピリチュアル・リーダーシップは，スピリチュアリティに基づいて，組織成員の意味実現を支援して組織の有効性を達成する過程である。それは，リーダーがスピリチュアルな価値を成員と共有し，自己超越的に行動するように働きかける過程である。これによって，働きがいのある充実した最高のスピリチュアル経営を実現できるようになる。しかし，そのためには，何よりもリーダー自身を含めて組織成員の意識が高いレベルへ発達しなければならない。人間は意識の発達以上のことは思考できないし，行動できないからである。意識の発達レベルが四象限のすべての状態やタイプを規定する重要な要因なのである。

 本章では，AQALモデルに基づいて，意識の発達レベルに応じた自組織中心的経営とスピリチュアル経営の四象限の状態ないしタイプについて示してきた。働きがいのある充実したスピリチュアル経営を構築するためには，リーダーは組織成員が，どの程度の意識の発達レベルにあるか，どのようなタイプや状態にあるかを明らかにし，そのレベル，タイプ，状態を知り，理想とする最高の目標レベル，タイプ，状態に向けて経営を行う必要がある。そのためには，リーダーは四象限に沿って，少なくとも次のような役割を果たすことである。

 図10－2の左上象限では，リーダー自身を含めて組織成員のより高い成長発達を図る役割である。人が成長発達するためには，自分自身で絶えず高いレベルを求めて努力，精進しなければならない。発達するということが，その人の価値観や世界観が，私的，個別的な考え方から普遍的，統合的な価値観や世界観へと深化拡大していくことであるならば，そのような価値を探求し，その実現のために努力し自己を鍛錬することである。それは，人生の意味や生きることの意味，あるいは働くことの意味，さらに自己の組織の存在意義を探求し，スピリチュアルな段階に向けて絶えず努力することである

 左下象限では，自己超越的コミュニケーションを行う役割である。自己超越的コミュニケーションは，ロゴス的関係や交感レベルのコミュニケーションであり，それは，自己を越えた存在，スピリット（魂）とスピリット（魂）のつ

ながりであり，自己を超越した人間の究極的なコミュニケーションである。そのようなコミュニケーションは，人々が利他性，尊敬，傾聴，一体化を行うことで可能となる。さらに，リーダーが組織成員との間に絶対的な信頼関係を構築する役割も重要である。

右下象限では，組織成員をスピリチュアルな存在として認め，彼らや彼女らの仕事を天職感のあるものになるように編成する役割である。人間が組織や社会と関わって生きているならば，自己を超越する目的や大義に結びつくような天職感のある仕事は重要である。仕事に働きがいや生きがいを見つけ，充実感を得られるならば，組織成員は組織に積極的に貢献するからである。

右上象限では，憐情をもって自己超越的に行動することである。これは，組織成員に注意深く配慮し，彼らや彼女らの問題や悩みと一体化することである。リーダーがどのように崇高な理念や志を語っても，自分に関心を持たず無関心であれば，部下はリーダーのために積極的に組織目標を達成することはない。リーダーが他者に憐情をもって自己超越的に行動することがスピリチュアル経営では必要なのである。

リーダーが以上のような役割を果たすことで働きがいのある充実した最高のスピリチュアル経営は構築できるのである。

●注

1 この点については，狩俣，2009年を参照。
2 Tannenbaum (1968), pp.16-17.
3 Tannenbaum (1968), p.5.
4 Barnard (1938), pp.17-21, 邦訳，18-22頁。
5 Schoderbek, et al. (1980), pp.93-96, 邦訳，113-117頁を参照。
6 Barnard (1938), p.65, 邦訳，67頁。
7 Barnard (1938), p.73, 邦訳，76頁。
8 Barnard (1938), pp.60-61, 邦訳，62-63頁。
9 Barnard (1938), p.283, 邦訳，296頁。
10 Barnard (1938), p.283, 邦訳，296頁。
11 この点については，狩俣 (1989), 154-156頁，およびFisher (1980), pp.129-130を参照。

12　狩俣（2000），33-40頁。
13　狩俣（2000），57-63頁。
14　狩俣（2009），19-23頁。
15　愛の概念については，Morris（1981），邦訳，135-149頁を参照。
16　Forman and Ross（2013）を参照。
17　Reams（2005），pp.118-132を参照。
18　Wright（2008），pp.1-13を参照。
19　McGregor（1960），邦訳を参照。
20　Likert（1961），（1967），邦訳を参照。
21　Covey（2004），邦訳を参照。
22　Covey（2004），邦訳，161-167頁を参照。
23　Covey（2004），邦訳，171-387頁を参照。
24　狩俣（2009）の第9章を参照。

《付記》

本章は以下の論文を加筆修正したものである。

第3章　「インテグラル・リーダーシップ」『経営研究』第66巻第4号（2016年2月）

第4章　「経営者の意識の発達とスピリチュアリティ」『経営研究』第64巻第2号（2013年8月）

第5章　「組織変化とダイアログ」『経営研究』第63巻第4号（2013年2月）

第6章　「コーチングとリーダーシップ」『経営研究』第64巻第4号（2014年2月）

第7章　「リーダーシップ・スキルとリーダーシップ開発」『経営研究』第66巻第2号（2015年8月）

第8章　「経営倫理の発達とスピリチュアリティ」『経営研究』第66巻第3号（2015年11月）

第9章　「意味実現のリーダーシップ」『経営研究』第65巻第3号（2014年11月）

［参考文献］

Aburdene, W.（2005）*Megatrends 2010*, Waterside Production Inc. and Hampton Roads Publishing Company, Inc.（経沢香保子監訳『メガトレンド2010 ―新しい資本主義をつくる７つのトレンド―』ゴマブックス株式会社，2006年）．

Ancona, D.（2012）"Sensemaking : Framing and Acting in the Unknown," in Snook, S., Nohria, N., and R. Khurana, eds. *The Handbook for Teaching Leadership*, SAGE Publications, Inc., pp.3-19.

Ancona, D., Malone, T. W., Orlikowski, W. J. and P. M. Senge（2007）"In Praise of the Incomplete Leader," *Harvard Business Review*, in Harvard Business School Publishing Corporation ed., *HBR'S 10 MUST READS On Leadership*, Harvard Business Review Press, 2011, pp.179-196.（山本冬彦訳「完全なリーダーはいらない」『DIAMONDハーバード・ビジネス・レビュー，「脱」管理主義のリーダーシップ』ダイヤモンド社，2007年９月号，48-61頁）．

Argyris, C.（1992）*On Organizational Learning*, Blackwell Publishers.

Avolio, B. J., Gardner, W. L., Walumbwa, F. O., Luthans, F., and D. R. May（2004）"Unlocking the Mask : A Look at the Process by Which Authentic Leaders Impact Follower Attitudes and Behavior," *The Leadership Quarterly*, Vol.15, pp.801-823.

Badaracco, jr., J. L.（1997）*Defining Moments*, Harvard Business School Press（金井壽宏監訳，福嶋俊造訳『「決定的瞬間」の思考法』東洋経済新報社，2004年）．

Bandler, R.（1985）*Using Your Brain : For a Change*, Real people Press（酒井一夫訳『神経言語プログラミング ―頭脳を使えば自分も変わる―』東京図書株式会社，1986年）．

Barnard, C. I.（1938）*The Functions of the Executive*, Harvard University Press（山本安次郎・田杉競・飯野春樹訳『新訳経営者の役割』ダイヤモンド社，1968年）．

Bass, B. M.（1985）*Leadership and Performance Beyond Expectation*, The Free Press A Division of Macmillan Inc.

Bateson, G.（1972）*Steps to an Ecology of Mind*, Jason Aronson, Inc.（佐伯泰樹・佐藤良明・高橋和久訳『精神の生態学（上・下）』思索社，1986年・1987年）．

Bazerman M. H. and A. E. Tenbrunsel（2011）*Blind Spots : Why We Fail to Do What's Right and What to Do about it*, Princeton University Press,（池村千秋訳『倫理の死角―なぜ人と企業は判断を誤るのか―』NTT出版，2013年）．

Bennis, W.（2003）*On Becoming a Leader*, Warren Beninis Inc.（伊東奈美子訳『リーダーになる（増補改訂版）』海と月社，2008年）．

Berlo, D. K.（1960）*The Process of Communication : An Introduction to Theory and Practice*, Holt Rinehart and Winston, Inc.（布留武郎・阿久津喜弘訳『コミュニケーション・プロセス ―社会行動の基礎理論―』協同出版，1972年）．

Biberman, J. and L. Tischler（2008）"Introduction," in Biberman, J. and L. Tischler, eds., *Spirituality in Business : Theory, Practice, and Future Directions*, Palgrave Macmillan,

pp.1-16.
Blake, P. R. and J. S. Mouton (1964) *The Managerial Grid*, Gulf Publishing Company (上野一郎監訳『期待される管理者像』産業能率短期大学出版部, 1965年).
Blanchard, K. (2007) *Leading at a Higher Level* 1st ed., Blanchard Management Corporation (田辺希久子・村田綾子訳『ケン・ブランチャード リーダーシップ論 ―より高い成果をいかにしてあげるか―』ダイヤモンド社, 2012年).
Blumer, H. (1969) *Symbolic Interactionalism : Perspective and Method*, Prentice-Hall Inc. (後藤将之訳『シンボリック相互作用論―パースペクティヴと方法―』勁草書房, 1991年).
Bohm, D. (1980) *Wholeness and the Implicate Order*, Routledge & Kegan Paul (井上忠・伊藤笏康・佐野正博訳『全体性と内臓秩序』青土者, 2005年).
Bohm, D. (1996) *On Dialogue*, Taylor & Francis Group (金井真弓訳『ダイアローグ ―対立から共生へ, 議論から対話へ―』英治出版, 2007年).
Bolstad, R. (2002) *RESOLVE : A New Model of Therapy*, Crown House Publishing (橋本敦生監訳・浅田仁子訳『RESOLVE 自分を変える最新心理テクニック ―神経言語プログラミングの新たな展開―』春秋社, 2003年).
Bradley, P. H. and J. E, Baied, Jr. (1983) *Communication for Business and the Professions* 2nd ed., Wm. C. Brown Company Publishers.
Bryman, A. (1986) *Leadership and Organizations*, Routledge & Kegan Paul.
Buber, M. (1923) *Ich und Du, Zwiesprache*, Insel Verlag, Leipzig (田口義弘訳『我と汝・対話』みすず書房, 1978年).
Burrell, G. and G. Morgan (1979) *Sociologycal Paradigms and Organazational Analysis*, Heinemann (鎌田伸一・金井一頼・野中郁次郎訳『バーレル／モーガン 組織論のパラダイム―機能主義の分析枠組み―』千倉書房, 1986年).
Burchell, M. and J. Robin (2011) *The Great Workplace : How to Build it, How to Keep it, and Why it Matters*, Jossey-Bass A Wiley Imprint (伊藤健市・斎藤智文・中村艶子訳『最高の職場 ―いかに創り, いかに保つか, そして何が大切か―』ミネルヴァ書房, 2012年).
Cartright D. and A. Zander (1968) *Group Dynamics : Research and Theory*, 3rd ed., Harper and Row, Publishers (三隅二不二・佐々木薫訳編『グループ・ダイナミックスⅡ』誠心書房, 1970年).
Chappelow, C. T. (1998) "360-Degree Feedback," in McCauley, C. D., Moxley, R. S., and E. V. Velsor, eds., *The Center for Creative Leadership : Handbook of Leadership Development*, Jossey-Bass Inc., Publishers, pp.29-65. (金井壽宏監訳・嶋村伸明／リクルートマネジメントソリューションズ組織行動研究所訳『リーダーシップ開発ハンドブック』白桃書房, 2011年, 29-67頁).
Ciulla, J. B. (2000) *The Working Life : The Promise and Betrayal of Modern Work*, Three Rivers Press (中島愛訳・金井壽宏監修『仕事の裏切り―なぜ, 私たちは働くのか―』翔泳社, 2003年).
Cook-Greuter, S. R. (1999) *Postautonomous Ego Development : A Study of Its Nature and*

Measurement, Integral Publishers.
Cook-Greuter, S. R.（2005）"Ego Development： Nine Levels of Increasing Embrace," http://areas.fba.ul.pt/jpeneda/Cook-Greuter.pdf（門林奨訳『自我発達理論』http://beyonddescription.blog57.fc2.com/blog-entry-80.html）．
Covey, S. R.（2004）*The 8th Habit : From Effectiveness to Greatness*, Franklin Covey Co.（フランクリン・コヴィー・ジャパン訳『第 8 の習慣 ―「効果」から「偉大」へ―』キングベアー出版，2005年）．
Csikszentmihalyi, M.（1990）*Flow :The Psychology of Optimal Experience*, Harper Perennial（今村浩明訳『フロー体験 喜びの現象学』世界思想社，1996年）．
DeGeorege, R.T.（1989）*Business Ethics*, third ed., Macmillan, Inc.（永安幸正・山田經三監訳麗澤大学ビジネス・エシックス研究会訳『ビジネス・エシックス―グローバル経済の倫理的要請―』明石書店，1995年）．
Dilts, R.（2003）*From Coach to Awakener*, Meta Publications（田近秀敏監修・佐藤志渚訳『ロバート・ディルツ博士のNLPコーチング』株式会社ヴォイス，2006年）．
Drath, W. H.（1998）"Approaching the Future of Leadership Development" in McCauley, C. D., Moxley, R. S., and E. V. Velsor, eds., *The Center for Creative Leadership : Handbook of Leadership Development*, Jossey-Bass Inc., Publishers, pp.403-432.（金井壽宏監訳・嶋村伸明／リクルートマネジメントソリューションズ組織行動研究所訳『リーダーシップ開発ハンドブック』白桃書房，2011年，370-400頁）．
Drath, W. H. and C. J. Palus（1994）*Making Common Sense : Leadership as Meaning-making in a Community of Practice*, Center for Creative Leadership.
Drucker, P. F.（1974）*Management : Tasks, Responsibilities, Practices*, HarperCollins Publishers, Inc.（野田一夫・村上恒夫監訳『マネジメント―課題・責任・実践―（上・下）』ダイヤモンド社，1974年）．
Drucker, P. F.（2008）*Management* Revised Edition, HarperCollins Publishers（上田惇生訳『経営の神髄―知識社会のマネジメント―（上・下）』ダイヤモンド社，2012年）．
Egan, G.（1986）*The Skilled Helper : A Systematic Approach to Effective Helping*, Third Edition, Brooks/Cole, Cengage Learning（鳴澤實・飯田栄訳『熟練カウンセラーをめざすカウンセリング・テキスト』創元社，1998年）．
Egan, G.（2010）*The Skilled Helper : A Problem-Management and Opportunity-Development Approach to Helping*, Ninth Edition, Brooks/Cole, Cengage Learning.
Eriksen, K.（1977）*Human Service Today*, Reston Publishing Co. Inc.（豊原廉次郎訳『ヒューマン・サービス ―新しい福祉サービスと専門職―』誠信書房，1982年）．
Erikson, E. H.（1959）*Psychological Issues : Identity and The Life Cycle*, International University Press, Inc.（小此木啓吾訳編『自我同一性―アイデンティティとライフサ・イクル―』誠信書房，1982年）．
Erikson, E. H.（1963）*Childhood and Society, 2nd ed.*, W. W. Norton & Company, Inc.（仁科弥生訳『幼児期と社会Ⅰ』みすず書房，1977年）．
Erikson, E. H.（1982）*The Life Cycle Completed : A Review*, W.W. Norton & Company, N.Y.（村瀬孝雄・近藤邦夫訳『ライフサイクル、その完結』ミスズ書房，1989年）．

Erikson, E. H. and J. M. Erikson (1997) *The Life Cycle Completed : A Review*, Expanded Edition, W.W. Norton & Company, N.Y. (村瀬孝雄・近藤邦夫訳『ライフサイクル，その完結〈増補版〉』ミスズ書房，2001年).

Fairholm, G. W. (1998) *Perspectives on Leadership : From the Science of Management to Its Spirritual Heart*, Praeger Publishers.

Fayol, H. (1916) *Administration Industrielle et Générale*, Dunod (佐々木恒男訳『産業ならびに一般の管理』未来社，1969年).

Feldoman, D. C. and H. J. Arnold (1983) *Managing Individual and Group Behavior in Organizations*, McGraw-Hill Book Company.

Fiedler, F. E. (1967) *A Theory of Leadership Effectiveness*, McGraw-Hill Book Company (山田雄一監訳『新しい管理者像の探究』産業能率短期大学出版部，1970年).

Fisher, B. A. (1980) *Small Group Decision Making : Communication and the Group Process*, Second Edition, McGraw-Hill Book Company.

Fitzgerld, C. and J. G. Berger (2002) *Executive Coaching*, Davis-Black Publishing, a division of CPP, Inc. (日本能率協会コンサルティング訳『エグゼクティブ・コーチング ―経営幹部の潜在能力を最大限に引き出す―』日本能率協会マネジメントセンター，2005年).

Flaherty, J. (1999) *Coaching : Evoking Excellence in Others*, Elesevier Inc. (桜田直美訳『コーチングの5つの原則』ディスカヴァー・トゥエンティワン，2004年).

Fleishman, E. A. (1973) "Twenty Years of Consideration and Structure," in Fleishman, E. A. and J. H. Hunt eds., *Current Developments in the study of Leadership*, Southern Illinois University, pp.1-40.

Forman, J. P. and L. A. Ross (2013) *Integral Leadership : The Next Half-Step*, State University of New York Press.

Frankl, V. E. (1947) *Trotzdem Ja zum Leben Sagen*, 2. Auf., Frant Deuticke, Wien (山田邦男・松田美桂訳『それでも人生にイエスと言う』春秋社，1993年).

Frankl, V. E. (1952) *AerztlicheSeelsorge*, Wien : Verlag Franz Deuticke (霜山徳爾訳『死と愛―実存分析入門―』みすず書房，1957年).

Frankl, V. E. (1962) *Man's Search for Meaning : An Introduction to Logotherapy*, Beacon Press.

Frankl, V. E. (1967) *Psychotherapy and Existentialism : Selected Papers on Logotherapy*, Washington Square Press Inc. (高島博・長澤順治訳『フランクル現代人の病―心理療法と実存分析―』丸善株式会社，1972年).

Frankl, V. E. (1969) *The Will to Meaning : Foundations and Applications of Logoherapy*, New American Library (大沢博訳『意味への意志―ロゴセラピイの基礎と応用―』ブレーン出版，1986年).

Frankl, V. E. (1978) *The Unheard Cry for Meaning*, Simon & Shuster Inc. (諸富祥彦監訳，上嶋洋一・松岡世利子訳『〈生きる意味〉を求めて』春秋社，1999年).

Frankl, V. E. (2005) *Ärztliche Seelsorge, Grundlagen der Logotherapie und Existenzanalyse, Zehn Thesen über die Person*, Deuticke im Paul ZsolnayVerlag Wien (山田邦男監訳,

岡本哲雄・雨宮徹・今井伸和訳『人間とは何か ―実存的精神療法―』春秋社, 2011年).
Friedman, R. (2014) *The Best Place to Work : The Art and Science of Creating an Extraordinary Workplace*, Penguin Publishing Group（月沢李歌子訳『最高の仕事ができる幸せな職場』日経BP社).
Fry, L. W. (2003) "Toward a Theory of Spiritual Leadership," *The Leadership Quarterly*, Vol.14, pp.693-727.
Fry, L. W. (2005) "Toward a Theory of Ethical and Spiritual Well-Being, and Corporate Social Responsibility through Spiritual Leadership," in Giacalone, R. A., Jurkiewicz, C. L., and C. Dunn eds., *Positive Psychology in Business Ethics and Corporate Responsibility*, Information Age Publishing, pp.47-83.
Fry, L. W. (2008) "Spiritual Leadership : State-of-the-Art and Future Directions for Theory, Reserch, and Practice," in Biberman, J. and J. Tischer, eds., *Spirituality in Business : Theory, Practice, and Future Directions*, Palgrave Macmillan, pp.106-124.
Fry, L. W. and J. W. Slocum, Jr. (2008) " Maximizing the Triple Bottom Line through Spiritual Leadership," *Organizational Dynamics*, vol.137, no.1, pp.86-96.
Gallwey, W. T. (1997) *The Inner Game of Tennis*, Revised Edition, Random House, Inc.（後藤新弥訳『新インナーゲーム』日刊スポーツ出版社, 2000年).
Gardner, H. (1999) *Intelligence Reframed : Multiple Intelligence for the 21st Century*, Basic Books（松村暢隆訳『MI：個性を活かす多重知能の理論』新曜社, 2001).
Gardner, H. (2004) *Changing Minds : The Art and Science of Changing Our Own and Other People's Minds*, Harvard Business School Press（朝倉和子訳『リーダーなら人の心を変えなさい。』ランダムハウス講談社, 2005年).
Gardner, J. W. (1990) *On Leadership*, The Free Press, A Division of Macmillan, Inc.（加藤幹雄訳『リーダーシップの本質』ダイヤモンド社, 1993年).
George, B. (2003) *Authentic Leadrship : Rediscovering the Secrets to Creating Lasting Value*, Jossey-Bass.
Giacalone, R. A. and C. L. Jurkiewicz, eds. (2003) *Handbook of Workplace Spirituality and Organizational Performance*, New York : M. E. Sharpe, Inc.
Gibb, C. A. (1954) "Leaderhip," in G. Lindzey, ed., *Handbook of Social Psychology*, Cambridge, Mass. : Addison Wesley（大橋幸訳「リーダーシップ」清水・日高・池内・高橋監訳『社会心理学講座〔第5巻〕』みすず書房, 1958年).
Gibb, J.R. (1960) "Defensive Communication," *The Journal of Communication*, Vol.11, pp.141-148.
Gilligan, C. (1982) *In a Different Voice : Psychological Theory and Womens' Development*, Harvard University Press（岩男寿美子監訳・生田久美子・並木美智子共訳『もうひとつの声 ―男女の道徳観のちがいと女性のアイデンティティー―』川島書店, 1986年).
Gofee, R. and G. Jones (2013) "Creating the Best Workplace on Earth," *Harvard Business Review*, Vol.91 No.5, pp.98-106（スコフィールド素子訳「『夢の職場』をつくる6つの原則」『DIAMONDハーバード・ビジネス・レビュー』2013年12月, 28-43頁).
Goldsmith, M., Lyons, L. and S. McArthur eds. (2012) *Coaching for Leadership : Writings*

on Leadership from the World's Greatest Coaches, John Wiley & Sons, Inc.（久野正人監訳・中村安子・夏川幸子訳『リーダーシップ・マスター ―世界最高峰のコーチ陣による31の教え―』英治出版，2013年）．

Goleman, D.（1995）*Emotional Intelligence : Why It Can Matter More Than IQ*, Bantman（土屋京子訳『EQ ―こころの知能指数―』講談社，1998年）．

Goleman, D.（2000）"Leadership That Gets Results," in *Harvard Business Review, Coaching*, Harvard Business School Publishing Corporation（DIAMOND ハーバード・ビジネス・レビュー編集部編訳『コーチングの思考技術』ダイヤモンド社，2001年，195-235頁）．

Goleman, D.（2006）*Social Intelligence : The New Science of Human Relationships*, Bantman（土屋京子訳『SQ ―生き方の知能指数―』日本経済新聞出版社，2007年）．

Gratton, L.（2014）*The Key : How Corporations Succeed by Soving the Worlds's Toughest Problems*, Lynda Gratton c/o PFD（吉田晋治訳『未来企業 ―レジリエンスの経営とリーダーシップ―』プレジデント社，2014年）．

Greenleaf, R. K.（1977）*Servant Leadership : A Journey into the Nature of Legitimate Power & Greatness*, Paulist Press（金井壽宏監訳・金井真弓訳『サーバント・リーダーシップ』英治出版，2008年）．

Guthrie, V. A. and L. Kelly-Radford（1998）"Feedback-Intensive Progurams, in McCauley, C. D., Moxley, R. S., and E. V. Velsor, eds., *The Center for Creative Leadership : Handbook of Leadership Development*, Jossey-Bass Inc., Publishers, pp.66-105,（金井壽宏監訳・嶋村伸明／リクルートマネジメントソリューションズ組織行動研究所訳『リーダーシップ開発ハンドブック』白桃書房，2011年，68-108頁）．

Haidt, J.（2012）*The Righteous Mind : Why Good People Are Divided by Politics and Religion*, Brockman Inc.（高橋洋訳『社会はなぜ左と右にわかれるのか―対立を超えるための道徳心理学―』紀伊國屋書店，2014年）．

Hall, L. M. and B. G. Bodenhamer（2005）*Mind-Lines : Lines for Changing Minds*, 5th ed. NSP : Neuro-Semantics Publications（ユール洋子訳『NLPフレーム・チェンジ ―視点が変わる〈リフレーミング〉7つの技術―』春秋社，2009年）．

Hall, L. M. and M. Duval（2004）*Meta-Coaching : Volume Ⅰ, Coaching Change For Higher Levels of Success and Transformation*, Neuro-Semantics Publications（佐藤志緒訳『メタ・コーチング』株式会社ヴォイス，2010年）．

Hawley, J. A.（1993）*Reawakaning the Spirit in Work : The Power of Dharmic Management*, Barrett-Koehler Publishers（堤江実訳『魂の経営 ―組織を幸福にするリーダーの条件―』PHP研究所，1995年）．

Henderson, V. E.（1992）*What's Ethical in Business ?*, MacGraw-Hill, Inc.（松尾光晏訳『有徳企業の条件―倫理的ビジネスだけが生き残れる―』清流出版，1995年）．

Hersey, P. and K. H. Blanchard（1972）*Management of Organizational Behavior*, 2nd ed., Prentice- Hall, Inc.（松井賚夫監訳『新版 管理者のための行動科学入門』日本生産性本部，1974年）．

Hollander, E. P.（1958）"Conformity, Status and Idiosyncrasy Credit," *Psychological Re-*

view, Vol.65, No.2, pp.117-127.
Hollander, E. P. (1978) *Leadership Dynamics : A Practical Guide to Effective Relationships*, The Free Press.
Holland, J. L. (1997) *Making Vocational Choices: A Theory of Vocational Personalities and Work Environments* 3rd ed., Psychological Assessment Resources, Inc.
Hunt, J. G. and R. N. Osborn (1982) "Toward a Macro- Oriented Model of Leadership : An Odyssey," in Hunt, J. G., Sekaran, U. and C. A. Schriesheim, *Leadership : Beyond Establishment View*, Southern Illinois University Press, pp.196-221.
Hunter, J. C. (1998) *The Servant*, The Crown Publishing Group, a division of Random House, Inc. (高山祥子訳『サーバント・リーダー』海と月社，2012年).
稲垣保弘（2002）「リーダーシップと意味形成」『経営志林』第39巻第1号，33-45頁。
伊藤守・鈴木義幸・金井壽宏（2010）『神戸大学ビジネススクールで教えるコーチング・リーダーシップ』ダイヤモンド社。
Isaacs, W. N. (1993) "Taking Flight : Dialogue, Collective Thinking, and Organizational Learning," *Organizational Dynamics*, Vol.22, No.2, pp.24-39.
Isaacs, W. N. (1999) *Dialogue and the Art of Thinking Together : A Pioneering Approach to Communicating in Business and in Life*, A Currency Book.
鎌田雅史・渕上克義（2007）「コーチングリーダーシップがフォロワーに及ぼす効果に関する実験的研究」『岡山大学教育学部研究集録』第136号，1-11頁。
狩俣正雄（1989）『組織のリーダーシップ』中央経済社。
狩俣正雄（1992）『組織のコミュニケーション論』中央経済社。
狩俣正雄（1996）『変革期のリーダーシップ ―組織の意味創造―』中央経済社。
狩俣正雄（2000）『共生社会の支援システム ―21世紀の企業の新しい役割り―』中央経済社。
狩俣正雄（2009）『信頼の経営 ―スピリチュアル経営の構築に向けて―』中央経済社。
Katz, D. and R. L. Kahn (1978) *The Social Psychology of Organizations*, 2nd ed. John Wiley & Sons .
Katz, R. L. (1974) "Skills of an Effective Administrator," *Harvard Business Review*, Vol.52, pp.90-102.
Kellerman, B. (2008) *Followership : How Followers Are Creating Change and Changing Leaders*, Harvard Business Press.
Koestler, A. (1967) *The Ghost in the Machine*, Hutchinson & Co. (日高敏隆・長野敬訳『機械の中の幽霊』ぺりかん社，1975年).
Koestler, A. (1978) *JANUS*, Hutchinson & Co. (田中三彦・吉岡佳子訳『ホロン革命』工作舎，1984年).
Kohlberg, L., Levine, C., and A. Hewer (1983) *Moral Stages : A Current Foundation and a Response to Critics*, S. Karger AG, Basel (片瀬一男・高橋征仁訳『道徳性の発達段階 ―コールバーグ理論をめぐる論争への回答―』新曜社，1992年).
Kohlberg, L. and A. Higgins (1985) *Moral Stages and Moral Education*, Japan UNI Agency, Inc. (岩佐信道訳『道徳性の発達と道徳教育』麗澤大学出版会，1987年).
Kotter, J. P. (1982) *The General Managers*, The Free Press, A Division of Macmillan, Pub-

lishing Co., Inc.（金井壽宏・加護野忠男・谷光太郎・宇田川富秋訳『ザ・ゼネラル・マネジャー―実力経営者の発想と行動―』ダイヤモンド社，1984年）．
Kram, K. E.（1988）*Mentoring at Work : Developmental Relationships in Organizational Life*, University Press of America, Inc.（渡辺直登・伊藤和子訳『メンタリング ―会社の中の発達支援関係―』白桃書房，2003年）．
窪寺俊之（2004）『スピリチュアルケア学序説』三輪書店．
Laszlo, E.（2006）*The Chaos Point : The World at the Crossroads*, Hampton Roads Publishing（吉田三智世『カオス・ポイント―持続可能な世界のための選択―』日本教文社，2006年）．
Laszlo, E.（2008）*Quantum Shift in the Global Brain : How the New Scientific Reality is Changing Us and Our World*, Inner Traditions（吉田三知世訳『グローバルブレイン 未来への鍵 ―地球崩壊を止めるためにより良い世界へ向かう世界頭脳のクォンタムシフト―』バベル・プレス，2008年）．
Lauson, K.（2008）*Leadership Development Basics*, ASTD Press（永禮弘之監修，長尾朋子訳『リーダーシップ開発の基本』ヒューマンバリュー，2013年）．
Lewis, L. K.（2011）*Organizational Change : Creating Change Through Strategic Communication*, Wiley-Blackwell.
Likert, R.（1961）*New Patterns of Management*, McGraw-Hill Book Company（三隅二不二訳『経営の行動科学』ダイヤモンド社，1964年）．
Likert, R.（1967）*The Human Organization : Its Management and Value*, McGraw-Hill Book Company, Inc.（三隅二不二訳『組織の行動科学』ダイヤモンド社，1968年）．
Lips-Wiersam, M. and V. Nilakant,（2008）"Practical Compassion : Toward a Critical Spiritual Foundation for Corporate Responsibility," in Biberman, J. and J. Tischer, eds., *Spirituality in Business : Theory, Practice, and Future Directions*, Palgrave Macmillan, pp.51-72.
MaCall, M. W. Jr.（1998）*High Flyers*, President and Fellows of Harvard College（金井壽宏監訳，リクルート・ワークス研究所訳『ハイ・フライヤー ―次世代リーダーの育成法―』プレジデント社，2002年）．
MacCauley, C. D. and C. A. Douglas（1998）"Developmental Relationship," in McCauley, C. D., Moxley, R. S., and E. V. Velsor, eds., *The Center for Creative Leadership : Handbook of Leadership Development*, Jossey-Bass Inc., Publishers, pp.160-193.（金井壽宏監訳・嶋村伸明／リクルートマネジメントソリューションズ組織行動研究所訳『リーダーシップ開発ハンドブック』白桃書房，2011年，163-198頁）．
Mackey, J. and R. Sisodia（2014）*Conscious Capitalism : Liberating the Heroic Spirit of Business*, Harvard Business Review Press（鈴木立哉訳『世界でいちばん大切にしたい会社―コンシャスカンパニー――』翔泳社，2014年）．
Man, R. D.（1959）"A Review of the Relationships Between Personality and Performance in Small Groups," *Psychological Bullrtin*, Vol.25, No.4, pp.241-270.
Maslow, A. H.（1954）*Motivation and Personality* 2nd ed., Harper & Row, Publishers, Inc.（小口忠彦訳『改定新版人間性の心理学―モチベーションとパーソナリティ―』産能大

学出版部,1987年).

松岡紀雄(1992)『企業市民の時代』日本経済新聞社.

Mayeroff, M. (1971) *On Caring*, Harper & Row, Publihers, Inc.(田村真・向野宣之訳『ケアの本質―生きることの意味―』ゆるみ出版,1987年).

McDonald-Mann, D. C. (1998) "Skill-Based Training," in McCauley, C. D., Moxley, R. S., and E. V. Velsor, eds., *The Center for Creative Leadership : Handbook of Leadership Development*, Jossey-Bass Inc., Publishers, pp.106-126.(金井壽宏監訳・嶋村伸明／リクルートマネジメントソリューションズ組織行動研究所訳『リーダーシップ開発ハンドブック』白桃書房,2011年,109-129頁).

McGregor, D. (1960) *The Human Side of Enterprse*, McGraw-Hill Inc.(高橋達男訳『新版企業の人間的側面』産業能率短期大学出版部,1966年).

McWhinney, W. (1992) *Paths of Change : Strategic Choices for Organizations and Society*, Sage Publications, Inc.

Mintzberg, H. (1973) *The Nature of Managerial Work*, Harper Collins Publishers Inc.(奥村哲史・須貝栄訳『マネジャーの仕事』白桃書房,1993年).

Mintzberg, H. (2009) *Managing*, Berrett-Koehler Publishers, Inc.(池村千秋訳『マネジャーの実像 ―「管理職」はなぜ仕事に追われているのか―』日経BP社,2011年).

Morgan, G. and L. Smircich (1980) "The Case for Qualitative Research," *Academy of Management Review*, Vol.5, No.4, pp.491-500.

Morris, L. (1981) *Testament of Love : A Study of Love in the Bible*, W. M. B. Eerdmans Publishing Co.(佐々木勝彦・茂泉昭男・住谷真・関川泰寛・西間木一衛訳『愛―聖書における愛の研究―』教文館,1989年).

Moxley, R. S. (1998) "Hardships," in McCauley, C. D., Moxley, R. S., and E. V. Velsor, eds., *The Center for Creative Leadership : Handbook of Leadership Development*, Jossey-Bass Inc., Publishers, pp.194-213,(金井壽宏監訳・嶋村伸明／リクルートマネジメントソリューションズ組織行動研究所訳『リーダーシップ開発ハンドブック』白桃書房,2011年,199-220頁).

O'Connor, J. and A. Lages (2007) *How Coaching Work : The Essential Guide to the History and Practice of Effective Coaching*, A & C Black Business Information and Development(杉井要一郎訳『コーチングのすべて ―その成り立ち・流派・理論から実践の指針まで―』英治出版,2012年).

Ohlott, P. J. (1998) "Job Assignment," in McCauley, C. D., Moxley, R. S., and E. V. Velsor, eds., *The Center for Creative Leadership : Handbook of Leadership Development*, Jossey-Bass Inc., Publishers, pp.127-159,(金井壽宏監訳・嶋村伸明／リクルートマネジメントソリューションズ組織行動研究所訳『リーダーシップ開発ハンドブック』白桃書房,2011年,130-162頁).

Osborn, R. N., Hunt, J. G. and L. R. Jauch (1980) *Organization Theory: An Integrated Approach*, Jhhn Wiley & Sons, Inc.

Piaget, J. (1964) *Six études de psychology*, Gonthier(滝沢武久訳『思考の心理学 ―発達心理学の6研究―』みすず書房,1968年).

Piaget, J. (1970a) *L Epistémologie Génétique* Presses Universitaires de France（滝沢武久訳『発生的認識論』白水社，1972年）.
Piaget, J. (1970b) *Piaget's Theory*, John Wiley & Sons（中垣啓訳『ピアジェに学ぶ　認知発達の科学』北大路書房，2007年）.
Potapchuk, M. (2004) "Using Dialogue as a Tool in the Organizational Change Process," *California Tomorrow*, pp.1-16.
Prochaska, J. O. and J. M. Prochaska (2011) "Chapter 2 Behavior Change" in Nash, D. B., Reifsnyder, J., Fabius, R. J., and V. P. Pracilio ed., *Population Health : Creating a Culture of Wellness*, Jones & Bartlett Learning, LLC, pp.23-41.
Querubin, C. (2011) "Dialogue : Creating Shared Meaning and Other Benefits for Business" *Proceeding of the 55th Annual Meeting of the International Society for the System Science*, pp.1-20.
Reams, J. (2005) "What's Integral about Leadership？: A Reflection on Leadership and Integral Theory," *Integral Review*, 1, pp.118-132.
Reddin, W. J. (1970) *Managerial Effectiveness*, McGraw-Hill Book Company.
Roch, M. Simone (1992) *The Human Act of Caring*, Canadian Hospital Association Press（鈴木智之・操華子・森岡崇訳『アクト・オブ・ケアリング―ケアする存在としての人間―』ゆるみ出版，1996年）.
Rosso, B. D., Dekas, K. H., and A. Wrzesniewski (2010) "On the Meaning of Work : A Theoretical Integration and Review," in Brief, A. P. and B. M. Staw, eds. *Research in Organizational Behavior*, Elsevier Ltd., pp.90-127.
Scharmer, C. O. (2009) *Theory U : Leading from the Future as it Emerges*, Berrett-Koehler Publishers, Inc.（中土井僚・由佐美加子訳『U理論　―過去や偏見にとらわれず，本当に必要な「変化」を生み出す技術―』英治出版，2010年）.
Scharmer, C. O. and K. Kaufer (2013) *Leading From The Emerging Future : From Ego-System to Eco-System Economies*, Berrett-Koehler Publishers, Inc.（由佐美加子・中土井僚訳『出現する未来から導く　―U理論で自己と組織，社会のシステムを変革する―』英治出版，2015年）.
Schein, E. H. (1993) "On Dialogue, Culture, and Organizational Learning" *Organizational Dynamics*, Vol.22, pp.27-38.
Schoderbek, C. G., Schoderbek, P. P. and A. G. Kefalas (1980) *Management Systems : Conceptual Considerations*, Revised Edition, Business Publications, Inc.（鈴木幸毅・西賢祐・山田壹生監訳『マネジメント・システム―概念的考察―』文眞堂，1983年）.
Schumacher, E. F. (1979) *Good Work*, Harper & Row, Publishers（長洲一二監訳，伊東拓一訳『宴のあとの経済学』ダイヤモンド社，1980年）.
Scott, W. G. and T. R. Mitchell (1972) *Organization Theory : A Structural and Behavioral Analysis*, Revised ed. Richard D. Irwin, Inc.
Senge, P. M. (2006) *The Fifth Discipline : The Art & Practice of the Learning Organization*, Random House Business Book（枝廣淳子・小田理一郎・中小路佳代子訳『学習する組織―システム思考で未来を創造する―』英治出版，2011年）.

Senge, P. M., Kleiner, A., Roberts, C., Ross, R. B., and B. J. Smith (1994) *The Fifth Discipline Fieldbook : Strategies and Tools for a Learning Organization*, Crown Business (柴田昌治・スコラ・コンサルタント監訳・牧野元三訳『フィールドブック　学習する組織「5つの能力」──企業変革をチームで進める最強ツール─』日本経済新聞社, 2003年).

Shaw, R. B. (1997) *Trust in the Balance : Building Successful Organizations on Results, Integrity, and Concern*, Jossey-Bass A Wiley Imprint (上田惇生訳『信頼の経営』ダイヤモンド社, 1998年).

Shimanoff, S. B. (1980) *Communication Rules : Theory and Research*, SAGE Publication, Inc.

白樫三四郎 (1985)『リーダーシップの心理学』有斐閣。

Smircich, L. and G. Morgan (1982) "Leadership : The Management of Meaning," *The Journal of Applied Behavioral Science*, pp.257-273.

Smith, N. R. (2006) *Workplace Spirituality*, Axial Age Publishing.

Spears, L. C. (1998) "Tracing the Growing Impact of Servant- Leadership," in Spears, L. C. ed. *Insights on Leadership : Service, Stewardship, Spirit, and Servant-Leadership*, John Wiley & Sons, Inc. pp.1-12.

Stewart, D. (1996) *Business Ethics*, The McGraw-Hill Companies, Inc. (企業倫理研究グループ訳『企業倫理』白桃書房, 2001年).

Stogdill, R. M. (1948) "Personal Factor Associated with Leadership : ASurvey of the Literature," *TheJournal of Psychology*, Vol.25, pp.35-71.

Stogdill, R. M. (1974) *Handbook of Leadership : A Survey of Theory and Research*, The Free Press, A Division of Macmillan Publishing Co., Inc.

髙巌・T・ドナルドソン (1999)『ビジネスエシックス　──企業の市場競争力と倫理法令順守マネジメント・システム─』文眞堂。

滝沢武久・山内光哉・落合正行・芳賀純 (1980)『ピアジェ　知能の心理学』有斐閣。

Tannenbaum, A. S. (1968) *Control in Organization*, McGraw-Hill Book Company.

Tannenbaum, R., Weschler, I. R., and F. Massarik (1961) *Leadership and Organization*, McGraw-Hill Book Company (喜味田朝功・土屋晃朔・小林幸一郎訳『リーダーシップと組織　─行動科学によるアプローチ─』池田書房, 1966年).

Taylor, E. J. (2002) S*piritual Care : Nursing Theory, Research, and Practice*, Prentice Hall (江本愛子・江本新監訳『スピリチュアルケア　──看護のための理論・研究・実践─』医学書院, 2008年).

Thorpe, S. and J. Clifford (2003) *The Coaching Handbook*, Kogan Page Ltd (桜田直美訳『コーチングマニュアル』ディスカヴァー・トゥエンティワン, 2005年).

Tuckman, B. W. (1965) "Developmental Sequence in Small Groups" *Psychological Bulletin*, Vol.63, No.6, pp.384-399.

Ulrich, D. and W. Ulrich (2010) *The Why of Work : How Great Leaders Build Abundant Organizations That Win*, McGraw-Hill (梅津祐良・松本幸弘訳『個人と組織を充実させるリーダーシップ』生産性出版, 2012年).

Velicer, W. F., Prochaska, J. O., Norman, G. J., and C. A. Redding, (1998)"Detailed Overview of the Transtheoretical Model" *Homeostasis*, Vol.38, pp.216-233.

Velsor, E. V., McCauley, C. D., and R. S. Moxley (1998)"Introduction : Our View of Leadership Development," in McCauley, C. D., Moxley, R. S., and E. V. Velsor, eds., *The Center for Creative Leadership : Handbook of Leadership Development*, Jossey-Bass Inc., Publishers, pp.1-35.（金井壽宏監訳・嶋村伸明／リクルートマネジメントソリューションズ組織行動研究所訳『リーダーシップ開発ハンドブック』白桃書房，2011年，1-26頁）.

Vielmetter, G. and Y. Sell (2014) *Leadership 2030 : The Six Megatrends You Need to Understand to Lead Your Company into the Future*, AMACOM, a division of the American Management Association, International（ヘイグループ訳『LEADERSHIP 2030 ─リーダーの未来を変える6つのメガトレンド─』生産性出版，2015年）.

渡辺三枝子・平田史昭（2006）『メンタリング入門』日本経済新聞社．

Watzlawick, P., Weakland, J. H., and R. Fisch (1974) *Change : Principles of Problem Formation and Problem Resolution*, W. W. Norton & Company, Inc.（長谷川敬三訳『変化の原理 ─問題の形成と解決─』法政大学出版局，1992年）.

Weber, M. (1964) *Wirtschaft und Gesellschaft, Grundriss der Verstehenden Soziologie, Studienausgabe Herausgabe von Johannes Winckelman*, Eraster Halband, Kiepenheur & Witshch Koln（世良晃士志郎訳『支配の諸類型』創文社，1970年）.

Weick, K. E. (1995) *Sensemaking in Organizations*, Sage Publications Inc.（遠田雄志・西本直人訳『センスメーキング イン オーガニゼーション』文眞堂，2001年）.

White, R. and R. Lippitt (1968)"Leader Behavior and Member Reaction in Social Climate," in Cartright D. and A. Zander eds. *Group Dynamics : Research and Theory*, 3rd ed., Harper and Row, Publishers, pp.318-335.（三隅二不二・佐々木薫訳編『グループ・ダイナミックスⅡ』誠心書房，1970年，629-661頁）.

Whitmore, J. (2002) *Coaching for Performance : Growing People Performance and Purpose*, Third Edition, Niecholas Brealey（清川幸美訳『はじめてのコーチング ─本物の「やる気」を引き出すコミュニケーションスキル─』ソフトバンクパブリシング株式会社，2003年）.

Whitworth, L., Kimsey-House, K.., Kimsey-House, H. and P. Sandahl (2007) *Co-Active Coaching : New Skills Coaching People toward Success in Work and Life*, Second Edition, Davvies-Black Publishing, a division of CPP, Inc.（CITジャパン訳『コーチング・バイブル ─人と組織の本領発揮を支援する協働的コミュニケーション─』東洋経済新報社，2008年）.

Wigglesworth, C. (2012) *SQ 21 : The Twenty-one of Spiritual Intelligence*, SelectBooks, Inc.

Wilber, K. (1995) *Sex, Ecology, Spirituality : The Spirit of Evolution*, Shambhala Publications, Inc.（松永太郎訳『進化の構造1・2』春秋社，1998年）.

Wilber, K. (1997) *The Eye of Spirit : An Integral Vision for a World Gone Slightly Mad*, Shambhala Publications, Inc.（松永太郎訳『統合心理学への道 ─「知」の眼から「観

想」の眼へ—』春秋社，2004年).
Wilber, K. (2000) *A Theory of Everything : An Integral Vision for Business, Politics, Science, and Spirituality*, Shambhala Publications, Inc. (岡野守也訳『万物の理論 —ビジネス・政治・科学からスピリチュアリティまで—』トランスビュー，2002年).
Wilber, K. (2006) *Integral Spirituality : A Startling New Role for Religion in the Modern and Postmodern World*, Integral Books (松永太郎訳『インテグラル・スピリチュアリティ』春秋社，2008年).
Wilber, K., Patten, T., Leonard, A., and M. Morelli (2008) *Integral Life Practice*, Shambhala Publications. Inc. (鈴木規夫訳『実践 インテグラル・ライフ —自己成長の設計図—』春秋社，2010年).
Wofford, J. C. and T. N. Srinivasan, (1983) "Experimental Tests of the Leader-Environment-Follower Interaction Theory of Leadership," *Organizational Behavior and Human Performance*, Vol.32, pp.35-54.
Wright, S. (2008) "An Exploration of Integral Leadership," *Integral Leadership*, pp.1-13.
Yukl, G. (1981) *Leadership in Organizations*, Prentice Hall.
Yukl, G. (2010) *Leadership in Organizations*, Seven Edition, Pearson Education, Inc.
Zohar, D. and I. Marshall (2000) *SQ Spiritual Intelligence : The Ultimate Intelligence*, Bloomabury (古賀弥生訳『SQ —魂の知能指数—』徳間書店，2001年).

索引

━ 欧文・数字 ━

360度フィードバック……………161
AQAL……………………4, 24, 36
AQALモデル………31, 36, 55, 65, 165
EQ……………………………5, 83, 214
GROWモデル……………………129
IQ………………………………5, 83
LPC尺度…………………………44
NLP…………………………101, 132
PQ…………………………………5
SQ………………………………5, 83

━ あ ━

アークル（AQAL）モデル……4, 24, 144
相手の視点………………………123
アイデンティティ…………………72
アウェイクニング………………146
アウターゲーム…………………129
アガペー…………………………235
アクション・ラーニング………162
意義のある仕事…………………218
意識の高い会社…………………202
意識の発達……………26, 27, 94, 166
意識の発達のレベル………………80
意識のフレーム…………………105
意思決定過程段階………………120
意志の自由………………………210
一貫性の原則……………………114
一体化……………………………221
意味形成………………52, 53, 153
意味形成のリーダーシップ………52, 58
意味実現……………192, 210, 211, 222
意味実現のリーダーシップ……212, 222

意味探求人………………………211
意味の形成過程…………………118
意味の探求者……………207, 222
意味への意志……………………210
インテグラル……………………23
インテグラル・アプローチ………23, 24
インテグラル・システムの世界観……79
インテグラル・ライフ・
　プラクティス…………………149
インナーゲーム…………………129
ヴィジョン・ロジック……………87
ヴィルバーの意識の発達モデル……78
宇宙中心段階……………………166
宇宙中心的段階……………………87
宇宙中心的レベル………………240
器の中の創造性…………………116
器の中の探求……………………116
器の中の不安定…………………116
器の不安定性……………………115
影響…………………………………11
エグゼクティブ・コーチング……164
エリクソンの発達モデル…………72
オーセンティック・リーダー……51, 57
オーセンティック・リーダーシップ…51
オープン・システム………………64

━ か ━

解釈主義………………………21, 22
解釈主義アプローチ………………22
概念的スキル……………………156
開発活動…………………………161
学習………………………140, 164
学習Ⅰ……………………………108
学習Ⅱ……………………………108

学習Ⅲ……………………………………108
学習Ⅳ……………………………………108
学習能力…………………………………157
カリスマ…………………………………47
カリスマ的支配…………………………48
カリスマ的リーダーシップ……47, 48, 57
感覚運動的段階…………………………70
関係の発展段階…………………………213
観察者の視点……………………………123
慣習レベル…………………………74, 85, 183
管理過程学派…………………………81, 155
管理スキル………………………………156
企業市民…………………………………188
聴くこと…………………………………114
規則………………………………………185
基礎的価値………………………………182
機能主義………………………………21, 22
機能主義アプローチ……………………22
基本的欲求………………………………210
客観的アプローチ………………………23
急進的構造主義…………………………21
急進的人間主義…………………………21
共創型リーダー…………………………10
共通の利益………………………………121
協働型経営………………………………228
協働体系…………………………………228
共有された意味形成過程……………12, 52
キリガンの道徳的発達…………………177
具体的操作期……………………………71
クック・グリュータの自我発達
　モデル………………………………76
群論………………………………………107
ケア………………………………………178
ケアの倫理の発達………………………178
経営………………………………………226
経営の類型………………………………226
経営倫理……………………………183, 196
経験による学習…………………………161

経済的レベル……………………………184
形式操作期………………………………71
傾聴…………………………………132, 221
ケース・スタディ………………………160
権限受容説………………………………229
原始的世界観……………………………78
現状の把握………………………………104
献身………………………………………232
合意の意思決定過程……………………119
交感レベル………………………………220
高業績組織………………………………205
公式研修…………………………………160
公式組織…………………………………228
行動理論……………………………41, 56
合法的支配………………………………47
合理的な世界観…………………………79
コーアクティブ…………………………131
コーアクティブ・コーチング・
　モデル………………………………131
コーチの役割………………………144, 147
コーチング…………………………127, 128
コールバーグの道徳の発達モデル……74
後慣習レベル…………………………75, 85, 183
後・後慣習レベル……………………85, 183
個性記述的方法…………………………20
コミュニケーション………………111, 138
コミュニケーション・アプローチ……3
コンシャス・リーダー…………………202
コンティンジェンシー理論………44, 56
コンテクスト的信頼……………………196
コントロール……………………………227
コントロール型経営……………………226
コントロール・システム………………227
コンプライアンス……………………175, 186

━━━ さ ━━━

サーバント・リーダーシップ…………50
サーバント・リーダーシップ理論……57

最高の職場	203	主観的アプローチ	23
最高の職場づくり	204	熟練ヘルパー・モデル	100
三次元有効性モデル	43	呪術的世界観	78
支援	106, 140, 230	主体的な影響過程	62
支援型経営	230	手段性	215
支援関係	214	出現する複雑性	9
自己学習と成長	171	遵法志向企業	189
自己管理	132	状況理論	42, 56
自己中心的レベル	85, 90	象限	24
自己超越性	221, 232, 240	状態	29
自己超越的なコミュニケーション	220	シングル・ループ学習	107
仕事の次元	215	神経言語プログラミング	101, 132
仕事の割り当て	162	新自由主義	184
支持的コミュニケーション	139, 149	人生の意味	210
自助活動	164	人道的レベル	186
システム	158	信頼	122, 139, 195
システム思考	157, 158	神話的世界観	78
システム全体の視点	123	スキル・トレーニング	159
システム統合	170	スピリチュアリティ	32, 33, 35, 37, 87
システム的信頼	196	スピリチュアリティの段階	87
次世代のリーダー育成	144	スピリチュアル企業	188, 241
自組織中心的段階	86, 90	スピリチュアル経営	232, 233, 241
自組織中心的レベル	236	スピリチュアル経営の 　リーダーシップ	242, 244
実在論	19	スピリチュアル行為	241
実証主義	19	スピリチュアル段階	80, 93
視点の転換	123	スピリチュアルな段階	166
社会交換	45	スピリチュアル・リーダー	242, 243
社会性	215	スピリチュアル・リーダーシップ	53, 54, 58, 242, 244, 246
社会中心的段階	86, 90	スピリチュアル・リーダーシップの 　結果	244
社会中心的レベル	239	スピリチュアル・リーダーの役割	244
社会的権力志向	154	スピリチュアルレベル	183, 188, 240
社会的知性	214	スピリット	32, 195
社会的直観モデル	180	精神性	216
社会的複雑性	9	精神的存在	211
自由裁量的リーダーシップ	49	静態的アプローチ	3
充実した組織	203		
集団相互作用過程	118		
集団の発展段階	118		

成長	140, 164
成長発達	140
世界中心的段階	87
世界中心的レベル	239
世界モデル	101
ゼロ学習	108
前慣習レベル	74, 85, 183
前操作的思考の段階	70
専門技術的スキル	156
創意工夫	153
創造的価値	211, 212, 215
相対主義的な世界観	79
相対的価値	182
組織構造	63
組織の存続	228
組織の有効性	196, 206
組織文化	63
尊敬すること	114
存在論	19

― た ―

ダイアログ	113
ダイアログの原則	114, 125
ダイアログの発展過程	116
第一次の変化	109
第一次変化	107
体験的価値	211, 212, 213
第三次の変化	109, 110
対人的信頼	196
対人的スキル	156
態度的価値	211, 212, 218
ダイナミックな複雑性	9
第二次の変化	109
第二次変化	107
第8の習慣	239
タイプ	30
ダウンローディング	112
高いコンテクストの視点	123

多元的影響理論	48, 57
ダブル・ループ学習	107
断片化	121
知覚	104
知覚位置	123
知覚過程	104
知覚の選択性	104
力の世界観	78
地球中心的レベル	239
地球中心の段階	87
知能	28
長期的視点	123
超統合的な世界観	79
天職	217
伝統的支配	47
統合コーチング	136
統合コーチング・モデル	136
統合的道徳	182
統合的な発達モデル	78
統合的・包括的な世界観	79
統合モデル	138, 169, 172
統合力	170
当事者の視点	123
動態的アプローチ	3
道徳	176, 177
道徳基盤理論	180
道徳システム	180
道徳的創造性	82, 91, 229
道徳の発達	179
道徳の発達段階	74
道徳発達の段階	177
討論	112
特異性信用	46
特性理論	40, 56
トランスセオリティカル・モデル	99
取引的リーダーシップ	57
取引理論	45
トリプル・ループ学習	108

━ な ━

内在的価値……………………………182
内的な運命の所在……………………154
人間性……………………………………20
人間の究極的成長……………………192
人間の究極的発達段階………………197
認識論……………………………………19
認知のライン……………………………28
能率………………………………………228

━ は ━

パーソナリティ・タイプ………………30
ハイトの道徳基盤……………………180
発達……………………………………26, 140
話すこと………………………………115
反実証主義………………………………20
ピアジェの発達モデル…………………70
左上象限…………………………24, 165, 240
左下象限…………………………24, 166, 240
非二元………………………………80, 88
非二元状態………………………………29
非二元の段階……………………………87
評価性…………………………………215
部下の業績……………………………141
プレゼンシング……………………113, 220
変化…………………………98, 103, 140
変革的リーダーシップ…………………46
変革的リーダーシップ理論……………57
変化軸モデル……………………134, 136
変化のテコ・モデル…………………102
報酬体系………………………………217
法測定立的方法…………………………20
法的レベル……………………………185
ホモ・デュプレックス……………181, 198
保留すること…………………………114
ホロス…………………………………191
ホロン……………………………………26

ホロン階層………………………92, 171
ホロン階層的……………………………27

━ ま ━

マクロ的アプローチ……………………3
マネジェリアル・グリッド……………42
マネジメント…………………………156
マネジメントの役割…………………156
マルチレベル選択……………………180
右上象限…………………………24, 167, 240
右下象限…………………………25, 167, 240
ミクロ的アプローチ……………………3
メガトレンド……………………………10
メタ・コーチング……………………134
メタ・コーチング・モデル…………134
メタローグ……………………………116
メンター………………………………163
メンタル・モデル
　…………91, 92, 105, 112, 123, 125, 140
目標………………………………104, 139

━ や ━

役割……………………………………142
役割知覚………………………………142
唯名論……………………………………19
有効性…………………………………228
有効な組織……………………………206
有徳企業………………………………188

━ ら ━

ライン……………………………………28
リーダー育成の統合モデル…………169
リーダーシップ……2, 43, 60, 62, 148, 158
リーダーシップ開発……………151, 159
リーダーシップ開発の目的…………167
リーダーシップ・スキル……………152
リーダーシップの概念の変化…………10
リーダーの特性…………………………40

リーダーの役割……………59, 141, 157	レベル……………………………26
利益極大化志向企業……………185, 238	憐情……………………………232
理想的な組織……………………204	ロール・プレイ…………………160
理想的なリーダーシップ……………42	ロール・モデリング………………160
リソルヴ・モデル………………101	ロゴス……………209, 210, 219, 231
利他性……………………………221	ロゴセラピー……………………210
倫理……………………………176, 177	論理階型理論……………………107

〈著者紹介〉

狩俣　正雄（かりまた　まさお）

　　1950年　沖縄県宮古島に生まれる
　　1994年　博士（経営学）の学位を神戸商科大学（現兵庫県立大学）より授与される
　　2016年　大阪市立大学　名誉教授
　　現　在　慈慶医療科学大学院大学 客員教授

著　書

『組織のリーダーシップ』中央経済社，1989年
『組織のコミュニケーション論』中央経済社，1992年
『変革期のリーダーシップ』中央経済社，1996年
『共生社会の支援システム』中央経済社，2000年
『支援組織のマネジメント』税務経理協会，2004年
『信頼の経営』中央経済社，2009年
『障害者雇用と企業経営』明石書店，2012年

スピリチュアル経営のリーダーシップ

2017年3月10日　第1版第1刷発行

著者　狩　俣　正　雄
発行者　山　本　　　継
発行所　㈱中央経済社
発売元　㈱中央経済グループ
　　　　パブリッシング

〒101-0051　東京都千代田区神田神保町1-31-2
電　話　03（3293）3371（編集代表）
　　　　03（3293）3381（営業代表）
http://www.chuokeizai.co.jp/
製版／三英グラフィック・アーツ㈱
印刷／三英印刷㈱
製本／誠　製　本㈱

Ⓒ 2017
Printed in Japan

＊頁の「欠落」や「順序違い」などがありましたらお取り替えいたしますので発売元までご送付ください。（送料小社負担）

ISBN978-4-502-21641-1　C3034

JCOPY〈出版者著作権管理機構委託出版物〉本書を無断で複写複製（コピー）することは，著作権法上の例外を除き，禁じられています。本書をコピーされる場合は事前に出版者著作権管理機構（JCOPY）の許諾を受けてください。
JCOPY〈http://www.jcopy.or.jp　eメール：info@jcopy.or.jp　電話：03-3513-6969〉